Gold: Geld, Kredit, Ware

Olga Kaskaldo

Gold: Geld, Kredit, Ware

Ein neuer Blick auf Finanzgeschichte und Gegenwart

Olga Kaskaldo
Berlin, Deutschland

ISBN 978-3-658-21727-3   ISBN 978-3-658-21728-0 (eBook)
https://doi.org/10.1007/978-3-658-21728-0

Die Deutsche Nationalbibliothek verzeichnet diese Publikation in der Deutschen Nationalbibliografie; detaillierte bibliografische Daten sind im Internet über http://dnb.d-nb.de abrufbar.

Springer Gabler

Gedruckt auf säurefreiem und chlorfrei gebleichtem Papier

Springer Gabler ist ein Imprint der eingetragenen Gesellschaft Springer Fachmedien Wiesbaden GmbH und ist ein Teil von Springer Nature.
Die Anschrift der Gesellschaft ist: Abraham-Lincoln-Str. 46, 65189 Wiesbaden, Germany

Vorwort

Vor dem Hintergrund einer wachsenden Instabilität des globalen Finanzsystems fragen sich viele, was heute noch als zuverlässiges Werterhaltungsmittel gelten darf. Die Menschen setzen dabei vermehrt auf Gold, wie das weltweit wachsende Interesse an Gold als Anlageobjekt, das während der letzten zehn Jahre zu beobachten war, zeigt. Die erhöhte Nachfrage nach dem gelben Metall nicht nur von privater Seite, sondern auch vonseiten einiger Zentralbanken, deutet darauf hin, dass heute wesentliche Veränderungen im globalen Währungssystem stattfinden. Dabei werden wir mit unterschiedlichen Fragen konfrontiert. Wie wahrscheinlich ist die Rückkehr des Goldes als offizielles Geld, d. h. als Zahlungsmittel, als Recheneinheit und als Wertaufbewahrungsmittel, und mit welchen Argumenten kann so eine Rückkehr begründet werden? Experten und Ökonomen äußern sich heute sowohl für eine solche Rückbesinnung als auch dagegen. Welche Interessen stehen hinter den unterschiedlichen Auffassungen? Eine mögliche Rückkehr des Goldes als globale Währung würde weitere Fragen aufwerfen, die in diesem Buch angesprochen werden sollen.

Das Interesse an Gold als Gegenstand der ökonomischen Forschung ist seit jeher hoch, besonders in Zeiten wirtschaftlicher Instabilität. Das gilt auch heute, wo vermehrt existenzielle Bedrohungen, die im Zusammenhang mit den aktuellen Finanz- und Wirtschaftskrisen aufkommen, empfunden werden. Es ist der Wunsch der Autorin, dem Leser ein tieferes Verständnis über das Wesen dieser Entwicklungen zu vermitteln.

Die Besonderheit dieses Buches ist der Versuch, auf die Geldgeschichte und die Rolle des Goldes in ihr nicht nur aus wirtschaftlicher, sondern auch aus weltgeschichtlicher Perspektive zu blicken und dabei gleichzeitig die verborgenen politischen Interessen zu beleuchten. Um sich in der verwirrenden Meinungsvielfalt zurechtzufinden und um die tatsächliche Rolle des Goldes im Durcheinander der aktuellen Weltereignisse zu verstehen, ist es nach Meinung der Autorin bedeutsam und notwendig, die Veränderung der Rolle des Goldes in einem historischen Kontext sorgfältig zu studieren. Letztlich liefert nur eine Beschäftigung mit den historischen Wurzeln der Problematik verlässliche Hinweise darauf, was aktuell geschieht und in näherer Zukunft zu erwarten ist.

Auf der Grundlage der in diesem Buch dargestellten historischen Gesetzmäßigkeiten versucht die Autorin, die wahrscheinlichsten Szenarien einer weiteren Entwicklung des globalen Währungssystems zu analysieren, einschließlich einer möglichen Rückkehr einer Goldwährung. Es stellt sich heraus, dass dieser Gedanke schon deshalb nicht abwegig ist, weil das Gold trotz der offiziellen Demonetarisierung Ende der 1970er-Jahre das Weltfinanzsystem nie endgültig verlassen hat, sondern als ein fester Teil der offiziellen staatlichen Reserven fungiert. Mit Hilfe einer historischen Retrospektive zeigt die Autorin, wer damals wie heute an einer Reanimierung des Goldes als Geld interessiert ist und welche Gründe dafür vorrangig vorliegen.

Dieses Buch richtet sich an ein breites Publikum, insbesondere an alle, die sich im Strudel der gegenwärtigen Ereignisse im Zusammenhang mit der Welt- und der internationalen Finanzwirtschaft, aber auch der Weltpolitik, zurechtfinden möchten. Ein Anliegen der Autorin ist es, die enge Verbindung zwischen Geld- und Wirtschaftspolitik einerseits und geopolitischen Interessen andererseits aufzuzeigen. Das Buch soll dem Leser die Möglichkeit geben, sich ein eigenes Bild von der Rolle der Metalle in der Geldgeschichte zu machen und eigene Schlüsse zu ziehen unabhängig davon, ob er letztlich nun der Autorin zustimmen oder deren Meinung ablehnen mag.

Berlin   Olga Kaskaldo
2018

Inhaltsverzeichnis

Argumente für den Einsatz der Metalle als Geld

1.1 Das Vorkommen des Goldes in der Natur und seine Eigenschaften

Auf der Erde kommt Gold überall vor, auf dem gesamten Erdball verteilt: in der Erdkruste, als Erz in Gesteinen, in den Gewässern der Ozeane und als Bestandteil von Meteoriten. Laut der Schätzung des russischen Geologen L. V. Firsov beträgt die jährlich aus dem Weltall auf die Erde gebrachte Goldmenge 18 kg (Rudakov und Smirnov 2006, S. 225). Dabei beträgt nach wissenschaftlichen Angaben der Goldgehalt im Meteoritengestein zwischen 0,0003 und 8,74 Teilen pro Million (ppm) (Jones 1974, S. 1–2). „Ppm" gibt das Mengenverhältnis eines Stoffes in einem anderen an. Eine bedeutende Goldmenge ist im Wasser zu finden, sowohl im Salz-, wie auch im Süßwasser. Im Durchschnitt beträgt der Goldgehalt im Wasser nicht mehr als 1×10^{-9} %. Der Goldgehalt im Meer wurde 1866 von Sherry Hunt bemessen (Schultze 1940, S. 17). Hunt zufolge, betrug die Menge des Goldes angeblich 32–60 mg in 1000 kg Salzwasser, sodass zur Gewinnung eines Kilogramm Golds bis zu 30 Mio. kg Meerwasser notwendig sind. Im Jahr 1872 erschien in einer englischen Zeitschrift die Publikation von Prof. Sonnstadt, in der von 67 mg Gold je Tonne Wasser berichtet wurde. Sonnstadt berief sich auf eine Probe, die er an der Küste der *Isle of Man* in der Irischen See entnommen hatte (Rudakov und Smirnov 2006, S. 222). Im Jahr 1920 wurden im Institut für physikalische Chemie und Elektrochemie der Kaiser-Wilhelm-Gesellschaft in Berlin-Dahlem Forschungen im Bereich der industriellen Goldförderung aus den Reserven der Ozeane unter der Leitung des deutschen Chemikers Fritz Haber durchgeführt. An diesen Forschungen waren insbesondere Regierungen interessiert, die sich Geldquellen zur Finanzierung der zu zahlenden Reparationsleistungen an die Entente-Länder nach der Niederlage Deutschlands im 1. Weltkrieg erhofften. Der aus diesen Verpflichtungen erwachsende Druck ließ die Regierung sogar die unwahrscheinlichsten Goldförderungs- und Gewinnungsmethoden in Betracht ziehen. Die Forschungsergebnisse Fritz Habers wurden 1925 auf dem Forschungsschiff „Meteor" während der Deutschen Atlantischen Wissenschaftlichen Expedition geprüft, deren Ergebnisse wenig zufriedenstellend ausfielen: Aus 15 t Wasser konnten nur 0,09 mg Gold gewonnen werden. Die

© Springer Fachmedien Wiesbaden GmbH, ein Teil von Springer Nature 2018
O. Kaskaldo, *Gold: Geld, Kredit, Ware*, https://doi.org/10.1007/978-3-658-21728-0_1

Expedition stellte nebenbei in den Weltmeeren verschiedene Goldgehalte fest. So wurde z. B. ein mit bis zu 15–18 mg/t erhöhter Gehalt in der Karibik beobachtet, während in den Küstengewässern Australiens der gemessene Goldgehalt 5 mg/t nicht überstieg. Den geringsten Goldgehalt verzeichneten die Forscher an den europäischen Küsten (Rudakov und Smirnov 2006, S. 224). Im Großen und Ganzen schwankt der Goldgehalt in einzelnen Meeres- und Ozeangewässern zwischen $0,1 \times 10^{-10}$ % bis $4,4 \times 10^{-6}$ % (0,001–44 ppb) (Jones 1973, S. 1–4). Darüber hinaus kann sich der Goldgehalt im Salzwasser durch den Meteoritenniedergang und aus vulkanischen Aktivitäten vergrößern. Der Vulkan Ätna stößt während seiner Aktivität im Dampf täglich bis zu 2,5 kg Gold aus (Rudakov und Smirnov 2006, S. 224).

Die gesamte Goldmenge in den Weltmeeren wird grob geschätzt. Laut einer oft zitierten Arbeit von Falkner und Edmond (Falkner und Edmond 1990, S. 208–221) befänden sich 14.000 t Gold in den Ozeanen. Allerdings ist nach wissenschaftlichen Berechnungen für den Abbau eines Kilogramms Gold die Verarbeitung von 30 Mio. kg Salzwasser erforderlich. Im Süßwasser, also in Flüssen, Seen und im Grundwasser, ist eine vergleichbare Menge Gold enthalten.

Dabei ist in Gewässern der Regionen mit goldhaltigen Gesteinen und in der Erde ein höherer Goldgehalt zu erwarten. Wissenschaftliche Analysen ergaben, dass der Fluss Amur im Fernen Osten jährlich etwa 8,5 t Gold ins Meer hinausträgt (Anikin 1987, S. 51). Trotz dieser immensen Vorkommen ist das Interesse an der Goldgewinnung aus dem Meer, aus den Gewässern, wegen der fehlenden Rentabilität, wegen des Ausbleibens eines wirtschaftlichen Extraktionsverfahrens weitgehend erloschen.

Aus dem Grundwasser gelangt das Gold in Pflanzen, und sie werden dort je nach Art angereichert, z. B. im Mais und im Schachtelhalm (Malyshev und Rumyantsev 1979, S. 9). Der Goldgehalt in der Pflanzenasche (Gold, das nach dem Verbrennen von Pflanzen im Pflanzenmaterial zurückbleibt) macht maximal $6,1 \times 10^{-5}$ % (0–610 ppm) aus (Jones 1973, S. 4–11). Des Weiteren ist Gold auch im Körper der Menschen und von Tieren enthalten, beispielsweise in menschlichen Zähnen und in Haaren $(1–3) \times 10^{-6}$ % (10–30 ppb) und 8×10^{-8} %–$4,3 \times 10^{-5}$ % (0,8–430 ppb) (Jones 1973, S. 13). Der Goldgehalt in Gesteinen wird auf 2×10^{-10}–1×10^{-9} (0,002–0,01 ppm) geschätzt und in Sedimenten auf 3×10^{-8} %–$4,4 \times 10^{-6}$ % (0,3–41 ppb) (Jones 1981, S. 27). Der Goldgehalt in der Erdkruste ist mit $(1–6) \times 10^{-7}$ % (1–6 ppb) (Malyshev und Rumyantsev 1979, S. 9) sehr niedrig. Im Durchschnitt kommen auf eine Tonne Erdkrustenmaterial etwa 4 mg Gold (Anikin 1987, S. 48).

Interessant ist, dass Meteoriten häufig mehr Gold enthalten als die Erdkruste insgesamt. Im Gegensatz zu den Weltmeeren ist das Gold in der Erdkruste ungleichmäßig verteilt. Singuläre Gebiete mit Gesteinen, die einen hohen Goldgehalt aufweisen, werden als Goldvorkommen bezeichnet. Natürlich ist die Goldförderungsindustrie daran interessiert.

Das Element Gold (lat. *aurum*) ist ein gelbes Metall und im Periodensystem der Elemente von Mendelejew als Element der sechsten Gruppe und elften Nebengruppe mit der Ordnungszahl 79 aufgeführt. Das Element Gold besitzt eine Atommasse von 196,967. Die Gemeinsamkeiten im Atomaufbau und bei den chemischen Eigenschaften verbinden Gold mit den Elementen Silber und Kupfer, die gemeinsam mit dem Gold in der sogenannten *Kupfergruppe* zusammengefasst sind. Neben Silber, Platin und einigen anderen Metallen gehört Gold zur Klasse der Edelmetalle.

Gold vereint eine Reihe einzigartiger Eigenschaften: hohe Dichte, Weichheit, Elastizität, Formbarkeit, einen hohen Schmelzpunkt und Oxidationsbeständigkeit. Es ist gegenüber Luft, Wasser und den meisten Säuren korrosionsbeständig. Gold ist das sechstdichteste Metall. Eine aus Feingold gefertigte Kugel mit 46 mm Durchmesser besitzt ein bemerkenswertes Gewicht von einem Kilogramm. Gleichzeitig ist das Gold ein weiches Metall. Die Härte von Feingold ist mit der Härte eines menschlichen Nagels vergleichbar. Unter allen bekannten Metallen ist Gold das formbarste und biegsamste. Gold ist ein enorm dehnbares Metall. Gerade diese Eigenschaften haben zur Verwendung vor allem in der Schmuckindustrie geführt. Aus einer Unze Gold (31,1035 g) kann ein Draht mit einer Dichte von 500 m/g und einer Länge von über 80 km gezogen oder ein Blatt mit einer Fläche von neun Quadratkilometern gewalzt werden (Marx 1978, S. 8–9). Außerdem kann ein Draht oder eine Folie aus Gold so fein hergestellt werden, dass dessen Stärke jene eines menschlichen Haars nicht überschreitet (Anikin 1987, S. 47). Eine Goldmenge mit der Größe einer Erbse wird in ein hauchdünnes Blatt mit einer Gesamtfläche von 50 m² gewalzt werden. Gold ist ein relativ schweres Metall, dessen Dichte 19,3 g/cm³ beträgt. Darüber hinaus besitzt Gold sowohl eine hohe Wärme- als auch eine hohe elektrische Leitfähigkeit. Der Schmelzpunkt des Goldes ist relativ niedrig: 1064 °C. Außerdem reflektiert Gold Lichtstrahlen im sichtbaren Spektrum und im Infrarotbereich, was die Verwendung des Goldes in der Elektronik und in der Raumfahrttechnik begünstigt.

Beispiel

Zum Beispiel werden die Visiere von Astronautenhelmen und die Fenster der Weltraumstationen zum Schutz gegen die einfallende Strahlung mit einer hauchdünnen Schicht Gold überzogen.

Als Edelmetall besitzt es wegen seiner hohen chemischen Reaktionsträgheit eine große Beständigkeit gegenüber verschiedenen chemischen Einflüssen. Allerdings gibt es Ausnahmen von dieser allgemeinen Resistenz. Zwar reagiert Gold nicht mit den meisten Säuren, löst sich aber im sogenannten „Königswasser", einer Mischung aus einem Teil Salpetersäure mit drei Teilen Salzsäure, oder in einer alkalischen Lösung aus Zyankali mit Natrium auf. Dieses Verfahren Zyankali/Natrium wird in einem industriellen Verfahren zur Gewinnung des Goldes aus Erz genutzt, in der sogenannten Cyanidlaugerei. Im Reinigungsverfahren (Affinage) macht man sich die Chlorbeständigkeit von Goldverbindungen zunutze.

In der Natur kommt Gold in verschiedenen Formen vor: gediegen, als natürliche Legierung (Amalgam) und als chemische Verbindung in komplexen Erzen als Bestandteil in etwa 20 Mineralen. Dessen ungeachtet, wird industriell hauptsächlich seine gediegene Form geschätzt. Dabei handelt es sich um Minerale, in denen bis zu 43 % Gold zusammen mit anderen Metallen wie Silber, Kupfer, Eisen, Blei, Platin, Quecksilber, Wismut,

Mangan und anderen in Form einer festen natürlichen Legierung eingeschlossen ist. Dabei kommt am häufigsten die natürliche Goldlegierung mit Silber vor, die Elektrum (v. „Elektron"; altgriechisch: „elektron", „Bernstein") genannt wird. Der Silbergehalt im Elektrum schwankt zwischen 15 und 50 %. Je nach Größe kann gediegenes Gold als fein zerteiltes (1–5 µm), pulverisiertes (5–50 µm), kleinkörniges (0,05–2 mm) und großkörniges (mehr als 2 mm) sowie sehr großkörniges, d. h. als Goldklumpen/Nuggets (mehr als 5 g), klassifiziert werden (Malyshev und Rumyantsev 1979, S. 10). Dabei liegt das meiste gediegene Gold in der Erdkruste als feinfaseriges (unsichtbares) Gold in Größen von weniger als 0,01 mm vor. Gröbere Partikel sichtbaren Goldes haben eine Größe von 0,1 mm, etwa Staubkorngröße bis zu wenigen Millimetern. Noch größere Partikel sichtbaren Goldes kommen sehr selten vor.

Massive Funde, deren Zahlen auf einige Dutzend beschränkt sind, tragen eigene Bezeichnungen: *Holtermann Nugget* (285 kg Gewicht mit dem Feingoldgehalt von 93 kg, Australien, 1872), *Japaner* (71 kg, Hokkaidō, 1901), *Welcome Stranger Nugget* (71 kg Gewicht, Feingoldgehalt: 69,9 kg, Australien, 1869) (Sobolevskij 1970, S. 40), *Welcome Nugget* (1858, Australien, 68,8 kg), *Großes Dreiecksnugget* (36 kg, Ural, 1842), *Hand of Faith Nugget* (27 kg, Australien 1980), *Centennial Nugget* (1998, 8,34 kg) und andere. Dabei sind die größten Goldklumpen, die jemals in Russland entdeckt wurden, im sogenannten staatlichen Diamantenbestand Russlands in Moskau zu finden, wohin sie seit 1825 gebracht werden. Allgemein werden Informationen über Goldklumpen dieser Größen weltweit erst seit der Mitte des 19. Jahrhunderts registriert. Viele Funde wurden nicht erhalten, sind eingeschmolzen worden. Nach Angaben des deutschen Wissenschaftlers Heinrich Ludwig Quiring soll in Brasilien in der Mitte des 19. Jahrhunderts ein Nugget mit einem Gewicht von 193 kg gefunden worden sein (Quiring 1948, S. 217). Die meisten Nuggets enthalten Verunreinigungen durch andere Metalle. Reines Gold mit einem Feingehalt von 99,99 % kommt in der Natur extrem selten vor. Diese hohe Goldfeinheit wird meist künstlich durch die industrielle Reinigung (Affinage) erreicht. Das von Verunreinigungen befreite Gold wird dann hauptsächlich in Barrenform für monetäre Zwecke verwendet. Goldlegierungen, meist mit Silber, Kupfer und Nickel, geben dem Gold eine höhere Festigkeit und werden in der Schmuckindustrie, in anderen technischen Bereichen und für die Münzprägung verwendet.

Gold wird entweder direkt gewonnen oder ist ein Nebenprodukt bei der Förderung polymetallischer Kupferkieserzen und sulfidischer Erzen zur Gewinnung von Kupfer, Nickel, Blei oder Zink (Anikin 1987, S. 46). Der Goldgehalt in den sulfidischen Erzen beträgt ein bis zwei Gramm je Tonne (Malyshev und Rumyantsev 1979, S. 11). Das meiste Gold wird in Kupfer- und polymetallischen Erzen gefunden, von wo es als Nebenprodukt gewonnen wird. Goldlagerstätten wurden in verschiedenen Tiefen bis zu fünf Kilometern und in verschiedenen geologischen Epochen gebildet: im Proterozoikum, im Jungpaläozoikum, im Mesozoikum und im Känozoikum. Dabei wurden die bedeutendsten Goldlagerstätten im Proterozoikum gebildet. Größere Nuggets spielen bei der industriellen Gewinnung von Gold wegen der extremen Seltenheit ihres Vorkommens keine entscheidende Rolle. Vielmehr ist man aus der Sicht der industriellen Produktion an kleineren

Nuggets interessiert. Industriell verwertbare Mengen nativen Goldes kommen hauptsächlich in postmagmatischen, insbesondere in hydrothermalen Ablagerungen, vor (Malyshev und Rumyantsev 1979, S. 10). In der Regel werden Goldlagerstätten in primäre (Berggold) und sekundäre Lagerstätten (Waschgold) unterteilt.

Primäre Goldvorkommen entstanden als Folge der früheren geologischen Prozesse bei der Erdkrustenbildung. Dabei handelt es sich um goldhaltiges Gestein, das zusammen mit Quarz eingeschlossen wurde und meist in beträchtlichen Tiefen liegt: in Form einzelner Adern oder komplexer Adersysteme, in Einlagerungen und Zonen mit der Länge von 10–1000 m (Malyshev und Rumyantsev 1979, S. 10). Typischerweise findet man solche Ablagerungen in Gebirgsregionen vor. Die Besonderheiten des Auftretens von Erzlagerstätten bestimmen, dass das Schürfen nur mittels des Bergbaus möglich ist. Flussgoldlagerstätten (Waschgold) befinden sich auf oder an der Erdoberfläche. Sie entstanden während der Erosionsprozesse unter dem Einfluss von Wind und Wasser auf die nicht tief gelegenen primären Goldlagerstätten. Waschgold ist in der Regel in der Nähe primärer Goldlagerstätten an den früher existierenden und gegenwärtigen Flüssen zu finden. Dort kommt Gold auch in Form größerer Partikel vor. Jedoch werden viele Goldpartikel aus den Flüssen in die Meere oder Seen gespült. Der Abbau von Waschgold macht einen kleinen Teil der Goldproduktion aus, weil die vorhandenen Lagerstätten lokal begrenzt und meist rasch erschöpft sind. Unter den Waschgoldlagerstätten sind jene erwähnenswert, in deren Nähe sogenannte metamorphosierte goldhaltige Erzlagestätten, goldführende Konglomerate, vorkommen. Manchmal werden solche Goldlagerstätten neben Erz- und Seifenlagerstätten als separate dritte Gruppe angesehen, obwohl sie nach der Art ihres Auftretens mit dem Gold in Erzlagerstätten vergleichbar sind. Ein Beispiel dafür ist die metamorphosierte goldhaltige Erzlagestätte in Südafrika namens „Witwatersrand". Die Erzkörper bestehen aus Bündeln goldführender Konglomerate, die durch Quarzschichten getrennt sind. Diese Konglomerate bilden Riffe mit Breiten von zwei, drei Zentimetern bis zu drei Metern mit einer Länge von Dutzenden Kilometern in Tiefen von drei bis vier Kilometern (Malyshev und Rumyantsev 1979, S. 11). Goldlagerstätten dieser Art werden per Schachtabbauverfahren geplündert.

1.2 Die Entstehung und die Formenvielfalt von Primitivgeld

Der Verwendung der Metalle, unter anderem des Goldes als Geld, ging eine recht lange Geschichte der Verwendung anderer Geldformen voraus: die der primitiven Warengelder. Es wird angenommen, dass diese Warengelder nicht so sehr als Folge der Tausch- und Handelsentwicklung wie nach Karl Marx existierten, sondern als Ergebnisse ihrer Verwendung als Schmuck und als Attribut religiöser und ritualer Zeremonien sowie als Mittel zur Stärkung der sozialen Beziehungen, also als Tributzahlungen, Brautpreise oder Lösegelder (Moiseev 2005, S. 23). Nicht zufällig stammt das englische Wort „pay" vom lateinischen Wort „pacare" ab und bedeutet „beschwichtigen, lindern oder Frieden schließen durch Erstattung" (Moiseev 2005, S. 23). Daher war das erste primitive Geld zunächst kaum mit dem Warenumlauf verbunden. Im Übrigen kannten die frühesten primitiven Gesellschaften keinen Tausch, benötigten keine Tauschmittel (Geld) bis zur Herausbildung der Spezialisierungen auf bestimmte Tätigkeiten wie das Fischen, Sammeln, auf die Viehzucht, die Jagd etc. in der Steinzeit. Mit der Arbeitsteilung entstanden der Wunsch und die Notwendigkeit, Tätigkeitsergebnisse untereinander auszutauschen und Geldformen zu entwickeln. Der fortschreitende Ausbau der wirtschaftlichen Aktivitäten und das damit verbundene wachsende Sortiment der hergestellten Güter trugen zur Intensivierung des Tauschhandels bei und förderten die Verwendung des Warengeldes. Auf diese Weise entstand ein einfacher Markt als Tauschort von Waren. Jede Ware bekam einen relativen Wert, bezogen auf den Wert anderer Waren. Allerdings wurde der Warentausch erheblich gestört, sobald ein Mangel an einer Ware auftrat, der die Rolle eines allgemeinen Äquivalents zukam, d. h. einer Ware, in der der Wert aller anderen Güter ausgedrückt werden konnte. Das hatte zur Folge, dass der Tausch einer Ware gegen eine andere üblicherweise durch eine weitere Ware erfolgen musste. So bedeutete der Austausch: Um eine Ware D im Tausch gegen eine Ware A zu erhalten, musste zuerst die Ware A gegen B, dann Ware B gegen Ware C und schließlich die Ware C gegen D eingetauscht werden. Dies begrenzte die Möglichkeiten, die Waren schnell und einfach auszutauschen. Die Entwicklung des Handels sah sich vor die Aufgabe gestellt, eine Ware ausfindig zu machen, die die Funktion eines allgemeinen Wertmaßes übernehmen konnte, die Funktion eines allgemeinen Äquivalents. Je bequemer die Verwendung dieser Ware war, umso reibungsloser konnte der Austausch, also der Übergang des Eigentums von einem Teilnehmer zum anderen, erfolgen. Auf diese Weise wurde die Ware zum Geld, die auf dem Warenmarkt a priori durch die Dynamik des Marktes die Funktion eines allgemeinen Äquivalents per Vereinbarung übernahm, also den Wert der Waren ausdrückte. Die Entstehung des Geldes führte zur Verkürzung der Tauschketten. Geld schuf eine Möglichkeit, die Ware D direkt im Tausch gegen die Ware A zu erhalten. Dabei heißt der Austauschvorgang bei dem, der die Ware anbietet, Verkauf; auf der Seite desjenigen, der die Ware erhält, Kauf. Dank des Geldes wurde es einfacher, den Wert einer Ware gegenüber anderen zu vergleichen, was den Tausch beschleunigte.

Längere Zeit lang übernahmen diejenigen Waren eine Geldfunktion, die einerseits reichlich vorhanden waren und sich andererseits einer großen Nachfrage erfreuten. Daher erfüllten ursprünglich in verschiedenen Regionen der Welt verschiedene Waren die Rolle des Geldes: Vieh (Stiere und Schafe), Pferde, Trockenfische, Getreide, Reis, Bohnen, Pelze, Bernstein, Steine, Muscheln, Elfenbein, Salz, Zucker, Pfeffer, Kakao, Tabak, Tee, Opium, Fische usw. Ethnographische und archäologische Forschungen ergaben, dass die früheste primitive Form des Geldes aus kleinen Schneckenschalen bestand und zwar aus den sogenannten Kaurischnecken, fälschlich oft als Kaurimuscheln bezeichnet. Sie bekamen weltweite Bedeutung und blieben neben anderen Zahlungsmitteln über Jahrhunderte hinweg im Umlauf. Auf dem Territorium des heutigen Kongo und des heutigen Angola wurde sie nicht als Kauri, sondern als Simbo bezeichnet. Im 16. bis zum 18. Jahrhundert entsprach der Wert einer großen Schneckenschale dem von zehn kleineren (Braudel 1971, S. 493). Die Aufteilung der Muscheln in große und kleine Exemplare erfolgte mit einem

Maßsieb. Die Simbo wurden z. B. beim Sklavenkauf der Kolonialisten verwendet. Daher kam diese Geldform zeitgleich mit den aus den Kolonien nach Brasilien verschifften Sklaven auf. Armbänder aus den Muscheln waren als Geld auf den Salomon-Inseln sehr verbreitet. Schneckenschalen vom Kauri-Typ, die an den Küsten des Indischen Ozeans, auf den Malediven und auf den Lakkadiven gewonnen wurden, kamen per Schiff nach Afrika, Nordostindien und Birma (Braudel 1971, S. 493). Darüber hinaus wurden sie im 17. Jahrhundert von den Holländern nach Amsterdam gebracht, um sie von dort aus im internationalen Handel weiter einzusetzen. Außer in Afrika wurden Kauri als Zahlungsmittel ebenfalls in Asien, also in China, Japan, Indien und in Ozeanien eingesetzt. Als Beweis dafür können zahlreiche Inschriften auf chinesischen Bronzegefäßen aus der Shang-Dynastie (um 1600–1027 v. Chr.) gelten. Nach China wurden die Schalen vermutlich von der Küste des Indischen Ozeans oder von den japanischen Ryūkyū-Inseln gebracht (Moiseev 2005, S. 45). Vor der Verwendung für den Austausch wurden die Kaurischalen vorbehandelt, geschliffen und aufgefädelt. Die Hauptgeldeinheit stellte eine Kette aus fünf und zehn Schnecken dar. Es wurden auch Bündel von 500 Muscheln als Zahlungsmittel verwendet (Moiseev 2005, S. 45). Mit der Zeit wurde das natürliche Angebot solcher Muscheln knapper, und in China erschienen Ersatzmuscheln aus Stein und Metall, unter anderem aus Kupfer und Bronze. Dennoch blieben Kauri in der südchinesischen Provinz Yúnnán neben kleinen Kupfermünzen bis zum Anfang des 19. Jahrhunderts im Umlauf. Ein Indiz für die weite geografische Verbreitung der Kauriwährung ist die Anwesenheit in russischen und skythischen Grabhügeln, ebenso in Vorkommen in Mitteleuropa, England und Schweden. Heute wissen wir, dass diese Muscheln in Sibirien als Münzen, also als Kleingeld, bis zum Ende des 18. Jahrhunderts verwendet wurden.

Als weiteres primitives Warengeld diente verschiedenen Ortes Getreide. In China wurde neben den Kaurischnecken unter anderem Reis als Geldumlaufmittel und Rücklage verwendet. Aus demselben Grund nutzten in Nordamerika Indianer sogenannte Wampume, aufgefädelte zylindrisch geschliffene Muschelperlen, die sie an Gürteln trugen. Mit der Präsenz weißer Händler begannen die Indianer, die Wampume nicht mehr aus Muscheln, sondern aus Glasperlen herzustellen, die unter anderem aus Tschechien eingeführt wurden. Der Legende nach schätzten die Indianer Wampume als so hochwertig ein, dass sie 1616 angeblich ihr Land für solche Perlen im Wert von 60 Niederländischen Gulden (heute US$ 500), das „Land der vielen Hügel", heute Manhattan, an die Europäer verkauften. Die Herstellung gefälschter Wampume vom europäischen Kontinent führte im 19. Jahrhundert zum vollständigen Verschwinden dieser Form des Geldes (Braudel 1971, S. 495).

Im präkolonialen Amerika wurden hingegen andere Formen primitiven Geldes verwendet: Pfeffer in Bolivien und Peru, Tabakblätter in anderen Regionen. Pfeffer wurde als Geld vorher im Römischen Reich verwendet. Der Herrscher der Hunnen, Attila, hatte Lösegeld in Form einer Tonne schwarzen Pfeffers vom belagerten Rom verlangt. In Mexiko schätzten die Azteken Kakaobohnen als so wichtig ein, dass sie sie als Geldmittel verwendeten. Der Wert eines jungen Sklaven wurde beispielsweise auf 100 Kakaobohnen geschätzt. In Nicaragua und Honduras wurden Kakaobohnen ähnlich verwendet. Bekannt sind zudem Geldfälschungen mit Sand und Ton gefüllten Kakaobohnenschalen. In Afrika, in seinem westlichen Teil an der Golfküste von Guinea und im südlichen Teil, im Munhumutapa-Reich auf dem Gebiet des heutigen Simbabwes und Mosambiks, wurden durch die Entwicklung des Handels mit Indien und China Baumwollstoffe als Geld verwendet, die man als „Indische Ware" bezeichnete. Als feste Tauscheinheit wurden diese Stoffe für den Sklavenhandel eingesetzt (Braudel 1971, S. 492, 494, 495). Die Stoffbahnen waren in zwei Größen gehandelt worden: in Papierbogengröße (Lubongo) und in Tischdeckengröße (Mpusoso). Ebenso kamen in Brasilien neben Zucker und Salz auch Baumwollstoffe als Geld zum Einsatz.

Im alten Rom wurden Streitkräfte mit Salz bezahlt. Salz hatte im Mittelalter einen so hohen Wert, dass in Europa verschiedene Gebühren mit Salz bezahlt und die Löhne entrichtet wurden, sowohl die der Söldner als auch die der Arbeiter in den Salzbergwerken Frankreichs und Deutschlands. Die Bezeichnung der kleinen deutschen Münze Heller findet ihren Namensursprung in den Salzwerken der deutschen Stadt Schwäbisch Hall. „Hal" ist das keltische Wort für Salz. Heute noch gilt das Sprichwort „Auf Heller und Pfennig" für die genaue Abrechnung. Das aus dem Französischen stammende Wort Salair (Gehalt, Sold) findet seinen Ursprung im Wort Salz. Neben der Verwendung in Europa wurde Salz als Geldmittel auch in China verwendet. Marco Polo behauptete, dass im 13. Jahrhundert derartiges Geld aus Solwasser hergestellt wurde, nach dessen Abkochen Salz als fester Salzteig vorlag, aus dem spezielle Plätzchen geformt wurden, flach auf einer Seite und gewölbt auf der anderen. Diese wurden anschließend mit dem kaiserlichen Stempel gesiegelt und letztmalig getrocknet. Dabei entsprachen 80 der Salzplätzchenmünzen einem Saggio, dem venezianischen Gewichtsmaß, das einem Sechstel einer Unze entsprach (4,82 g oder 24 Karat) (Brennecke 2016, S. 228).

Marco Polo schreibt in seinen Reiseberichten: „Es gibt in diesem Lande Salzquellen, aus denen sie Salz bereiten, indem sie es in kleinen Pfannen sieden. Wenn das Wasser eine Stunde lang gekocht hat, wird es eine Art Teig, der zu Kuchen zum Wert zu zwei Pfennigen (*denari*) gebildet wird. Diese welche flach an der unteren und hohl an der oberen Seite sind, werden auf heißen Ziegeln an ein Feuer gelegt, damit sie trocken und hart werden. Auf diese letztere Art Münze wird der Stempel des Kaisers gedrückt, und sie darf durch niemand anderes als seine eigenen Beamten bereitet werden. Achtzig Stück ergeben einen Saggio Gold (d. i. 1/2 Unze venezianisch). Aber wenn sie von den Handelsleuten zu den Einwohnern der Gebirge und nach anderen wenig besuchten Gegenden verführt werden, so erhalten sie für sechzig, fünfzig oder sogar vierzig solcher Salzkuchen einen Saggio … Dieselben Kaufleute reisen in gleicher Weise durch die Gebirge und andere Gegenden Tibets, von denen wir gesprochen haben, wo das Salzgeld gleichfalls kurant ist. Ihr Gewinn ist beträchtlich, weil diese Landleute das Salz zu ihrer Nahrung brauchen und es als unumgänglich notwendig für ihre Bedürfnisse betrachten, während die Einwohner von den Städten zu demselben Zwecke bloß die zerbrochenen Stücke der Kuchen brauchen und die ganzen Kuchen als Geld in Umlauf setzten" (Brennecke 2016, S. 228–229).

Nachdem die Europäer den Handel in Afrika gefördert hatten, wurde Salz neben rotem Pfeffer, Munition, Eisen und anderen Waren zur Hauptwährungseinheit für den Handel.

Jedoch blieb Salz in einigen Teilen der Sahara, in Äthiopien, Benguela und Senger einziges Geldmittel. Salz war in den Küstenregionen Westafrikas zwischen dem Weißen Kap und Sierra Leone zu Beginn des 17. Jahrhunderts teurer als Eisen und wurde wie Gold geschätzt. Nicht zufällig tauschten die Portugiesen Salz gegen inländisches Gold ein, „dabei erhielten sie für ein Kilo Salz ein Kilo Fließgold" (Fersman 1953). In den 20er-Jahren des 17. Jahrhunderts wurde Salz in Äthiopien, im Obersenegal und im Niger als primitive Geldform verwendet, wo 1620, den Beschreibungen eines französischen Autors zufolge, Salzwürfel in daumengroße Stücke zersägt wurden (Braudel 1971, S. 492). Dieses Geld trug die Bezeichnungen Amole oder Rai und wurde in länglichen Blöcken mit einer Länge von knapp 25 cm gehandelt. Ein Salzblock wurde häufig in vier Stücke zersägt. In Äthiopien wurde diese Währung später durch den österreichischen Maria-Theresien-Taler ersetzt, nachdem er in Österreich dem Gulden weichen musste. Ein Taler entsprach je nach Entfernung von den Abbaustätten am Roten Meer unterschiedlichen Mengen an Salz. Kostete ein Taler an der Küste 120 Amole, war er im Inneren des Landes nur vier bis zehn Blöcke des Salzes wert. Die Unannehmlichkeiten, die mit dieser Währung einhergingen, ließen den äthiopischen König Ende des 19. Jahrhunderts in Paris anstelle der österreichischen Münzen neue Taler mit seinem Konterfei prägen. Trotzdem wurde in Äthiopien im großen Stil Salz noch bis in die 30er-Jahre des 20. Jahrhunderts als Zahlungsmittel verwendet. Darüber hinaus findet Salz in unzugänglichen Regionen Äthiopiens bis in die heutigen Tage als Zahlungsmittel Verwendung. Laut der sogenannten Ipatius-Chronik aus dem 15. Jahrhundert wurde Salz in der Mitte des 13. Jahrhunderts in Russland als Zahlungsmittel an die Leibwache (Druschina) eines Fürsten verwendet, im russischen Kaiserreich des 17. Jahrhunderts nicht nur als Binnenzahlungsmittel bei der Steuererhebung des Grundzinses und bei der Gehaltszahlung an die Leib- und Palastwachen (Druschina, Strelitzen), Heeresführer, Kanoniere, Schmiede, Angehörige der Kirche und Salzsieder, sondern auch als Zahlungsmittel im internationalen Handel eingesetzt.

Über längere Zeiträume hinweg wurden in den meisten Ländern Nordeuropas und in Russland, besonders während der Herrschaft Peter des Großen, neben dem Salz Felle von Pelztieren verwendet, insbesondere bei der Steuereintreibung. Neben Edelpelzen kamen Felle von Eichhörnchen und Mardern infrage. Ein Eichhörnchen-Fell entsprach einer Kopeke und 100 Felle einem Rubel. Biber-Felle dienten in Kanada als Geld. Für ein Biber-Fell waren vier Löffel, zwei Messer oder vier Liter Weinbrand erhältlich. Neben den Biber-Fellen war Hirschleder eine der gefragtesten Geldeinheiten Nordamerikas. Bis heute heißen Dollar in den USA umgangssprachlich Bucks, was sich möglicherweise vom Wort „Buckskin", Haut des Hirschbocks, ableitet.

Im ersten Viertel des 15. Jahrhunderts diente in Island z. B. Trockenfisch als Zahlungsmittel. Dabei kostete ein Hufeisen einen Trockenfisch, Damenschuhe kosteten drei, ein Fass Wein 100 und ein Fass Butter 120 Fische (Einzig 1948, S. 271–272). In Nordchina, im Tibet, in der Mongolei und in entlegenen Teilen Sibiriens wurden Teeblöcke (*teabrick*) genutzt. Der russische Forschungsreisende Prschewalski hat auf einer seiner Reisen für ein Schaf 12–15 und für ein Kamel 120–150 Teebrocken bezahlt. In der Kolonialzeit diente bei einigen Stämmen Afrikas jeweils eine Flasche Rum als Zahlungsmittel. Auch Sklaven dienten zu verschiedenen Zeiten als Wert- und Zahlungseinheit. Bis zum Anfang des 20. Jahrhunderts war Hanf in Amerika als Zahlungsmittel gebräuchlich, weil daraus Gegenstände des täglichen Bedarfs hergestellt werden konnten: Kleider, Seile und Papier. Selbst die erste Fassung der amerikanischen Verfassung steht auf Hanfpapier.

In vielen Regionen der Alten Welt galt Vieh als das verbreiteteste Zahlungsmittel. Bei den alten Türken dienten Pferde als Hauptgeldeinheit, Schafe als Nebenwährung und Schafspelze als Kleingeld (Moiseev 2005, S. 24). Im Handel mit den Ländern Afrikas nutzten die Araber Pferde als Geld. Vieh war fester Bestandteil religiöser Zeremonien, und es wurde oft geopfert, im weitesten Sinne als religiöse Steuer verwendet. Es ist kein Zufall, dass Vieh in alten Kulturen mit verschiedenen Wertgegenständen, mit Reichtum und Geld gleichgesetzt wurde. Zur Zeit der Xia-Dynastie (2070–1765 v. Chr.) wurden im alten China alle Handelsoperationen mit Rindern und Schafen durchgeführt (Moiseev 2005, S. 44). Im antiken Griechenland diente das Vieh als feste Tauschgröße, was sich in den literarischen Werken der Zeit niederschlägt. Homer beschreibt im vermutlich vorchristlichen 8. Jahrhundert in der Ilias den Waffentausch zwischen Diomedes und Glaukos: „Glaukos tauschte seine goldene Rüstung gegen die eherne des Diomedes, wie etwa hundert Rinder im Wert gegen lumpige neuen" (Schadewaldt 2016, S. 126–127). In anderen Szenen der Ilias entsprach ein Bronzedreifuß zwölf Rindern, während eine in vielen Tätigkeiten erfahrene Sklavin vier Rinder einbrachte (Schadewaldt 2016, S. 461). Dokumente, dass das Vieh als Geld diente, sind in vielen verschiedenen Sprachen erhalten. Im Englischen weist die Ähnlichkeit der Wortwurzeln darauf hin: *capital* (das Kapital), *chattels* (Mobilien) und *cattle* (Rinder) (Moiseev 2005, S. 24). Als das alte Rom noch eine kleine Siedlung am Ufer des Tibers war, diente dort Vieh als Hauptzahlungsmittel. Überliefert wurde das im lateinischen Wort *pecunia*, das nicht nur Mobilien, Güter, Eigentum, sondern auch Geld bedeutet: vom Wort *pecus* abgeleitet, von dem für Vieh (Bregel und Kaemmel 1957). Bei den alten Slaven spielte das Vieh ebenfalls die Rolle des Geldes, und das Wort Geld wurde längere Zeit als Vieh bezeichnet. Außerdem stammt das russische Wort für Ware, „tovar", vom türkischen Wort „tavar" ab, für das Vieh stehend. Im 11. und 12. Jahrhundert, als im Geldumlauf der Kiewer Rus Metalle die Rolle des Geldes übernommen hatten, hieß die Schatzkammer der Kiewer Fürsten „Stall" (Skotniza) und der fürstliche Schatzmeister „Viehzüchter" (Skotnik) (Bregel und Kaemmel 1957). Der Metropolit Nikephoros schrieb an Großfürst Wladimir Monomach, als er dessen Reichtum und Großzügigkeit erwähnte: „Doch dein Stall ist durch die Gnade Gottes nicht knapp, sondern unerschöpflich und leert sich nicht" (Bregel und Kaemmel 1957).

Ein weiteres besonders ungewöhnliches Beispiel für die Vielfalt des Primitivgeldes stellt das Steingeld pazifischer Inselvölker dar. Bis in unsere Tage hinein besteht auf der westpazifischen Inselgruppe Yap eine viele Jahrhunderte alte, aus großen Steinscheiben bestehende Währung. Die aus Kalkstein hergestellten großen Steinräder, Rai, weisen sehr unterschiedliche Größen mit wenigen Zentimetern bis zu mehreren Metern auf. Das Gewicht der größten Steine erreichte vier Tonnen, ihr Durchmesser bis zu vier Metern bei einer Dicke von einem halben Meter. Der Wert der Steine ergab sich nicht nur aus den physikalischen Parametern, sondern auch aus der Herstellungsqualität und aus dem Alter. Dass die Bewohner der Insel solche Steine als Zahlungsmittel wählten, erklärt sich durch das Fehlen des Kalksteins auf der Insel. Daher bauten die Einheimischen den Kalkstein in Steinbrüchen der Nachbarinsel Palau ab und schafften ihn auf Bambusflößen und Auslegerbooten über eine Strecke von etwa 400 km auf die eigene Insel, was einer fünftägigen Reise entsprach. Wegen des großen Gewichts blieben die größten Steine vor Ort und wechselten nur selten ihre Eigentümer. Die Einheimischen verwendeten Steine als Zahlungsmittel in Handelsoperationen, z. B. beim Kauf von Häusern oder Booten, als Lösegelder oder als Tribute sowie als zeremonielle Geschenke bei Eheschließungen oder Erbschaften. Am Ende des 19. Jahrhunderts erschienen auf der Insel Europäer, die eine große Zahl solcher Steine mitgebracht hatten, um sie einzutauschen: gegen Kopra, gegen getrocknetes Kokosgewebe, das sie für die Herstellung und für die Ausfuhr von Öl in den Fernen Osten benötigten. Die Europäer nutzten Eisenwerkzeuge, die den Abbau des Kalksteins erleichterten. Folglich kam es zur Inflation des Steingeldes, die die einheimischen Ältesten eindämmen konnten, weil sie Kalksteinförderungsrechte mit Förderquoten einführten und den Europäern Kalksteintransportrechte nur gegen bestimmte Mengen Kopra gewährten. Später wurde die Insel von Deutschen besetzt und die Verwendung des Geldes 1931 eingestellt.

Als ein weiteres interessantes Beispiel für den Handel mit Primitivgeld gelten die länglich geschliffenen Münzen aus Korallen, sogenannte Olivetten, die in den 80er-Jahren des 20. Jahrhunderts in Livorno (Toskana, Italien) hergestellt wurden. Sie wurden als Berechnungsmittel im Inneren Nigerias, in Sierra Leone und Liberia sowie an der Elfenbeinküste verwendet, aufgefädelt und getragen an Gürteln, sodass jeder Mensch „mit eigenen Augen (*de visu*) sein Vermögen beurteilen konnte" (Braudel 1971, S. 493).

Hintergrundinformation

In der Welt von heute ist primitives Warengeld nicht mehr verbreitet. Im Laufe der modernen Geschichte wurde es zumeist verwendet, um die Defizite anderer Geldformen auszugleichen und zu ergänzen. Das ergab sich vor allem in der Folge militärischer Konflikte und Hyperinflationen. So wurden auf den Schwarzmärkten des Nachkriegsdeutschlands amerikanische Zigaretten und Frauenstrümpfe als Zahlungsmittel verwendet. In einigen Regionen des heutigen Kolumbiens dient Kokain als Geld. In den USA wird lokal das Waschmittel *Tide* als Geld für kleine Drogenmengen verwendet (Frankfurter Rundschau 2014). In Afrika sind Kronkorken im Umlauf, auf deren Innenseiten Preise und Rabatte abgedruckt sind. Bis vor Kurzem war in Angola Dosenbier als allgemeines Äquivalent akzeptiert.

Literatur

Anikin, A. V. (1987). *Gold* (S. 46–48, 51). Berlin: Verlag Die Wirtschaft.

Braudel, F. (1971). *Die Geschichte der Zivilisation. 15. bis 18. Jahrhundert* (S. 492–495). München: Kindler.

Bregel, E. J., & Kaemmel, E. (1957). *Banken und Kredit im Kapitalismus*. Berlin: Verlag Die Wirtschaft.

Brennecke, D. (2016). *Marco Polo: Die Beschreibung der Welt. Die Reise von Venedig nach China 1271–1295* (S. 228–229). Wiesbaden: Erdmann.

Einzig, P. (1948). *Primitive money: in its ethnological, historical and economic aspects* (S. 271–272). London: Eyre & Spottiswoode.

Falkner, K. K., & Edmond, J. M. (1990). *Gold in seawater* (S. 208–221). Letters: Earth and Planetary Science.

Fersman, A. E. (1953). *Unterhaltsame Geochemie*. Berlin: Neues Leben.

Frankfurter Rundschau (2014). Skurrile Zahlungsmittel. Hier bezahlt man mit Bier, Waschmittel und Obst. http://www.fr.de/leben/recht/geldanlage/skurrile-zahlungsmittel-hier-bezahlt-man-mit-bier-waschmittel-und-obst-a-543795. Zugegriffen: 14. Dez. 2017.

Jones, R. S. (1973). *Gold content of water, plants, and animals*. U.S. Geological survey circular 603, 625. (S. 4, 10, 12, 13). Washington: United States Department of the Interior.

Jones, R. S. (1974). *Gold in meteorites and earth crust*. U.S. Geological survey circular 603. (S. 1–2). Washington: United States Department of the Interior.

Jones, R. S. (1981). *Gold in Igneous, sedimentary, and metamorphic rocks*. U.S. Geological survey circular 610. (S. 1). Washington: United States Department of the Interior.

Malyshev, V. M., & Rumyantsev, D. V. (1979). *Zoloto [Gold]* (S. 9–11). Moscow: Metallurgia.

Marx, J. (1978). *The magic of gold* (S. 8–9). New York: Doubleday Books.

Moiseev, S. R. (2005). *Denejno-kreditnaya politika: teoriya i praktika [Monetary policy: theory and practice]* (S. 23–24, 44–45). Economist.

Quiring, H. (1948). *Geschichte des Goldes, die goldenen Zeitalter in ihrer kulturellen und wirtschaftlichen Bedeutung* (S. 217). Stuttgart: Enke.

Rudakov, V. V., & Smirnov, A. P. (2006). *Zoloto Rossii [Gold of Russia]* (S. 222, 224–225). Moscow: Krugozor-Nauka.

Schadewaldt, W. (2016). *Homer: Ilias* (S. 126–127, 461). Frankfurt am Main: Insel.

Schultze, E. (1940). *Gold: Romantik und Fluch des gelben Metalls* (S. 17). Leipzig: Goten-Verlag H. Eisentraut.

Sobolevskij, V. I. (1970). *Blagorodnii metalli. Zoloto [Precious Metals. Gold]* (S. 40). Moscow: Znanie.

Der Übergang vom Primitivgeld zu Metallen im Geldumlauf der Antike

2

2.1 Das Gold als sakrales Objekt und Geld im alten Ägypten, Babylonischen Reich und in Phönizien

Trotz der vielfältigen Erscheinungsformen des Primitivgeldes konnten die meisten Varianten den reibungslosen Warenaustausch nicht gewährleisten. Dies führte zur Suche nach weiteren Geldformen, die Nachteile aufwiegen oder positive Mindestanforderungen erfüllen sollten. Die Unmöglichkeit der Teilbarkeit einiger Warengeldformen trug mit der Zeit zum Verzicht auf den Stückwarenaustausch zugunsten des Äquivalentgewichts bei. Mit der fortschreitenden Entwicklung des Handels kristallisierten sich eine Reihe solcher Mindestanforderungen heraus: die Teilbarkeit des Geldes, die Festigkeit, die Kompaktheit, Homogenität, also die Gleichmäßigkeit der Form, beim Gewicht und bei der Qualität, die Homogenitäts- und Werterhaltung, die Gleichwertigkeitserhaltung bei der Teilung und die hohe Wertdichte im Verhältnis von Wert und Volumen. Eine der wichtigsten Eigenschaften ist die Anerkennung durch die Gesellschaft. Diese Anerkennung beruht entweder auf dem natürlich-historischen Wert wie bei den Metallen oder dem, der durch repräsentative Mächte festgelegt und der wie bei Banknoten garantiert wird. Im alten Ägypten wurde für die Entwicklung des Handels als allgemeines Äquivalent eine zunächst beliebige Einheit, genannt Shât, verwendet, die durch den Pharao zur Einschätzung des Werts der Güter und der Arbeit eingeführt wurde. Fixiert waren die Preise aller Waren in Shât (Moiseev 2005, S. 24). Tausch- oder Zahlungsmittel können nur dann den Geldstatus beanspruchen, solange sie als wertvoll oder als selten gelten. Sobald das Geld wesentliche Eigenschaften verliert, kommt es zu Austauschschwierigkeiten und zur Suche nach einem neuen allgemeinen Äquivalent.

Aus jahrtausendealter Erfahrung mit verschiedenen Formen des Warengeldes zeigt sich, dass den Metallen die meisten der oben genannten Anforderungen, die ans Geld gestellt werden, zugeschrieben werden können, darunter Wertbeständigkeit, Festigkeit, Haltbarkeit, Teilbarkeit und Kompaktheit. Das spricht für die Verwendbarkeit von Metallen als Geld. Mit der zeitgleichen Nutzung von Kupfer, Gold oder Silber im Geldumlauf der äl-

O. Kaskaldo, *Gold: Geld, Kredit, Ware*, https://doi.org/10.1007/978-3-658-21728-0_2

testen Kulturen lassen sich die geologische Ähnlichkeit und chemische Verwandtschaft erklären. Die einzigartigen ästhetischen und physikalischen Eigenschaften von Metallen wurden bereits von frühen Kulturen geschätzt, insbesondere die des Goldes. In primitiven Gesellschaften hatte Gold zuerst ästhetischen Wert. Viel später diente es meist als religiöses Objekt, beispielsweise im alten Ägypten. Hier symbolisierte das Edelmetall vor allem die Sonne und die mit ihr verbundenen Eigenschaften wie Ewigkeit und Unveränderlichkeit. Deshalb waren in der Kultur des alten Ägyptens die Sonnengötter Re (auch Ra) und Amun zentrale Gottheiten. Vom Rang des Goldes im alten Ägypten und der Rolle, die dem Pharao als Vertreter des Sonnengottes auf Erden zukam, zeugen die wenigen bis heute erhalten gebliebenen, mit Golddekor versehenen Grabstätten. Dabei war der Materialwert des Goldes in der Kultur des alten Ägyptens zweitrangig. In erster Linie galt das Gold als Symbol für göttliche Macht.

Als heiliges Metall des Sonnengottes wurde es auch in der Inkakultur gesehen. Aus Gold stellten die Inkas Haushaltsartikel, Schmuck, verschiedene stilistische und rituelle Figuren her. Darüber hinaus wurden viele Tempel und Paläste der Inkas mit Gold überzogen. Im religiös-rituellen Zusammenhang antiker griechischer Stadtstaaten zierte Gold Tempel und Statuen der Götter. So stand beispielsweise vom 7. bis zum 6. Jahrhundert v. Chr. eine goldene Jupiterstatue in einem der Tempel von Delphi, in der spirituellen Hauptstadt der hellenistischen Welt. In Babylon wurden während der Regierungszeit des Königs Nebukadnezar II. (604–561 v. Chr.) große Mengen des Goldes für die Architektur und für die Ausstattung der Tempel verwendet. Nach Herodot war im Tempel des babylonischen Stadtgottes Marduk nicht nur die goldene Statue Gottes beherbergt: Gott saß auf einem goldenen Thron mit goldenem Sockel und mit einem goldenen Tisch danebem. Für die Herstellung wurden 800 Talente, mehr als 20 t Gold, genutzt. Außerhalb des Tempels gab es einen goldenen Altar. Überlieferungen zufolge stand dort zu Zeiten des Kyros die viereinhalb Meter hohe Statue eines Mannes (Nesselrath 2017, S. 95). Die Bedeutung des Goldes im Nahen Osten wird in vielen biblischen Geschichten geschildert, in denen das Bild der begrenzten Verwendung des Goldes gezeichnet wird, indem es meist als Schmuck, religiöses Zubehör oder Symbol des Reichtums der Könige beschrieben wird. Zu erwähnen ist die Sage vom Goldreichtum des Königs Salomon, der 965–928 v. Chr. in Jerusalem regiert haben soll. Doch ist seine Historizität umstritten. Salomon habe während eines Besuchs bei der Königin von Saba im heutigen Jemen etwa drei Tonnen Gold als Gastgeschenk überreicht. Die am häufigsten zitierte Szene aus dem Alten Testament entstammt dem Buch Mose und handelt vom Abstieg Moses vom Berg Sinai, als Moses sein Volk bei der Verehrung eines goldenen Kalbes vorfand, das Aaron aus Goldschmuck gegossen hatte. In der abendländischen Kultur wird die Verehrung des goldenen Kalbes häufig mit der menschlichen Bindung an irdische Dinge identifiziert, mit Gier, Habgier, dem Streben nach maßlosem Konsum und nach Macht.

In alten Kulturen war die Verwendung von Edelmetallen auf natürliche Weise begrenzt: wegen der Seltenheit und des Fehlens notwendiger Fördertechnologien, was zur privaten Hortung, zur *Thesaurierung,* beitrug. Außerdem verschwand ein wesentlicher Teil der Edelmetalle als Geschenk- oder Opfergabe in den Tempeln und Palästen. Weiter trug die

Zuverlässigkeit der Tempel bei der Aufbewahrung der Schätze zur Hortung der Edelmetalle bei, die als Kriegsbeute oder als Tribut der eroberten Völker gewonnen wurden. Im alten Ägypten z. B. erfüllte in der Regierungszeit des Pharaos Ramses III. ein Tempel diese Funktion, der auf dem Gebiet der Nekropole Medînet-Hâbuin Theben lag (Schultze 1940, S. 77–78). Kulturen wie die des alten Ägypten, der Sumerer, des Reiches von Akkad und von Babylon kannten die Münzprägekunst noch nicht. Stattdessen wurden dort Metallbarren aus Gold, Silber oder Kupfer in verschiedenen Formen und mit unterschiedlichen Gewichten verwendet. Vermutlich war das im alten Ägypten verwendete Gold das erste Metall, dem die Rolle von Geld zukam. Bekannt ist, dass um 3000 v. Chr., in der Regierungszeit des Gründers der 1. Dynastie, Pharao Menes, Goldbarren verwendet wurden, die aus einer natürlichen Legierung von Silber und Gold, dem Elektrum aus zwei Fünftel Gold und drei Fünftel Silber, bestanden. Im Mittleren altägyptischen Reich, etwa um 2137–1781 v. Chr., vor allem während der Regierungszeiten der vierten bis sechsten Dynastien, wurde Gold in kreisförmig gelochten Plättchen mit jeweils einem Gewicht von rund 15 g als Geld verwendet, das keine Siegel besaß. Weil Silber seltener als Gold vorkam, wurde es im Mittleren Reich höher geschätzt als Gold, sodass das Wertverhältnis zwischen dem Gold und dem Silber 2,5 : 1 entsprach. Mit der fortschreitenden Entwicklung des Handels kam mehr Silber ins Land, vornehmlich aus Babylon, sodass sich das Verhältnis änderte: 1 : 10. Mit der Zeit wurde dieses Wertverhältnis vom Mondkalender bestimmt und betrug 1 : 12.

Welche Funktionen des Geldes erfüllte Gold im alten Ägypten? Erstens war Gold für die höheren Gesellschaftsschichten, für den Pharao und dessen Gefolge, ein Mittel zur Akkumulation des Reichtums. Zweitens wurde Gold als Zahlungsmittel genutzt: entweder in Schmuckform, z. B. als Halsreifen (Wiedemann 1884, S. 317), als Belohnung der Untertanen oder als Binnenzahlungsmittel in Form bestimmter Ringe mit unterschiedlichen Gewichten und den Durchmessern von zwölf Zentimetern (Schultze 1940, S. 77–78). Drittens fungierte Gold im alten Ägypten als Wertmaß, was uns heute durch die Aufzeichnungen der zahlreichen, in Gold ausgedrückten Warenpreise überliefert ist. Der Wert einer Kuh entsprach 78 g, 64 kg Korn 5 g und eine junge Sklavin 390 g Gold (Schultze 1940). Viertens wurde Gold manchmal im Außenhandel als Zahlungsmittel mit Nachbarstaaten des Nahen Ostens eingesetzt, insbesondere während der 18. Dynastie. Dabei erfolgte die Bezahlung mit Barren, Kunstgegenständen, Geschirr und vergoldetem Interieur meist nur durch Ägypten. Das ergibt sich aus den ersten diplomatischen Briefwechseln zwischen Pharao Amenophis III. und Tuschratta, dem Herrscher des Staates Mittani (Hanilgabat). Mittani bestand im 16. bis 13. Jahrhundert v. Chr. in Nordmesopotamien und grenzte an Babylon auf dem Gebiet des heutigen Syriens und der Türkei. König Tuschratta bat um eine Goldbelohnung für seine Tochter Taduchepa, die in den Harem des Pharaos getreten war. Wir können heute mit hoher Wahrscheinlichkeit davon ausgehen, dass Gold im alten Ägypten als vollwertiges Geld diente. Es war ein Mittel zur Akkumulation des Reichtums, ein Wertaufbewahrungs- und Binnenzahlungsmittel und Wertmaß. Es fungierte daneben auch als Zahlungsmittel im internationalen Handel.

Unter den alten Kulturen, die Metalle als Geld verwendeten, soll hier neben dem alten Ägypten das Babylonische Reich erwähnt werden, das etwa zwischen 2000 und

539 v. Chr. auf dem Territorium des heutigen Irans bestand. Lange Zeit galt in Babylon Korn als Hauptmaßeinheit für den Austausch und für die Preisfindung der Waren. Allmählich wurde es aus dem Tauschverkehr durch andere Metalle, vor allem durch Silber, verdrängt. Dabei entsprach der Wert eines Kilogramms Silber 60 kg Korn. Zusätzlich wurden andere Metallbarren unterschiedlicher Formen (Blöcke, Ringe, Stifte, Scheiben) aus Gold, Kupfer und Blei verwendet. Die stärkste Verbreitung als Geld hatte das im Vergleich zum Gold relativ häufig vorkommende Silber. Mit der Zeit wurde mit der Herstellung von Silberbarren begonnen, die ein feststehendes Gewicht hatten und in Form verschiedener Tiere wie Stiere, Stierköpfe und Enten gegossen waren. Sie wurden mit einem königlichen Siegel versehen, um das Vertrauen in die Qualität und in das Gewicht der Barren zu gewährleisten. Die häufige Erwähnung des Goldes im sogenannten „Codex Hammurapi", in einer Gesetzessammlung (1792–1750 v. Chr.), lässt auf die Verwendung des gelben Metalls als Ware schließen, das zur Aufbewahrung überreicht wurde. In Babylon kam Gold selten zum Einsatz, und wenn, dann vor allem in Schmuckform. In der zweiten Hälfte des 15. Jahrhunderts v. Chr. wurden friedliche Beziehungen zwischen dem Alten Ägypten und dem Babylonischen Reich der Kassiten (ca. 1600–1340 v. Chr.) geknüpft. Um sie zu festigen, fand der ständige Austausch zwischen den Reichen statt, in dessen Verlauf z. B. die Kassiten den Pharaonen deren Töchter zur Vermählung gaben und aus Ägypten mit Gold in allerlei Formen belohnt wurden. Babylon erreichte seine Blütezeit im sogenannten Neubabylonischen Reich (626–538 v. Chr.) und insbesondere in der Regierungszeit von Nebukadnezar II. (605–562 v. Chr.). In dieser Zeit erschienen auf den Goldbarren Babylons und Assyriens Siegel mit Darstellungen von Löwen vor allem auf den größeren, und Enten auf kleineren Barren. Der Wert der Barren wurde nicht mehr nach deren Gewicht bestimmt, sondern nach dem mit der Tierdarstellung festgelegten Typ.

Während des verstärkten Einsatzes von Metallen im Zahlungsverkehr entstand der Wunsch, sie kontinuierlich und möglichst präzise wiegen zu können. Das führte zum Aufkommen neuer Berufsgruppen und Tätigkeiten, z. B. zur Vermittlertätigkeit. Geldwechsler übernahmen das Wiegen der Edelmetallbarren und die Qualitätsbestimmung gegen Entgelt. Weil eine signifikante Ansammlung von Metallen in Tempeln stattfand, übernahmen die Priester Babylons diese Tätigkeiten, was sie zu Wechslern machte. Außerdem begannen sie damit, die in den Tempeln deponierten Schätze, vor allem Gold und Silber, gegen Zinsen zu verleihen. Wir beobachten also hier somit eine frühe Form des Kredits.

Zu den Staaten der Antike, die eine reiche Vielfalt an Metallen aufwiesen, gehörte Phönizien. Das wird sowohl in den biblischen Texten als auch von vielen Autoren der Antike bestätigt. Seine Blütezeit erlebte Phönizien etwa um 1200–800 v. Chr. Im 10. bis 7. Jahrhundert versuchte es, einen Außenhandel zu entwickeln und trat als Vermittler auf. Bis zum 6. Jahrhundert umfasste das Handelsgebiet der Phönizier nicht nur die meisten Mittelmeerländer, sondern auch Teile Westafrikas, die Atlantikküste der Iberischen Halbinsel und möglicherweise die Britischen Inseln. Zu den größten phönizischen Handelsstätten gehörten Byblos (Beirut), Tyros, Sidon, Karthago sowie einige Kolonien in Spanien. Dazu kamen Kolonien auf Sizilien, Sardinien und Korsika. Dank des Außenhandels mit Indien und Südasien floss das Gold nach Phönizien, das gegen einheimisches

Silber, abgebaut in den phönizischen Städten Tyros und Sidon sowie in den spanischen Kolonien, eingetauscht wurde. Darüber hinaus wurde in Phönizien eigenes Erzgold gewonnen, insbesondere an der Küste Thrakiens (dem Ostbalkan, der heute teilweise die Türkei, Bulgarien und Griechenland umfasst), in Süd- und Ostafrika, z. B. in Südrhodesien, heute zu Simbabwe gehörend, und in Sofala, ein historischer Hafen in Mosambik, auf der Insel Thassos im nördlichen Teil des Ägäischen Meeres, nun im nordöstlichen Griechenland, sowie in den phönizischen Mittelmeerstädten Tyros und Sidon, im jetzigen Libanon. So wurde Gold aus der phönizischen Stadt Tyros beim Aufbau des Tempels Salomos (965–928 v. Chr.) und anderer Tempel in Jerusalem verwendet.

573 v. Chr. wurde Tyros nach 13-jähriger Belagerung durch den babylonischen König Nebukadnezar II. zum Teil des Babylonischen Reichs. Von den Babyloniern übernahmen die Phönizier die Idee der Kreditvergabe. Zur Aufbewahrung von Gold und Silber nutzten die Phönizier auch ihre Tempel. All dies trug dazu bei, dass die phönizischen Handelsstädte Tyros und Sidon im 6. und 5. Jahrhundert v. Chr. zu wichtigen internationalen Finanzzentren der Alten Welt aufstiegen. Zwei Jahrhunderte später leistete Tyros als einzige phönizische Stadt Widerstand gegen Alexander den Großen und wurde von ihm 332 v. Chr. zerstört. Trotz der hochentwickelten phönizischen Kunst der Metallbearbeitung und des Gießens kannten die Phönizier längere Zeit lang keine Münzen. Erst nach der Eroberung Phöniziens im Jahr 538 v. Chr. durch die Perser übernahmen die Phönizier die ursprünglich lydische Prägetechnik. Den Zeitpunkt für das Aufkommen der Sikl (Schekel) genannten Münzen in Phönizien schätzt man heute auf das 4. Jahrhundert vor Christus. Später bekamen diese Münzen eine sehr weite Verbreitung.

2.2 Gold und andere Metalle im Geldumlauf im alten China und Indien

Obschon in den alten Kulturen eine relativ große Menge Edelmetalle vorhanden war, z. B. Gold im Alten Ägypten und Phönizien sowie Silber in Babylon, erschienen die ersten als Geld gekennzeichneten Münzen, hergestellt aus einem Metall oder einer Metalllegierung mit rechtmäßig festgelegtem Metallgehalt und Gewicht, bestimmten Formen und einem Nennwert erst viel später. Es besteht bis heute Unsicherheit darüber, den richtigen Zeitpunkt des ersten Erscheinens echter Münzen angeben zu können. Es wird vermutet, dass im alten China und in Indien bereits im 7. und 6. Jahrhundert v. Chr. Münzen im Umlauf waren. Die Vorreiterrolle bei der Herstellung des Metallgelds können drei Kulturen für sich beanspruchen: China, Indien und das antike Griechenland. In der zweiten Hälfte des 2. Jahrtausends v. Chr. hatte China eine fortgeschrittene Technik für den Bronzeguss entwickelt. Das erste Metallgeld erschien in der Regierungszeit der Shang-Dynastie (ca. 1600–1027 v. Chr.). Anfangs wurden die Münzen in Form von Kauri-Muscheln aus Bronze gegossen. Der Überlieferung zufolge war der Gründer der Shang-Dynastie darüber besorgt, dass während einer Hungersnot viele Familien ihre Kinder verkaufen mussten. Als Kinderlösegeld erfand der Staat muschelähnliche, bronzene Kauri, die nicht geprägt, sondern in Formen gegossen wurden (Graeber 2014, S. 425). Parallel dazu fanden in China andere Muschelimitationen Verbreitung, die aus Eisen, Stein oder aus der Zusammensetzung verschiedener Materialien gefertigt waren: z. B. aus Ton bzw. Lehm oder aus Halbedelsteinen. Etwa 800 v. Chr. erschienen qualitativ gute Kauri-Muschelimitationen in ellipsoider Form. Sie hatten Gewichte von jeweils 2,54 g bei einer Größe von 16–25 mm (Moiseev 2005, S. 45).

Mit der Zeit waren in China bronzene Erzeugnisse (z. B. Werkzeuge und Haushaltgegenstände) sehr gefragt, was ihre Verwendung im Tauschhandel, für den Tribut und für die Steuerzahlungen begünstigte: als Spatel, Messer, Haken, Schlüssel usw. Einige Wissenschaftler glauben, dass das Eisengeld in der Regierungszeit der Zhou-Dynastie (1045–221 v. Chr.), etwa im 7. Jahrhundert v. Chr., entstanden sein könnte (Koshevar 2014, S. 13). Die ersten Formen waren wahrscheinlich Spatel ohne Prägung mit hohem Handgriff und mit spitzen Enden, die ein konstantes Gewicht von drei Liang hatten. Das sind etwa 40,32 g (1 Liang = 24 Shu; 1 Shu = 0,56 g) (Koshevar 2014, S. 13). Allmählich verdrängte das bronzene Geld andere Geldformen aus dem Umlauf. Dabei wurde es münzenähnlicher, mit Inschriften versehen, um deren Nennwerte kenntlich zu machen und ihre Metallreinheit zu garantieren. Um etwa 500 Jahrhundert v. Chr. kam ein Geldmittel im Tal des Gelben Flusses auf, das in Messerform hergestellt wurde und das Gewicht von 15–16 g aufwies. Es besaß Inschriften des Münzamtes mit zwei oder vier Hieroglyphen, war leicht gebogen und hatte einen Ring am Ende des Griffes. Im Chinesischen Reich verbreitete sich das Geld während der nächsten Jahrhunderte in Messerform mit vielfältigen Ausprägungen und Gewichten. Darunter war z. B. Min, das in der „Epoche der Streitenden Reiche" (475–221 v. Chr.) hergestellt wurde und die Prägung Min aufwies. Messergeld wurde auch in Korea und in der Mandschurei hergestellt. Ab etwa 400 v. Chr. erschienen Varianten in Spatenform mit flachen Griffen und stumpfen Enden sowie den Siegeln des Münzamtes. Dieses Geld wurde Käsch genannt, und später wurde es in China generell so bezeichnet. Es hatte drei Nennwerte: halber Liang (6,72 g), 1 Liang (13,44 g) und 2 Liang (26,88 g) (Koshevar 2014, S. 13). Etwa 300 v. Chr. wurden diese Spaten dünner. Der höchste Nennwert wurde verworfen (Koshevar 2014, S. 13).

Die „Epoche der Streitenden Reiche" brachte andere Varianten des Metallgeldes hervor, meist von den einheimischen Fürsten ausgegeben. Dazu gehörten der „Gespensterkopf" und die „Ameisennase", einfache ovale Metallstücke, die mit einem Loch zum Auffädeln versehen waren. Metallgeld in Münzenform wurde ab 250 v. Chr. von der Zhou-Dynastie ausgegeben. Die Münzen hatten Kreisformen mit runden oder quadratischen Löchern in der Mitte, mit Durchmessern von 44 mm, Gewichten von 8,73 g und waren mit der Hieroglyphe Yuan auf einer Seite beschriftet (Moiseev 2005, S. 47). Bis zur Vereinigung Chinas unter Kaiser Qin Shihuangdi (221–210 v. Chr.), dem Gründer der Qin-Dynastie, bis zum Ende der „Ära der Streitenden Reiche", 221 v. Chr., waren diese Münzen zeitgleich neben den früheren Formen von Metallgeld, also Metallmessern, Schaufeln, Barren und dergleichen, in Umlauf.

Unmittelbar nach der Machtübernahme durch Qin Shihuangdi verbot dieser den Tauschhandel und die Herstellung aller Arten einheimischen Geldes, darunter das Eisengeld der Zhou-Dynastie. Gleichzeitig wurden alle Geldarten, die die Form von Werkzeugen und Haushaltsgegenständen hatten, aus dem Umlauf genommen (Koshevar 2014, S. 14). Damit wurden die Voraussetzungen für die Vereinheitlichung des Geldumlaufs durch die Einführung einer neuen einheitlichen Bronzemünze geschaffen. Die kreisförmige, drei Zentimeter große Münze besaß ein quadratisches Loch und eine geprägte Inschrift des Nennwertes eines halben Liangs (Gewicht: 1,3 Unzen oder 36,85 g). Dabei befanden sich auf der einen Seite der Münze vier Hieroglyphen, von denen zwei das Motto der Regierungszeit des Kaisers angaben: „Himmlische Ruhe" oder „Allgemeine Freude". Diese Mottos änderten sich alle fünf bis sechs Jahre. Die Hieroglyphen und Zeichen auf der anderen Seite repräsentierten verschiedene Münzämter, Ausgabenserien und Schmelzöfen. Die immensen Staatsausgaben wegen des aufwendigen Baus der Chinesischen Mauer führten zum Gewichtsverlust der Bronzemünzen. Die grundsätzliche Herstellungsart der Münzen blieb allerdings bis ins 20. Jahrhundert unverändert. Außerdem befanden sich während der Regierungszeit von Qin Shihuangdi Goldmünzen in großer Stückelung im Umlauf. Es wurde außerdem versucht, neben Bronzemünzen auch Eisenmünzen herauszugeben, was jedoch wegen der daraus resultierenden Inflation erfolglos blieb.

Nach einem Aufstand wurde die Qin-Dynastie 206 v. Chr. durch die Liú-Dynastie ersetzt, deren Herrscher Liú Bāng (202–195 v. Chr.) wurde. Die neue Dynastie begründete das Han-Reich (206 v. Chr. bis 220 n. Chr.), in dessen ersten 200 Jahren die Prägung der halben Liang-Münze erfolgte, allerdings mit herabgesetztem Gewicht. Weil das private Münzgießen erlaubt wurde, traten Münzen unterschiedlicher Gewichte und Qualitäten auf. Erst der siebte Kaiser der Han-Dynastie, der von 141–87 v. Chr. regierte, versuchte im Jahr 118 v. Chr., das Geldsystem des Landes mit dem Verbot der privaten Münzherstellung, der Entfernung der Münzen aus dem Verkehr und deren Ersatz mit einem Gewicht von fünf Schu, 0,2 Liang (2,8 g), neu zu regeln. Jährlich wurden durchschnittlich 22 Mio. solcher Münzen hergestellt. Wenn wir von der damaligen Bevölkerungszahl Chinas von etwa 60 Mio. ausgehen, ergaben sich rund 0,37 neu produzierte Münzen pro Jahr und Kopf (Moiseev 2005, S. 50). Zu dieser Zeit begann man, die Bronzemünzen, deren Verbreitung bis nach Ostasien und Japan reichte, als Wu Zhu zu bezeichnen (Moiseev 2005, S. 49). In den Jahren 9–23 n. Chr. wurde die Regierungszeit der Liú-Dynastie kurzzeitig durch die Regierung des Kaisers Wáng Mǎngder, der Xin-Dynastie, unterbrochen. Es kam zu fünf Geldreformen, in deren Verlauf nicht nur neue Münzen mit verringertem Gewicht von fünf Schu in den Verkehr gebracht wurden. Das bedeutete die Rückkehr der alten Formen des Eisengeldes in Messerform. Außerdem drängte der Kaiser den Adel dazu, dessen Gold gegen vergoldete Bronzemesser einzutauschen: mit dem Ziel, die Staatskasse zu füllen. Es wurde für 5000 Münzen ein mit Edelsteinen besetztes und für 500 Münzen ein graviertes Messer umgetauscht. Im Ergebnis war die Staatskasse mit 150 t Gold aufgefüllt. Die wirtschaftliche und politische Instabilität Chinas führte zur Rückkehr des Tauschhandels, zur Verwendung der Kauri-Muscheln und zur Form mit Spaten- und Messern. Nach der Rückkehr der Han-Dynastie auf den chinesischen Thron (25–220 n. Chr.) war neues wirtschaftliches Wachstum zu verzeichnen. Neben der fortgesetzten Emission der 5-Schu-

Münzen erfolgte der Einzug von Münzen ohne Bezeichnung mit jeweils einem Gewicht von 0,45 g, die in Bündeln verwendet wurden (Koshevar 2014, S. 16). Das Han-Reich brach im Jahre 220 n. Chr. zusammen und zerfiel in drei selbstständige Staaten: Wei, Wu und Shu. Die Zeit des Kampfes und der Konfrontation zwischen ihnen wird als „Die Zeit der drei Reiche" bezeichnet (220–280 n. Chr.). Währenddessen vollzog sich die Rückkehr zum Tauschhandel. Korn und Seide dienten als einheitliche Warenäquivalente.

Auch im alten Indien wurden Münzen verwendet. Indien umfasste neben der gegenwärtigen Fläche Gebiete im heutigen Pakistan, in Nepal, Afghanistan, Bangladesch und auf Sri Lanka. Im Westen, im Osten und im Süden wurde es vom Indischen Ozean umspült, dazu vom Arabischen Meer im Westen und vom Golf von Bengalen im Osten. Im Norden war das Land durch den Himalaya begrenzt. Lediglich im Nordwesten gab es einen Landweg von und zu anderen Ländern. Die geografische Lage begünstigte, dass Indiens Geldsystem längere Zeit mehr oder weniger isoliert blieb. Das alte Indien war ursprünglich aus Siedlungen entlang des Flusses Sindhu, was im Sanskrit „wie Ozean" bedeutet, entstanden. Das Land hieß „Das Land des Königs Bharata". Viel später nannten die alten Griechen diesen Fluss Indus und das ihn umgebende Land Indien. Die Perser bezeichneten den Indus-Fluss Hindus, das Land Hindustan und die dort lebenden Völker Hindus. Zwischen dem 7. und 5. Jahrhundert v. Chr. bestand das alte Indien aus vielen unabhängigen Fürstentümern, den kleinen Janapadas und den großen Mahajanapadas. Jedes von ihnen stellte eigenes Eisengeld her, das im Handel eingesetzt wurde. Etwa im 6. Jahrhundert v. Chr. bildeten die 16 Großstammestümer von Mahajanapadas – Anga, Magadha, Kashi, Kosala, Vriji, Malla, Vatsa, Chedi, Kuru, Panchala, Matsya, Surasena, Asmaka, Avanti, Gandhara, Kambojain – das Gebiet des derzeitigen Indiens. Höchstwahrscheinlich erschien etwa im 6. Jahrhundert das erste Geld im zentralen Teil, in Zentralindien. Es handelte sich um Feinsilberbarren in rechteckiger Form, die mit sieben gestempelten, jeweils für die Fürstentümer typischen Abbildungen versehen waren.

Wegen des Handels mit Mesopotamien kam Silber nach Indien und diente ab dem 6. Jahrhundert v. Chr. als Geld, zunächst im nordwestlichen Teil des Landes und dann in den zentralen und westlichen Regionen. Dabei verwendete man erst rechteckige Silberbarren mit einem Gewicht von 11 g, die mit gestempelten Abbildungen einer Sonnenblume versehen waren (Moiseev 2005, S. 56). Langsam bekamen die Silberbarren andere Formen: lang, rund, auch quadratisch. Trotz des Formenunterschieds hatten sie alle dieselbe Qualität und dasselbe Gewicht. Auf einer oder auf beiden Seiten der Barren waren Abbildungen verschiedener Symbole zu sehen, die mit Hämmern auf die Barren gestempelt worden waren. Allmählich wurden in Indien neben diesen Feinsilberbarren, die im Geldumlauf bevorzugt wurden, Barren aus Kupfer und Gold verwendet. Im Allgemeinen wurden mit diesem Metallgeld Gehälter der Beamten und Bußgelder bezahlt.

Auf eine frühe Existenz von Metallgeld in Altindien weist unter anderem der indische Grammatiker Panini (vermutlich 4. bis 5. Jahrhundert v. Chr.) hin. In seiner Arbeit „Ashtadhyayi" vermerkt er, dass um diese Zeit Metallgeld in Form von Silberbarren durch bestimmte Gewichtsmassen gekennzeichnet war. Es gab den Satamana, der 100 Ratti oder 12,5525 g Silber (1 Ratti = 1 Sorch = 1/8 Mascha = 1/96 Tola = 0,125525 g) und den

Karschapana, der 32 Ratti, rund 4 g Silber, entsprach. Die Karschapana-Barren standen in drei weiteren Varianten zur Verfügung: als Halb-, Viertel- und Achtel-Karschapana. Es gibt Gründe anzunehmen, dass es sich um eine eigenständige Erfindung gehandelt hat. Vom 4. bis 3. Jahrhundert wurden die meisten kleinen Fürstentümer, die Janapadas, vom größten und mächtigsten Reich, vom nordwestlich gelegenen Reich Magadha, besetzt. In dieser Zeit gaben viele der besetzten Janapadas ihr eigenes Metallgeld in Barrenform heraus, das meist mit einem Symbol, z. B. einem Löwen, einem Stier oder einer Swastika, gekennzeichnet war. Daneben waren Metallbarren mit jeweils vier Symbolen im Umlauf, die unter anderem in Kashi, Chedi und Anga hergestellt wurden. Seine Blütezeit erreichte das Reich Magadha in der Regierungszeit Chandragupta Mauryas um 300 v. Chr. Es erschienen teils quadratische Geldbarren, die mit fünf Symbolen gekennzeichnet waren. Über die Vielfalt des Metallgeldes wurde im politisch-ökonomischen Traktat „Arthashastra" berichtet.

Die Münzprägung geriet unter den Einfluss der Perser und der alten Griechen. Samudragupta, der Sohn Chandragupta Mauryas, der ca. 380–330 v. Chr. regierte, nahm unter anderem die Münzprägung nach persischem Muster vor und gab eine Münze nach dem Vorbild des persischen Golddenars mit einem Gewicht von 7,71 g und mit einem Goldgehalt von 87 % aus, auf dessen Vorderseite er dargestellt war und dessen Rückseite die Göttin des Wohlstandes und des Reichtums, Lakshmi, schmückte. Mit der Invasion Indiens durch Alexander den Großen (327–325 v. Chr.) zogen schließlich vermehrt europäische Geldherstellungstechnologien in den Nordwesten des Landes ein, und es erschienen neben einheimischem Metallgeld persische und griechische Münzen, z. B. der Schekel (Chalkoi) und die Tetradrachme.

Das Maurya-Reich erreichte seine Blütezeit in der Regierungszeit Kaiser Ashokas. Das Reichsgebiet wurde durch den Anschluss der meisten südlichen und östlichen Länder vergrößert. Es erschienen auf den einheimischen Barren Abbildungen von Elefanten und religiöser Darstellungen des sogenannten Dharma-Rades als Buddhismus-Symbol. In der Regierungszeit der Maurya-Dynastie wurden diese Barren zu Münzen, während die einfachen Aufdrucke durch komplexere Abbildungen ersetzt wurden. Nach dem Tod von Kaiser Ashoka zerfiel das Reich in viele einzelne Fürstentümer, von denen jedes seine eigene Silbermünze herstellte, versehen mit Inschriften in Sanskrit und in der jeweils einheimischen Mundart. Trotz der weiten Verbreitung der Geldmünzen wurden in Indien weiterhin und bis ins 18. Jahrhundert n. Chr. hinein Kauri-Muscheln als kleines Zahlungsmittel verwendet.

Metalle wurden nicht nur in Asien genutzt, sondern ebenfalls in anderen Regionen der Welt. In Westafrika wurden auf dem Gebiet des heutigen Ghanas und Nigerias, im ehemaligen Staat Calabar, nach dem heute die gleichnamige Hafenstadt Nigerias benannt ist, Goldsand als Berechnungsmittel im Handel sowie kupferne, bronzene und seltene goldene Armreifen, sogenannte Manillas, verwendet.

2.3   Die Entwicklung der Goldmünzprägung in Lydien und im altpersischen Reich

Es ist umstritten, wann in Europa Münzen als Zahlungsmittel Einzug gehalten haben. Die erste europäische Münzprägung könnte etwa um das 6. Jahrhundert v. Chr. in Lydien, einem der Staaten des westlichen Kleinasiens, auf dem Gebiet der heutigen Türkei liegend, erfolgt sein. Herodot notierte, dass „sie (Anm. d. Autors: die Bevölkerung des westlichen Teils Kleinasiens), soviel wir wissen, die ersten Menschen waren, die Gold- und Silbermünzen geprägt und in Verwendung gesetzt hatten" (Nesselrath 2017, S. 51). Zwischen dem 7. und 6. Jahrhundert v. Chr. war Lydien ein wohlhabender Staat mit dem Zugang zum lukrativen Schwarzmeerhandel. Die lydische Hauptstadt Sardes befand sich auf einem Handelsweg, der das Ägäische Meer mit dem Euphrat und mit anderen entfernt gelegenen Regionen Asiens verband. In ihrer unmittelbaren Nähe wurde am Gebirgsfluss Paktolos, der durch das Zentrum der Hauptstadt floss, alluviales Gold abgebaut. Dieses Gold befand sich demnach in Schwemmböden an Meeresküsten, Fluss- und Seeufern. Außerdem erfolgte der Abbau von Erzgold in den Gebirgsregionen des Landes zwischen Attarneus und Pergamon. Der antike griechische Philosoph Plutarch (ca. 46–125 n. Chr.) berichtete, dass der Fluss Paktolos bei den alten Griechen auch *Chrysorrhoas,* goldführend, hieß, weil sein Gewässer offenbar reichlich Goldpartikel enthielt. Die weitere Handelsenwicklung und zunehmende Unbequemlichkeit bei der Verwendung von Waren als allgemeine Äquivalente machte die Suche nach einer neuen Geldform notwendig, die bequemer bei der Verwendung und beim Austausch war. Weil im an verschiedenen Metallen reichen Lydien die Goldförderung in großen Mengen möglich war, fiel die Wahl des Geldmittels auf das Gold. Deshalb wurden in Lydien am Anfang des 7. Jahrhunderts v. Chr. in der Regierungszeit des Kaisers Gyges (710–672 v. Chr.) Goldstücke in Bohnenform als Geld verwendet. Die Herstellung dieser Barren gehörte fortan zum staatlichen Monopol (Bernstein 2012, S. 31). Die Goldbehandlungstechnologien waren zu jener Zeit jedoch noch nicht fortgeschritten. Folglich wurden die goldenen Bohnen aus einer natürlichen Legierung, bestehend aus Gold und Silber, dem Elektrum, hergestellt. Diese Geldform wurde Stater genannt und hatte mit den heutigen Münzen zwar äußerlich Ähnlichkeit, wies aber Unterschiede auf, weil sie keine standardisierte Form und Größe, und kein standardisiertes Gewicht hatte. Jede goldene Bohne bekam ihre eigene Abmessung. Darum mussten die Metallfeinheit und das Gewicht jedes Staters beim Tausch geprüft werden, was den Austausch erschwerte. Lydien entwickelte Handelsbeziehungen mit antiken Städten Griechenlands, unter anderem mit dem religiösen Zentrum der hellenistischen Kultur, der Stadt Delphi: Deshalb waren die Barren nicht nur in Lydien, sondern auch in anderen, insbesondere in den Küstenstädten des alten Griechenlands verbreitet. Die Herstellung des nichtstandardisierten Staters setzte sich während der Herrschaft des Ardys (671–624 v. Chr.) fort. Nunmehr erschien auf dem Stater ein Stigma als Garantie der Reinheit des Goldes. Etwa zur Mitte des 5. Jahrhunderts v. Chr. wurde in anderen Städten der Ionischen Küste und in Babylon mit der Verwendung des Stigmas auf den Barren begonnen. Die fortschreitende Entwicklung der Metallurgie in Lydien verschaffte dem

Stater mit der Zeit eine mehr oder weniger standardisierte Form mit festgelegter Größe und festgelegtem Gewicht sowie geprägten Abbildungen auf der Oberfläche. Während der Herrschaft des Sohnes von Ardys, dem Alyattes (613–556 v. Chr.), gelang es, ein einheitliches Standardgewicht für alle Goldbarren zu schaffen, das dem Gewicht von 168 Körnern Weizen entsprach. Das erlaubte es, den Stater als Münze anzuerkennen. Auf der Rückseite des Staters befand sich der Kopf eines Löwen, das Wappen der Dynastie. Auf die Vorderseite wurde das Stigma in Form von zwei Quadraten geprägt. Zur Mitte des 5. Jahrhundert v. Chr. wurde in Lydien die Technik der Trennung der Legierung Elektrum in seine Bestandteile Feingold und Feinsilber angewendet. Diese Trenntechnik wurde erfolgreich vom nachfolgenden lydischen Kaiser Kroisos, einem Sohn des Alyattes, verwendet, der alle zuvor herausgegebenen Münzen aus Elektrum aus dem Verkehr zog, um sie in reine Silber- und Goldmünzen, bestehend zu 98 % aus Gold, umzuprägen. Die alten Münzen wurden durch zwei Arten neuer Münzen besserer Qualität ersetzt. Dabei blieben die Bezeichnungen und deren frühere Gewichte erhalten (Head 1967, S. 18–19). Auf der einen Seite der neuen Münze waren der Kopf eines Löwen oder eines Stieres abgebildet, auf der anderen ein Siegel, das die Qualität der Münzen garantierte. Außerdem wurde die Ausgabe von Goldmünzen durch Kleinmünzen mit Gewichten von einem Drittel-, Sechstel- und Zwölftel-Stater ergänzt. Das Wertverhältnis von Gold zu Silber war durch das im alten Ägypten übliche Verhältnis von 1 : 10 festgelegt worden (Burns 1927, S. 321–322). Zum ersten Mal in der Währungsgeschichte existierte ein Standard für die höchste Metallfeinheit, vor allem von Goldmünzen, und zum ersten Mal wurde ein Bimetall-Währungssystem (Bimetallismus) eingeführt, das sowohl aus Gold- als auch aus Silbermünzen bestand (Bernstein 2012, S. 33–34). Die Metallmünzen erleichterten und beschleunigten den Warenaustausch und reduzierten den Umfang des Tauschhandels. Außerdem erfolgte eine Erhöhung der Nachfrage nach Metallen, zuerst nach Gold, dann nach Silber. Gold blieb ein besonderes Metall, hatte aber aufgehört, ausschließlich ein Metall für die Eliten zu sein. Mit der Entwicklung des Handels verbreitete sich die Geldmünzenform auch in Kleinasien, Griechenland, an der Westküste der Ägäis und im Mittelmeerraum (Bernstein 2012, S. 34). Um 600–575 v. Chr. fanden die Münzen ihre Verbreitung schließlich im gesamten westlichen Teil Eurasiens.

Mit der Eroberung der Ostgebiete Kleinasiens durch die Perser und unter der Herrschaft des persischen Kaisers Kyros II. (558–529 v. Chr.) fiel das Lydische Reich im Jahr 546 v. Chr. Das führte zur beschleunigten Verbreitung des lydischen Geldsystems. Auch wurde in den Ländern des Nahen und Mittleren Ostens mit der Prägung von Goldmünzen begonnen. Anfangs übernahmen die Perser das lydische, auf Gold basierende Geldsystem. Während der Herrschaft Königs Kyros II wurden Goldmünzen in Susa, Sardes und Babylon geprägt. Jedoch nahm das Persische Reich wegen des Handels mit Indien und der gestiegenen Einnahmen durch Tribute in den eroberten Ländern Ägypten, Babylon, Kleinasien und Phönizien größere Goldmengen ein. Ebenfalls in Persien diente das Gold als Reservemittel. Dafür sammelten es persische Könige in ihren Vorratskammern und schmolzen es zu praktischen Barren um. Die Goldmengen, die Persien erhielt, ermöglichten die Produktion eigener Münzen, den Dareikos, die vom Nachfolger Kyros II., Kaiser

Dareios I. (522–486 v. Chr.), begonnen wurde. Er hatte ein Gewicht von etwa 8 g. Auf der einen Seite der Münze wurde ein Stempel, das Stigma, abgebildet, auf der anderen zum ersten Mal in der Geschichte ein real existierender Mensch als kniender Bogenschütze, Dareios I. selbst. 3000 dieser Dareikos bildeten die größte Gewichtseinheit, das persische Talent. Während die Prägung von Goldmünzen zum Vorrecht des Königs gehörte, wurde den lokalen Herrschern das Recht zur Prägung von Silber- und Kupfermünzen überlassen. Die Perser übernahmen das lydische Geldsystem zunächst, modifizierten und perfektionierten es. Zum Beispiel wurde der persische Dareikos aus reinem Gold herge-stellt, zur Verringerung der Abnutzung Kupfer beigefügt (1 %), sodass der Goldgehalt in den Münzen von 98 auf knapp 97 % sank. Der Dareikos diente als Zahlungsmittel sowohl im Binnen- als auch im Außenhandel Persiens. Darüber hinaus wurden erstmalig Steu-ern und Abgaben in Goldmünzen eingezogen. Die Rolle des Kleingeldes übernahm der persische silberne Schekel. Später dehnten sich die persischen Goldmünzen über große Teile Europa aus und wurden von der Ostsee bis nach Afrika und in ganz Zentralasien verwendet. Dabei blieb der Dareikos in diesem Gebiet über Jahrhunderte hinweg bis zu Eroberung der Perser durch Alexander den Großen die Hauptgoldmünze. Was den Gold-wert angeht, schwankte das Verhältnis von Gold und Silber zwischen 1 : 13,5 und 1 : 13.

2.4 Die Vielfalt der Münzen im antiken Griechenland und die Probleme in seinem Geldumlauf

Im prämonetären (vormünzlichen) Zeitalter nutzten die Völker, die das Gebiet des alten Griechenlands bewohnten, sowie viele andere Kulturen Metallbarren und unter anderem Eisenbarren in Form von Originalstangen, die sogenannten Obolusse. Sechs derartige Obolusse formten eine Drachme. Das antike Währungssystem des alten Griechenlands basierte auf Gewichtsklassen, die die Funktion von Recheneinheiten erfüllten. Dabei über-nahm es das assyrisch-babylonische Gewichtssystem, wonach ein Talent in sechs Minen, und eine Mine ihrerseits in 60 Schekel unterteilt wurde. Später wurde dieses Gewichts-system den Währungssystemen des alten Griechenlands zugrunde gelegt.

Jeder politisch unabhängige Stadtstaat prägte eigene Münzen, sodass es mehr als 2000 Prägungszentren gab. Dabei entwickelten sich besonders die Kolonien der alten Griechen in Süditalien, die Städte Tarent und Sybaris, die an internationalen Handelsrouten lagen und zu Anziehungspunkten des Goldes und des Silbers wurden, zu wichtigen Hauptprä-gezentren. Zu Beginn des 6. Jahrhunderts v. Chr. wurden in vielen Stadtstaaten des alten Griechenlands Münzen hergestellt: auf der Insel Ägina (595–456 v. Chr.), in Athen (575 v. Chr.) und in Korinth (570 v. Chr.). Es wird angenommen, dass die ersten griechischen Drachmen im 7. Jahrhundert v. Chr. während der Herrschaft des Königs Pheidon von Ar-gos auf der Insel Ägina erschienen. In der Regel wurden auf einer Seite der griechischen Münzen Götter, Pflanzen und Tiere abgebildet. Auf der Ägina-Münze prangte eine Schild-kröte. Auf den Münzen der Insel Milos wurde ein Apfel gezeigt, während die Münzen auf der Insel Rhodos eine Rose abbildeten. Auf den Münzen von Ephesos prangten Bienen, auf denen aus Knossos Labyrinthe. Obwohl das Wertverhältnis der Geldeinheiten und deren Namen gleich waren, wiesen sie unterschiedliche Gewichte auf. Auf diese Weise unterschieden sich die Münzen der griechischen Stadtstaaten nicht nur anhand der dargestellten Motive, sondern durch ihr Gewicht.

Die größte Verbreitung fand schließlich das Geldsystem von Athen, das sogenannte „Attische System", dessen Name von der die Hauptstadt Athen umgebenden Region Attika stammt. Dieses System hatte sich zu Beginn des 6. Jahrhunderts v. Chr. während der Herrschaft von Solon etabliert und umfasste sieben Arten von Münzen: Lepton (0,05 g), Chalkus (0,09 g), Obolus (0,73 g), Drachme (4,37 g), Stater (8,73 g), Mine (436,6 g) und Talent (26,196 kg). Die Basis dieses Rechensystems bildete die Drachme.[1] Dabei war der Silberstater die verbreiteteste Münze, während Obolusse meist als Kleingeld dienten. In der Mitte des 4. Jahrhunderts v. Chr. erschienen auf den griechischen Münzen neben den vorhandenen Mustern Inschriften mit den Namen der jeweiligen Stadtstaaten. Zu Beginn des 5. Jahrhunderts v. Chr. wurden Abbildungen auf beide Seiten der Münzen geprägt, auf den Tetradrachmen des Königreichs Pontos während der Herrschaft des Mithridates VI. wurde der Kopf des Königs mit einem Diadem abgebildet sowie ein weidender Hirsch. Auf den Münzen des Stadtstaates von Athen wurde auf einer Seite der Kopf der Göttin Athene gezeigt und auf der anderen Seite eine Eule. Am Anfang des 6. Jahrhunderts v. Chr. erlebte die Münzprägung im antiken Griechenland ihre Blütezeit, erkennbar an der fast perfekten Formgebung und an anderen gekonnt ausgeführten Prägungen. In diesem Zusammenhang werden die Münzen in der Stadt Syrakus erwähnt, auf deren einer Seite die Schutzgöttin der Stadt dargestellt war, auf der anderen eine Quadriga. Das besonders hohe Ausführungsniveau weisen die Goldmünzen des am Schwarzen Meer gelegenen Bosporanischen Reiches auf, mit der Halbinsel Taman und mit der östlichen Krim. Der Kopf des Gottes Pan und auf der anderen Seite ein Greifvogel mit einem Speer im Schnabel dienten zur Zierde.

Doch die große Münzenvielfalt in Griechenland, insbesondere das Nichtvorhandensein eines einheitlichen Geldsystems, erschwerte den Handel. Dies führte zur Entstehung der Wechselstuben, den *Trapeziten* (von lat. *trapeza*, Tisch), die in 33 Städten des antiken Griechenlands eingerichtet waren. In Athen gab es im 4. Jahrhundert v. Chr. ca. 26 solcher Einrichtungen (Buchwald 1924, S. 2). Sie befanden sich auf den Marktplätzen und bestanden aus Tischen, an denen die Geldwechsler gegen Entgelt dem Wechseln, dem Austausch sowie den Bestimmungen der Münzqualität nachkamen. Einige Wechselstuben übernahmen die Münzaufbewahrung und traten als Bevollmächtigte während verschiedener Geschäfte für Bürger auf. Die Wechsler investierten in Immobilien oder nahmen an Handelsspekulationen teil. Im Laufe der Zeit begannen sie, Kredite zu geben, zuerst aus eigenem Vermögen, später aus Kundeneinlagen. Schon Plinius der Ältere kritisierte diese Tätigkeiten und schrieb: „Aber vom Geld kam die erste Quelle der Habsucht, indem man den Zinswucher erdachte und die gewinnbringende Nichtstuerei" (Mrozek 2001). Es sind

---

[1] Lepton (1/96 Drachme) = Chalkus (1/48 Drachme) = Obolus (1/6 Drachme) = 1 Drachme = Stater (2 Drachmen) = Mine (100 Drachmen) = Talent (6000 Drachmen).

noch Namen von Wechselstuben erhalten, unter anderem jene der Trapeziten Pasion und von Phormion, die im 4. Jahrhundert v. Chr. in Athen wirkten (Schoele 1933, S. 222).

Traditionell wurde in griechischen Tempeln, z. B. in der Akropolis, viel Gold und Silber gehortet. Im Verlauf der militärischen Operationen mit Sparta während der Peloponnesischen Kriege (431–404 v. Chr.) ließ Athen wegen akuter Finanzierungsprobleme die erste Säkularisierung dieser Schätze vornehmen, indem Athen sie in eine zentrale Staatskasse in der Akropolis einbrachte. Im Zusammenhang mit der Verwendung und Durchsetzung der Edelmetalle als Geld wurde der reibungslose Ablauf des Geldumlaufs stärker abhängig vom Vorhandensein und/oder dem Zufluss der Edelmetalle, was entweder durch deren vermehrte Förderung aus den Lagerstätten, durch die militärischen Eroberungen oder durch Piraterie und dergleichen geschah. Das bedeutete eine begrenzte und ungleichmäßige Verteilung der Edelmetalle, was internationale Kämpfe um sie zur Folge hatte. Der Mangel an Edelmetallen konnte auf verschiedenen Wegen behoben werden: mit der vermehrten Förderung, mit ihrer Einfuhr, aber am häufigsten mit der Entwertung von Münzen, d. h. durch die Verringerung des Gewichts oder der Qualität mit einer Beimischung anderer weniger wertvoller Metalle unter Beibehaltung des Nennwertes. Das konnte sowohl durch den Souverän als auch durch Bürger geschehen. Es konnten dadurch mehr Münzen hergestellt werden. Das erhöhte nicht nur die Geldmenge, sondern brachte den Souveränen wirtschaftliche Gewinne auf Kosten der Bürgerinnen und Bürger. Die Folge war die Verringerung der Kaufkraft der jeweiligen Währung und eine Inflation. So nahm Dionysios I., der von 405–367 v. Chr. regierte, eine Abwertung der silbernen Drachme vor, indem er die Münzen aus dem Umlauf nahm und umgeprägte. Er erhöhte die Anzahl der Münzen unter Beibehaltung der Metallmenge (Kemmerer 1944, S. 9). Die Entwertung der Münzen konnte auch die Folge deren natürlicher Abnutzung sein. Dabei verloren Münzen viel langsamer an Gewicht und an Wert. Trotzdem fiel in der Alten Welt der reale Wert der Münze mit dem Nominalwert weitgehend zusammen. Der Metallwert in der Münze entsprach dem angezeigten mit wenigen Ausnahmen.

Der Geschichtsschreiber Herodot berichtet in seinen Historien, dass Polykrates, der Tyrann von Samos, den Spartanern während deren Belagerung der Insel Samos in der zweiten Hälfte des 6. Jahrhunderts v. Chr. „Lösegeld in Form von vergoldeten Bleimünzen" zahlte (Nesselrath 2017, S. 235). Generell erfolgte die Münzentwertung im antiken Griechenland nicht nur durch die Staaten. Sie wurde auch von einfachen Bürgern und Wechslern vorgenommen. Doch blieb die Münzentwertung bei den Altgriechen die Ausnahme.

2.5 Unifizierte Edelmetallmünzen des antiken Makedoniens

Während der Herrschaft von Philipp II. (382–336 v. Chr.) in Makedonien wurden in Thrakien, im Norden der Balkanhalbinsel, in der Nähe des heutigen Bulgariens, Vorkommen von Gold und Silber entdeckt. Darüber hinaus gelangte Gold als Kriegsbeute während der Feldzüge nach Makedonien. All dies trug dazu bei, dass Makedonien im Jahre 359 v. Chr.

mit der Prägung eigenen Geldes begann. Die Grundlage bildeten Goldmünzen mit dem Gewicht einer Tetradrachme, d. h. 15,5–17 g. Auf der einen Seite der Münze war ein Streitwagen dargestellt, auf der anderen der Kopf von Zeus mit dem Namen von Philipp II. Dabei wurden Münzen über dem tatsächlichen Bedarf geprägt, um eine strategische Goldreserve zur Finanzierung zukünftiger Ausgaben (z. B. Militärausgaben) zu schaffen. Mit der Zeit verbreiteten sich diese Goldmünzen in ganz Griechenland. Während der Herrschaft Philipps II. betrug das Wertverhältnis von Gold und Silber 1 : 10.

Nach dem Tod Philipps II. behielt dessen Sohn Alexander der Große (336–323 v. Chr.) das auf Gold basierende Münzsystem bei. Darüber hinaus kamen wesentliche Mengen Gold nach der Eroberung der Perser durch Alexander im Jahre 333 v. Chr. nach Makedonien. Dabei wurden auf Goldmünzen statt Zeus der Heros Herakles und die Göttin Athene abgebildet, und die Münzen hießen Alexandriten. Außerdem prangte auf den Münzen die Inschrift „Basileus Alexander", der Königstitel der griechischen Herrscher. Neben diesen Goldmünzen prägte Alexander silberne Drachmen und Tetradrachmen, auf deren Seiten Herakles und Zeus dargestellt waren. In der Regierungszeit Alexanders erhöhte sich der Bedarf an Münzen, insbesondere wegen der gestiegenen Kriegskosten deutlich, sodass mehr Münzen geprägt werden mussten. Alexanders erfolgreiche Feldzüge führten zur Ausdehnung des Reichs vom Adriatischen Meer bis nach Indien. Entsprechend verbreiteten sich die Münzen, besonders die silbernen Drachmen und Tetrarchen. Im Unterschied zur sporadischen Münzprägung in zahlreichen altgriechischen Städten erfolgte dies im großen Reich Alexanders I. mit einem einheitlichen Gewichts- und Qualitätsstandard. So kam es zur Vereinheitlichung des Münzsystems.

Nach dem Tod Alexanders I. im Jahr 323 v. Chr. wurde sein Reich in neue, unabhängige hellenistische Staaten aufgeteilt, regiert von seinen Feldherren, den Diadochen. Die makedonisch-griechische Ptolemäer-Dynastie z. B. herrschte über das alte Ägypten und über die angrenzenden Territorien wie Kyrene, Syrien, Zypern, Sinai sowie im ägäischen Raum. Bis zur Entstehung der Römischen Republik wurden sie, vor allem Griechenland (Hellas), Kleinasien, Syrien und Ägypten, zu Zentren der Münzprägung und des Münzumlaufs. Die Diadochen prägten kaum noch Goldmünzen. Das Gold wurde begrenzt, z. B. für Belohnungen, verwendet und zumeist in Barrenform. Die Diadochen beschränkten sich im Wesentlichen auf die Herstellung silberner Drachmen und Tetradrachmen, die die Basis des Geldumlaufs im untergegangenen Reich Alexander des Großen bildeten. Kupfermünzen dienten als Kleingeld. Jedoch war das Münzsystem nicht mehr einheitlich, und die Münzen unterschieden sich im Gewicht. So prägten die Ptolemäer unter anderem Silbermünzen nach dem Standard des Handelsstaates Rhodos und später der Phönizier. Deshalb erhielten die Stater (Tetradrachmen) das Gewicht von ca. 1,5 g. Im Großen und Ganzen blieb das Münzsystem Makedoniens bis zur Eroberung des Landes durch die Römer im Jahr 197 v. Chr. erhalten. In Folge des römischen Kolonialismus wurden die mazedonischen Prägestätten Teile des römischen Reiches. Somit waren es die Griechen, die den Römern die Kunst der Münzprägung beibrachten.

2.6   Das Münzsystem des Römischen Reiches: der Mangel an Edelmetallen sowie die regelmäßige Münzentwertung und Inflation

In den ersten Jahrhunderten nach der Gründung Roms 753 v. Chr. diente dort Vieh als allgemeines Austauschäquivalent. Etwas später verwendeten die in Mittelitalien ansässigen Stämme mehr oder weniger formlose Kupferstücke als Währungsmittel, die bis zu 1,5 kg wogen. Während der Herrschaft des sechsten römischen Königs Servius Tullius (ca. um 578–534 v. Chr.) waren Kupferbarren in quadratischer und länglicher Form mit Abbildungen verschiedener Tiere wie Stiere, Schafe oder Elefanten im Umlauf, die As (von lat. *aes*, Bronze, Kupfer) genannt wurden. Die Kupferbarren wurden zur Basis des römischen Währungssystems, in dem der As einem römischen Pfund oder einer Libra (*As libralis*) 325,14 g oder zwölf Unzen entsprach. Dabei bildete die Libra die Hauptgewichtseinheit.

Um etwa 500 v. Chr. kamen Silbermünzen aus den griechischen Kolonien Metapont, Crotone und Sybaris und deren Prägeanstalten nach Rom. Die Anzahl der Silbermünzen blieb aber gering. Mit der Zeit machten Kupferbarren den Münzen den Weg frei. Anfangs wurden die Münzen nicht geprägt, sondern gegossen. Aufgrund ihres großen Gewichts (325,14 g) waren sie für den täglichen Gebrauch unpraktisch. Aus diesem Grund erschienen neben As verschiedene andere Kupfermünzen. Semis (1/2 As = 162,57 g), Triens (1/3 As = 109,15 g), Quadrans (1/4 As = 81,285 g), Sextans (1/6 As = 54,19 g), Uncia (Unze, 1/12 As = 27,095 g) und weitere. Später wurde der Kupfergeldumlauf durch solche Münzen wie Sesterz, Dupondius, Semis und Quadrans ergänzt. Das Gewicht einer Sesterz (*sistertivs*) betrug 25,85 g bei einem Durchmesser imposanter drei Zentimeter, sodass diese massive und schwere Münze ungeeignet war und vor allem als Recheneinheit verwendet wurde. Auf den Sesterz folgte der etwas kleinere, mit 13,19 g wesentlich leichtere Dupondius (*dvpondivs*), bei einem Durchmesser von 2,8 cm. Die beiden anderen Münzen Semis und Quadrans wurden zu alltäglichen Wechselmünzen. Sie wogen 4,66 und 3,38 g und hatten mit Durchmessern von 1,8 und 1,5 cm handliche Größen. Insgesamt waren zu dieser Zeit im Geldumlauf Roms: silberne (Denarius und Quinarius) und bronzene-kupferne Münzen (Sesterz, Dupondius, As, Semis und Quadrans).

Im Unterschied zum Kupfer waren in Rom Gold und Silber längere Zeit lang nicht als Geld im Umlauf, wurden größtenteils im Tempel des Saturn (Junotempel) gelagert: in Barren und in anderen Formen. Der als Schatzkammer dienende Tempel kann als frühe Art der Sonderstaatsreserve Roms gelten bzw. als Staatskasse (aus dem Lateinischen: „*aerarium*"). Beispielsweise wurden dort 357 v. Chr. als Lösegeld bezahlte Goldbarren, *aurum vicesimarium*, gehortet, das gesamte römische Metallgeld hingegen hauptsächlich in der Prägeanstalt auf dem Kapitol hergestellt: beim Tempel der Göttin Juno, auch Moneta genannt. Das produzierte Metallgeld erhielt den Namen Moneta, aus dem sich unser Wort Münze entwickelte und das ursprünglich dem Beinamen *Monēta* der Juno entlehnt ist. Die geprägten Münzen zierte das Abbild der Göttin Juno als eine der Gerechtigkeit mit einer Waage in der rechten Hand und einem Füllhorn in der linken. Die Prägeanstalt im Tempel der Juno wurde zum ersten römischen Münzamt. Die im Tempel der Juno betriebene Münzherstellung wurde auf Anforderung hochrangiger Persönlichkeiten vorgenommen: des Kaisers, des Senats, der Feldherren und anderer. Dies bedeutete, dass in Rom teilweise die sogenannte „freie Münzprägung" betrieben wurde. Jeder Mensch erhielt das Recht, sich ans Münzamt wenden zu dürfen, um eine unbegrenzte Anzahl von Münzen prägen zu lassen. Erst 15 v. Chr., während der Regierungszeit des Augustus (27 v. Chr. bis 14 n. Chr.), wurde in Rom zum ersten Mal ein Monopol des Kaisers auf die Prägung von Gold- und Silbermünzen eingeführt, während die Prägung von Kupfermünzen zum Vorrecht des Senats wurde. Damit war die freie Münzprägung in Rom verboten. Außerdem richtete sich das staatliche Monopol auf die Festlegung von Werte- und Austauschrelationen verschiedener Münzen aus.

Im Laufe der Zeit waren Roms Edelmetallreserven insbesondere durch die konfiszierte Kriegsbeute während der Feldzüge erheblich angewachsen. Ab etwa 272 v. Chr. floss viel Silber nach Rom: aus Regionen wie Süditalien (Tarent), Spanien, Syrien, Karthago und aus griechischen Städten. Der Silberzufluss war 268 v. Chr. einer der Gründe dafür, mit der Silbermünzenprägung nach griechischem Vorbild zu beginnen. Der silberne Denar (lat. *denarius*, aus 10 bestehend) löste die griechische Drachme ab und entsprach zehn bronzenen Assen. Das Gewicht des Silberdenars (*denarivs*) betrug 4,55 g (später 3,21 und 3,08 g), sein Durchmesser 1,9 cm, sein Silbergehalt 97–98 %. Bebildert waren die Münzen auf der einen Seite mit verschiedenen Göttern. Auf der anderen Seite waren Reiter, Prägewerkzeuge und Ähnliches zu sehen. Auf dem um das Jahr 46 v. Chr. durch den Leiter des Münzamtes, Titus Carisius, während der Regierungszeit von Julius Caesar (100–44 v. Chr.) geprägten Denar wurde beispielsweise der Kopf der Göttin Juno dargestellt, während Zange, Hammer und Amboss die Rückseite zierten. Mit der Zeit wurde der Silberdenar in Indien und China zum verbreiteten Zahlungsmittel. Neben dem Denar kamen eine Reihe kleinerer Wechselmünzen aus Silber in den Umlauf, z. B. der silberne Quinarius (*Quinarius*) mit einem Gewicht von 1,54 g und dem Durchmesser von 1,54 cm. Er wurde hauptsächlich zur Zahlung des Wehrsolds genutzt. Die territoriale Expansion Roms nach 150 v. Chr. hatte die weitgehende Verbreitung römischer Münzen in der Römischen Republik, später im Römischen Reich sowie weit über die Grenzen hinaus, d. h. im Binnen- und Außenhandel, zur Folge.

Wegen der unterschiedlichen Qualitäten der Münzen mussten sie ständig gewogen werden. Das Münzwesen Roms wurde aus diesem Grund einer Reform unterzogen. Etwa um 300 v. Chr. kam es zur Gründung eines Instituts der Münzmeister, von Beamten, die sich mit der Prägung beschäftigten. Die Münzmeister waren Mitglieder eines jährlich zu wählenden Vorstands, bestehend aus drei Personen, aus dem Münztriumvirat, dessen Aufgabe darin bestand, die Qualität der Metallgeldproduktion aus Kupfer, Silber und Gold zu überwachen, vor allem die der kupfernen Münzen und Barren. Sie waren es, die für die Qualität der Münzen einstanden, indem sie die Münzen mit folgendem Siegel „III. VIR. AAAFF" versahen: „tres viri aere argento auro flando feriundo" („Die drei Münzmeister sind verantwortlich für das Einschmelzen und Schlagen von Bronze, Silber und Gold.")

Trotz des Zustroms an Edelmetallen herrschte in Rom gleichzeitig ständige Knappheit vor allem an Silbermünzen. Erstens galten Edelmetalle in der römischen Kultur als Statussymbol und als das Maß für den eigenen Reichtum, sodass Gold und Silber in großen Mengen, vor allem in der Form von Schmuck, gehortet wurden. Zweitens führten Luxusansprüche der römischen Gesellschaft zum Abfluss des Goldes durch den Außenhandel, weil für Seide und Gewürze aus China und Indien mit Gold bezahlt werden musste. Drittens führten die hohen staatlichen Ausgaben, z. B. für die Unterhaltung der Söldnerarmee und für kulturelle Ausgaben, zur Verringerung der Edelmetalle im Umlauf. Viertens konnte die Förderung auf Dauer nicht mehr die wachsende Nachfrage nach Geld und Münzen decken. Rom baute vor den signifikanten Eroberungen bis 150 v. Chr. kaum Edelmetalle ab, abgesehen vom Abbau in den leicht zugänglichen Lagerstätten Oberitaliens. Später ergab sich die geringe Förderung aus der Erschöpfung der eroberten Lagerstätten. Rom musste zunächst Edelmetalle als Reservemittel horten, was insbesondere das Gold betraf. Um das Problem der Knappheit von Münzen zu lösen, griff der Staat regelmäßig zur Münzentwertung, was Geldabwertung bedeutete. Diese Entwertung wurde mit der Absicht vorgenommen, das Gewicht und den Edelmetallfeingehalt der Münzen zu reduzieren, während der Nennwert blieb. Die Verringerung des Gewichts der Münzen hatte einen nachteiligen Nebeneffekt: Sie führte zur Abnahme ihrer Festigkeit. Die Münzen wurden sehr fein und mitunter brüchig, besonders die Kleingeldmünzen. Die Nennwerte wichen von den realen Werten ab. Wegen ihrer künstlerisch hochwertigen Ausführung wurden der goldene Aureus und der silberne Denar zunächst um 20–25 % höher bewertet als die entsprechende Menge an Barrenmetall. Später wurde der Nennwert erhöht, ungeachtet des Metallwerts darin. Auf diese Weise entstand mit der Einführung eines überbewerteten Nennwertes die Illusion, die Münzen entsprächen dem Wert des darin enthaltenen Metalls. Beim Austausch konnten sie nur nach deren angezeigtem Nominal bewertet werden, nicht nach dem Gewicht. Folglich fiel das Gewicht der Hauptmünze, des kupfernen Asses, vom Beginn der Münzentwertung bis zum Jahr 89 v. Chr. erheblich, nämlich von 325,14 g auf ca. 13,5 g. All dies trug zur Änderung des Wertverhältnisses zwischen Silber und Kupfer von 1 : 120 fallend auf 1 : 16 bei, und das blieb so bis zu den Reformen des Augustus (27 v. Chr. bis 14 n. Chr.). Zusätzlich zum Gewichtsverlust verringerte sich bei Silbermünzen deren Silbergehalt. Insgesamt war er im Zeitraum der Herrschaft von Augustus bis zum Ende der Herrschaft des Gallienus (253–268 n. Chr.) um ca. 64 % gefallen. Deshalb entschied sich Kaiser *Marcus Aurelius Severus Antonius*, genannt Caracalla (188–217), dazu, eine neue, größere Silbermünze, den Antoninian, herauszubringen, deren Nennwert zwei Denaren entsprach, allerdings wieder mit weniger enthaltenem Silber als in zwei Denaren. Während des gesamten Zeitraums des Bestandes der Römischen Republik (509–27 v. Chr.) blieb der silberne Denar allerdings trotz aller Abwertungen die wichtigste Geldeinheit.

Um die Nachfrage und die Kaufkraft der römischen Münzen zu erhöhen und das Problem der ständigen Geldknappheit zu lösen, wurde in Rom während des zweiten Punischen Krieges (203–209 v. Chr.) mit der Prägung von Goldmünzen mit dem Gewicht von ca. 16 g begonnen. Bis dahin wurde Gold gehortet. Im Hinblick auf die Goldreserven des antiken Roms hatten sie sich im kurzen Zeitraum zwischen 209–187 v. Chr. von 1,3 t auf ca. 6,4 t erhöht, stiegen in 22 Jahren um das fast Fünffache. Danach reduzierte sich die Gold-

reserve und betrug 157 v. Chr. 5,7 t und 81 v. Chr. nur noch 4,9 t. Die Veränderung der
Menge an Goldreserven machte das Wertverhältnis der Edelmetalle unbeständig. Der Anstieg der Goldreserven, der zuerst zu beobachten war, hatte den Rückgang des Goldwertes
gegenüber des Wertes des Silbers zur Folge, und die nachfolgende Reduktion der Goldreserven erbrachte die Wertsteigerung des Goldes gegenüber dem Silber. Auch in den
darauffolgenden Jahren blieb die Goldmünzprägung weiterhin eher beschränkt. So wurden in der Zeit der römischen Republik Goldmünzen nur unregelmäßig geprägt. Erst der
Bedarf an Wehrsold ließ während des Bürgerkrieges, d. h. im Zeitraum des Überganges
Roms von der Republik zum Reich unter der Herrschaft von Augustus (46–44 v. Chr.),
den Staat Goldmünzen wieder vermehrt prägen. Als dann die erfolgreichen Feldzüge
Julius Caesars Rom einen größeren Goldstrom bescherten, zu erwähnen sind hier besonders die Kriegsbeuten aus Makedonien und Griechenland (7,5 t), Gallien (keltisches Gold)
und Ägypten, wurde durch diese zunächst sichere Einnahmequelle die Edelmetallförderung eher vernachlässigt, zumal zu dieser Zeit die Lagerstätten ohnehin erschöpft waren.
Während die Prägung von Goldmünzen zunächst provisorischen Charakter hatte und spo-
radisch erfolgte, ließ das Vorhandensein beträchtlicher Goldmengen und der gleichzeitige
Mangel an anderen Edelmetallen die permanente Prägung von Goldmünzen lohnend er-
scheinen. Von ca. 49–44 v. Chr., zum Ende der Regierungszeit Julius Caesars, ging die
erste permanente Prägung der Goldmünze *Aureus* vonstatten. Für deren Produktion wurde die staatliche Goldreserve eingesetzt. Der Aureus existierte seit etwa 82 v. Chr. und
wog 1/30 des römischen Pfundes (ca. 325,14 g), also 10,83 g. Um 71 v. Chr. wog er etwa
9 g (1/36 Libra). Dann wurde sein Gewicht unter Julius Caesar auf etwa 8,1 g festgelegt.
Dabei wurde der goldene *Aureus* 25 silbernen Denaren gleichgesetzt. Sein ursprüngliches
Gewicht betrug 8,12 g (1/40 Libra). Auf der Vorderseite der Münze prangten der Kopf der
Göttin der Frömmigkeit, Pietà, und ein Schriftzug mit dem Namen und dem Titel Julius
Caesars. Die Rückseite informierte über den Namen des Münzmeisters. Diese Münze hatte den größten Nennwert und wurde nur bei großen Handelsgeschäften verwendet, z. B.
beim Kauf von Immobilien oder Sklaven. Goldmünzen wurden von Mitgliedern der oberen Gesellschaftsschichten verwendet. Neben dem goldenen Aureus wurde eine leichtere
Goldmünze namens Goldquinar (Quinarius aureus) mit einem Gewicht von vier Gramm
hergestellt, versehen mit der Darstellung der Göttin Victoria. Er wurde in Umlauf gebracht, um die Diskrepanz zwischen dem goldenen Aureus (400 As) und dem silbernen
Denar (16 As) auszugleichen. Er wurde meist für die Besoldung Militärangehöriger genutzt, von dem jeder jährlich im Durchschnitt 300 Denar (12 Aurei) erhielt. Mit der Zeit
wurde in Rom Gold zum Hauptwertmaß, und es stieg die monetäre Bedeutung des Goldes.
    Nach Caesars Tod wurde die Prägung des goldenen Aureus von seinen Nachfolgern
fortgesetzt, wobei der goldene Aureus und die anderen Münzen einer Abwertung unterlagen. Im Gegensatz zu den Silber- und Kupfermünzen erfolgte die Abwertung der
Goldmünzen meist durch die Abnahme des Gewichts unter Beibehaltung des Edelme-
tallfeingehalts. Dabei wurde der Nominalwert 25 silberner Denare beibehalten. In der
Regierungszeit Neros wog diese goldene Münze ca. 7,3 g (1/45 Libra), unter Domiti-
an 6,5 g (1/50 Libra), unter Diokletian 5,4 g (1/60 Libra) und unter Konstantin 4,52 g

(1/72 Libra). Das Gewicht des goldenen Aureus verringerte sich zwischen 54 und 324 n. Chr. von 8,12 g auf ca. 4,52 g.

Während die Qualität der Silbermünzen wegen der Münzentwertung schlechter wurde, blieb der Goldgehalt in den Goldmünzen konstant hoch. Es entwickelte sich ein Phänomen, das als Gresham'sches Gesetz nach dem englischen Kaufmann Thomas Gresham, 1519–1579, bezeichnet wird. Es besagt, dass im Rahmen des Bimetallismus teureres Geld am Markt durch schlechteres Geld verdrängt wird. Bei Berechnungen und Zahlungen neigen die Wirtschaftsteilnehmer dazu, die Währung zu verwenden, die erwartungsgemäß schneller an Wert verliert. Zugleich erfolgt die Akkumulation der stabileren Währung. Die Angst vor dem Betrug war so groß, dass die Menschen versuchten, bei jeder Gelegenheit mit minderwertigen Münzen zu zahlen. Das behinderte den Austausch, führte zur Schrumpfung des Handels, zum Rückgang der Produktion und zur Demoralisierung der Gesellschaft (Kulischer 1928). Die Entwertung von Silbermünzen führte zum Anstieg der Nachfrage der hochwertigen Goldmünzen sowohl im Inneren des Reiches als auch im Ausland, und in der Folge führte die Abwertung von Silber- und Kupfermünzen zum teilweisen Abfluss der am wenigsten abgewerteten Münzen. In Rom blieben die Silber- und Kupfermünzen weiter im Umlauf. Das hatte zur Folge, dass jenseits der Grenzen des Reichs, z. B. auf dem Gebiet des heutigen Schwedens, in Germanien, Britannien, Gallien und Indien Gold- und Silbermünzen alter Prägung präferiert wurden, während die als geringwertig empfundenen Münzen entweder mit einem Abschlag oder gar nicht akzeptiert wurden. Der goldene Aureus wurde außerhalb des Römischen Reichs häufiger genutzt als innerhalb. Mit der Zeit verschwand er aus dem Umlauf, während andere abgewertete Silber- und Kupfermünzen erhalten blieben.

Mit dem Gebietszuwachs des Römischen Reiches wuchsen die militärischen Ausgaben. Nach dem Regierungsantritt Kaiser Caracallas 198 n. Chr. stiegen beispielsweise die Armeeunterhaltskosten, die durch Steuererhöhungen gedeckt wurden, um knapp 50 %. Um die Einnahmen der Staatskasse zu erhöhen, entschied sich Caracalla 212 n. Chr., allen Bewohnern des Römischen Reiches römische Staatsbürgerschaften zu verleihen und die Steuerbemessungsgrundlage zu erweitern. Als diese Einnahmequelle erschöpft war, verringerte Caracalla den Metallgehalt der Silber- und Goldmünzen. Obwohl sich 211 n. Chr., während der Regierungszeit von Augustus, der Metallgehalt im silbernen Denar auf 95 % belief, wurde er bis zur Herrschaft von Mark Aurel (161–180 n. Chr.) auf 75 % und während der Amtszeit des Vaters von Caracalla, Septimius Severus (198–211 n. Chr.), auf 16 % reduziert. Unter Caracalla betrug der Silbergehalt nur noch 15 %. Was die Goldmünzen anging, wurden bei Augustus aus einem Pfund Gold 45 Münzen hergestellt und während der Herrschaft von Caracalla 50, im Jahr 237 schon 72 (Peden 2017).

Nach dem Mord an Caracalla 217 n. Chr. brach im Römischen Reich eine politische Krise aus, die in Bürgerkriegen und ausländischen Invasionen gipfelte. Innerhalb des dritten Jahrhunderts wurden 26 Kaiser abgelöst, die meist aus der Armee gekommen waren, entweder in Kriegen fielen oder im Verlauf von Staatsstreichen getötet wurden. Zu Beginn des Jahres 268 n. Chr. enthielt der silberne Denar nur 0,5 % Silber. Letztendlich wurden die Silbermünzen durch mit Zinn überzogene Kupfermünzen ersetzt. Die Abwertung der Münzen führte zum Anstieg der Preise, zur Inflation. Die Preise stiegen zwischen 200 v. Chr. bis 260 n. Chr. um das Vierfache. Zwar versuchte Kaiser Diokletian (284–305 n. Chr.) den Geldumlauf zu reformieren, indem er zur Prägung von Silber- und Goldmünzen mit einem feineren, höheren Gehalt zurückkehrte und bronzenes Kleingeld einführte. Nun war der Grenzschutz des riesigen Römischen Reiches gegen äußere Bedrohungen der germanischen und asiatischen Stämme mit erheblichen Ausgaben verbunden, was Diokletian zur Entwertung von Silber- und Goldmünzen mit der Kupferbeigabe greifen ließ. Deshalb wurden im Jahr 294 n. Chr. Silbermünzen mit einer hohen Kupferbeimischung, sogenannte *Folles*, mit Gewichten von 9–13 g und Durchmessern von 2,7–3 cm geprägt. Der Follis wurde aus Bronze gegossen und mit einer dünnen Silberschicht überzogen.

Das große Gewicht dieser Münzen täuschte einen hohen Silbergehalt, also Hochwertigkeit vor. Doch war der Follis keine reine Silbermünze, eher eine Kupfermünze. Trotzdem ging sein Nennwert über den Wert sowohl des enthaltenen Silbers als auch des Kupfers hinaus. Die Vergrößerung der im Umlauf befindlichen Geldmenge hatte eine Inflation zur Folge. Zur Eindämmung des damit einhergehenden Preisanstiegs wurden im Jahr 301 n. Chr. eine Reihe von drastischen Maßnahmen getroffen, unter anderem vom Staat eine Preisobergrenze für Konsumgüter festgelegt und die Todesstrafe für ihre Nichteinhaltung angesetzt. Dies hatte die Beschneidung der Handelsaktivitäten zur Folge. Daraufhin erließ Diokletian bei Zuwiderhandlung unter Androhung der Todesstrafe ein Dekret, nach dem jeder Bürger den Beruf seines Vaters annehmen musste. Überdies wurden Schiebergeschäfte und übermäßige Hortungen von Metallen verboten und Verstöße streng bestraft. Wohlhabende Bürger verbargen aus diesem Grund ihre Gold- und Silbermünzen, während andere Bevölkerungsschichten wertlose Kupfermünzen nutzen mussten, was die Spaltung der Gesellschaft herbeiführte oder verstärkte. Nur Beamten und Söldnern aus barbarischen Stämmen durfte Gold offiziell als Gehalt ausgezahlt werden, während sich alle anderen Bürger des Reichs mit geringhaltigen Münzen zufriedengeben mussten.

Ungeachtet der Reformen Diokletians fiel der Wert der Münzen im Römischen Reich. 311 war das Gewicht des silbernen Follis um fast die Hälfte zurückgegangen und betrug 4–5 g mit einem Durchmesser von ca. zwei Zentimetern. Dabei war der Silbergehalt in dieser Münze so gering, dass im Jahr 346 der Follis vollständig durch das kupferne As ersetzt wurde. Erstmals in der Geschichte der Menschheit wurde die Münzentwertung zur Regelmäßigkeit. Am häufigsten fand sie unter der Herrschaft von Nero (54 n. Chr.) statt und wurde schließlich in einem Maße durchgeführt, dass Gold- und Silbermünzen praktisch nur noch über ihren rein nominalen Wert verfügten. Die Inflation wuchs mit alarmierender Geschwindigkeit und ging in eine Hyperinflation über. Im Jahr 301 waren 16 Unzen Gold 50.000 Denaren gleich, 23 Jahre später 300.000 Denaren. 337 n. Chr. waren es zwei Millionen und zur Mitte des Jahrhunderts sagenhafte zwei Milliarden Denare (Turk und Rubino 2005, S. 26).

Im Jahr 395 wurde das Römische Reich endgültig in Ost- und Westrom aufgespalten. Dabei erbten die beiden Reichsteile den kränklichen Geldumlauf des untergegangenen Reiches. Zur Zeit des Zusammenbruches wurde im westlichen Römischen Reich ein sehr starker Abfluss von Edelmetallen verzeichnet, insbesondere des Goldes, was zur akuten

Knappheit führte. Dies war auf die Erschöpfung der Lagerstätten zurückzuführen, auf Probleme bei deren Finanzierung und auf den Mangel an Arbeitskräften, außerdem auf den Verlust der Kontrolle über die Abbaugebiete wegen der Schwächung der Militärmacht. Zur Wiederbelebung des Wirtschaftslebens und zur Verbesserung der finanziellen und monetären Lage des Weströmischen Reichs wurden vom Staat eine Reihe von Maßnahmen getroffen, verboten wurden unter anderem 370 v. Chr. die Verwendung des Goldes im Außenhandel, die private Hortung und die Münzumschmelzung in Schmuck. Dafür entstand ein Katalog von Strafen. Trotzdem horteten Privatpersonen, vor allem Angehörige des Adels, Edelmetalle, was den Mangel noch verschärfte. Um das Defizit auszugleichen, musste der Staat zur Münzentwertung greifen. Erneut wurden mit Kupfer überzogene Silbermünzen in Umlauf gebracht, was die Situation im monetären Bereich verschärfte. All dies führte dazu, dass im 3. bis 6. Jahrhundert Goldmünzen und Gold weitgehend aus dem Umlauf des Römischen Reiches verschwanden. Wenn sie in seltenen Fällen genutzt wurden, dann nicht in Form von Münzen, sondern in Form von Barren, die gewogen werden mussten. In der Spätantike und im frühen Mittelalter wurde Gold in West- und Zentraleuropa zur Seltenheit. Diese sogenannte „Krise des goldenen Monetarismus" brachte den Anstieg der Preise von Goldmünzen gegenüber den Silbermünzen mit sich.

Im 5. Jahrhundert, als die Westgoten (410) und später die Vandalen (455) Rom besetzten, brach das westliche Römische Reich zusammen und wurde zwischen Franken, Westgoten, Sachsen und Ostgoten aufgeteilt. Auf diese Weise entstanden auf dem Gebiet des untergegangenen weströmischen Reichs neue Staaten, die sogenannten germanisch-romanischen Königreiche, die Barbarenstaaten. Der endgültige Untergang des Weströmischen Reiches, der um 467 erfolgt sein soll, was umstritten ist, führte zur vollständigen Einstellung der Verwendung des goldenen Aureus, der vorher im Reich im Umlauf gewesen war.

2.7 Die Goldmünzen in Byzanz und effektive Maßnahmen gegen den Goldmangel

Wie das Weströmische Reich hatte Byzanz das unausgeglichene Geldsystem des einst einheitlichen Römischen Reiches geerbt, dessen Markenzeichen stark abgewertete Münzen waren. Zu Beginn des 4. Jahrhunderts verhinderte Kaiser Konstantin der Große (306–337) den weiteren realen Wertverlust der Münzen durch ihre Umprägung, insbesondere des goldenen Aureus. Sein Gewicht betrug nun 4,5 g (1/72 Libra) mit einem Goldgehalt von 98 %, was praktisch einer Halbierung gegenüber den ursprünglichen 8,2 g entsprach. Nach der Umprägung bekam der neue Aureus des Oströmischen Reichs die suggestive Bezeichnung Solidus (lat. *solidus,* fest, schwer, zuverlässig). Der Goldgehalt des Aureus Solidus reduzierte sich mäßig. So hatte sich vom 4. bis zum 7. Jahrhundert der Goldgehalt nur um 25 % verringert. Überhaupt darf der Solidus als die bis dahin zuverlässigste Goldmünze gelten, weil ihr Gewicht und ihr Goldgehalt in den rund 700 Jahren bis zum Zerfall des Byzantinischen Reiches vergleichsweise stabil blieben. Zunächst wurden auf den Solidus hauptsächlich Profile der byzantinischen Kaiser abgebildet. Später erschienen christliche Symbole. Auf den während der Herrschaft von Justinian II. und bis zur Mitte des 9. Jahrhunderts geprägten Münzen finden wir Christusdarstellungen. Danach wurde das Bild Christi auf den byzantinischen Goldmünzen durch die Profile der byzantinischen Kaiser mit einem Kreuz in der Hand ersetzt. Auf den Münzen Johannes Tzimiskes I. wurde der Kaiser mit dem Bild einer Krönungszeremonie, durchgeführt von der Jungfrau Maria, dargestellt. Zusätzlich zum Solidus wurden kleinere Goldmünzen namens *Semisses* und *Tremisses* in Umlauf gebracht, die jeweils einem halben bzw. einem Drittelstück entsprachen, und die bis in die Mitte des 9. Jahrhunderts geprägt wurden.

Natürlich erforderte die Prägung von Goldmünzen das Vorhandensein und den Zufluss einer ausreichenden Menge an Gold. Beim Übertritt zum Christentum hatte Konstantin der Große nach griechischem Vorbild die Säkularisierung der Schätze vorgenommen, indem er das Gold aller heidnischen Tempel in die Staatskasse überführte. Ein eindrucksvolles Zeugnis der Anhäufung großer Goldmengen in Byzanz legt der Bau der Hagia Sophia in Konstantinopel durch Kaiser Justinian I. 532 n. Chr. ab, für den über 20 t Gold verbraucht wurden. Weil es keine bedeutenden Goldförderungsquellen in Byzanz gab, wurde der Zustrom des gelben Metalls nach Konstantinopel durch erfolgreiche Feldzüge, durch Steuereinnahmen sowie durch die Goldeinfuhr aus Südägypten (Nubien) und aus dem Gebiet des heutigen Sudans gesichert. Doch konnten die Kriegsbeuten, z. B. aus Bulgarien, keinen permanenten Goldzufluss ins Land garantieren. Für das 6. Jahrhundert war im Byzantinischen Reich die Verringerung der Goldmenge zu verzeichnen, weil sie vor allem aus Feldzügen und Tributen abfloss, was auf Invasionen und Tributzahlungen zurückzuführen war. Darüber hinaus wurde die Situation im 7. Jahrhundert durch die Einstellung der Goldlieferungen aus dem durch Arabien eroberten Ägypten erschwert. In diesem Zusammenhang drohten in Byzanz der Goldmangel und die Gefahr, die für die Prägung des Solidus notwendigen Goldmengen nicht mehr bereitstellen zu können. Deswegen galt in dieser Zeit der Export von Luxuserzeugnissen aus Seide und Schmuck als bewährtes Hausmittel zur Überwindung des Golddefizits. Darüber hinaus wurden zur Verhinderung des Goldabflusses Einschränkungen für die Metallexporte festgelegt. Trotz aller Versuche, die Staatskasse mit Gold zu füllen, wurde das Gold knapper. Aus diesem Grund griff der Staat zum letzten bewährten Mittel und führte 730 die Säkularisierung der Tempelschätze durch. Die fand ihren Ausdruck im sogenannten Byzantinischen Bilderstreit im 8. und 9. Jahrhundert, der von den Ikonoklasten, den „Bilderstürmern", die gegen die Ikonen-Verehrungspraxis der Ikonodulen, den Bilderverehrern, geführt wurde. Im Verlauf wurden Ikonen, Mosaiken, Wandmalereien und Skulpturen Heiliger aus den Kirchen entfernt, das Gold eingeschmolzen und zur Metallreserve umfunktioniert.

Die Entwertung der Münzen setzte sich dennoch fort. Um die Situation im monetären Bereich zu verbessern, wurde von Kaiser Nikephoros II. Phokas (963–969) neben dem *Solidus*, der ca. 4,5 g wog und einen Goldgehalt von 98 % hatte, eine neue Münze namens Tetarteron eingeführt, deren Gewicht mit ca. 4 g und dem Goldgehalt von 955 kleiner war. Trotz dieser Unterschiede wurde der Tetarteron dem Solidus gleichgestellt. Der Solidus bekam den Namen Histamenon. Zum Ende des 11. Jahrhunderts entwertete sich der Solidus erheblich. Daher wurde seine Prägung 1091 während der Münzreform eingestellt. Es wurde eine neue Goldmünze namens Hyperpyron geprägt, mit dem Goldgehalt von ca. 900–950 Tausendstel und dem Gewicht von 4,5 g. Auch sie verlor wegen des sinkenden Goldgehalts an Wert.

Literatur

Bernstein, P. L. (2012). *The power of gold: the history of an obsession* (S. 31, 33–34). New York: John Wiley & Sons.

Buchwald, B. (1924). *Die Technik des Bankbetriebes* (S. 2). Berlin Heidelberg: Springer.

Burns, A. R. (1927). *Money and monetary policy in early times* (S. 321–322). New York: Alfred A. Knopf.

Graeber, D. (2014). *Debt-updated and expanded: the first 5000 years* (S. 425). New York: Melville House.

Head, B. V. (1967). *The coinage of Lydia and Persia* (S. 18–19). San Diego: Pegasus.

Kemmerer, E. W. (1944). *Gold and the gold standard* (S. 9). New York: McGraw-Hill.

Koshevar, D. V. (2014). *Moneti i banknoti mira [Coins and banknotes in the world]* (S. 13–14,16). Moscow: ACT.

Kulischer, J. (1928). *Allgemeine Wirtschaftsgeschichte des Mittelalters und der Neuzeit* (Bd. 2, S. 329). München, Berlin: Duncker & Humblot.

Moiseev, S. R. (2005). *Denejno-kreditnaya politika: teoriya i praktika [Monetary policy: theory and practice]* (S. 24,45,47,49–50,56). Moscow: Economist.

Mrozek, S. (2001). *Faenus: Studien zu Zinsproblemen zur Zeit des Prinzipats 139.* Stuttgart: Franz Steiner.

Nesselrath, H. G. (2017). *Herodot: Historien.* Stuttgart: Alfred Kröner.

Peden, J. (1984). Inflation and the fall of the roman empire. A transcript of lecture, given at the seminar on money and government, Houston (USA). Resource document. Ludwig von Mises institute. https://mises.org/library/inflation-and-fall-roman-empire. Zugegriffen: 14. Dez. 2017.

Schoele, O. (1933). Bargeldloser Zahlungsverkehr. In M. Palyi & P. Quittner (Hrsg.), *Handwörterbuch des Bankwesens* (S. 222). Berlin: Springer.

Schultze, E. (1940). *Gold: Romantik und Fluch des gelben Metalls* (S. 77–78). Leipzig: Goten-Verlag H. Eisentraut.

Turk, J., & Rubino, J. (2005). *Der Kollaps des Dollars: der Untergang einer Weltwährung* (S. 26). München: FinanzBuch Verlag.

Wiedemann, A. (1884). *Ägyptische Geschichte.* Bd. 1 (S. 317). Gotha: Friedrich & Andreas Perthes.

Die Rolle des Kredits im Geldumlauf des mittelalterlichen Europas

3.1 Die Prägung der Gold- und Silbermünzen während der islamischen Expansion

Zwischen dem 7. und 8. Jahrhundert erfolgte die islamische Expansion der arabischen Länder nach Europa. Die Araber besiegten im Jahr 669 Ägypten, Syrien, Palästina, Persien und Kleinasien. 698 eroberten sie Karthago, und ab 732 überfielen sie Spanien und Frankreich. Einerseits beförderten diese Eroberungen den Zufluss des Beutegolds in die arabischen Länder, andererseits den Ausbau primärer und sekundärer Goldlagerstätten in Ägypten (Nubien) und Äthiopien. Darüber hinaus eigneten sich die Araber Gold mit dem internationalen Handel an. Sie tauschten z. B. in Ost- und Westafrika Gold gegen Salz. Dieser regelmäßige und erhebliche Zufluss an Gold machte es möglich, dass die arabischen Kalifen und Emire mit der Prägung der eigenen Goldmünzen, der Denare, begannen. Die arabischen Länder führten die Tradition der persischen und römischen Goldmünzenprägung fort. Die Prägung des ersten arabischen goldenen Denars erfolgte 696 im Kalifat Damaskus. Der Name dieser Münze wurde von den Römern übernommen. Dabei ähnelte der Denar in Gewicht und Feinheit dem byzantinischen Solidus. Das Gewicht des Denars betrug 4,25 g, und sein Goldgehalt belief sich auf etwa 97 %. Dabei wurde das Bild des Monarchen auf der Münze durch Aussagen aus dem Koran ersetzt, was den Regeln des Islams entsprach, der die Bilder von Menschen auf den Münzen verbietet. Außerdem wurde der Nennwert nicht angegeben, sodass der Münzwert nach dem Gewicht bestimmt wurde. Neben dem goldenen Denar prägten die arabischen Länder den silbernen Dirham, der ursprünglich einem Zehntel des goldenen Denars entsprach. Die Prägung der arabischen Münzen erfolgte meist in Syrien, Nordafrika und Spanien. Weil das Gewicht und die Größe der Gold- und Silbermünzen erheblich schwankten, war ihr ursprüngliches Wertverhältnis oftmals gestört. Das Gewicht des goldenen Denars schwankte zwischen 2,35 und 20,85 g. Nichtsdestotrotz blieben goldener Denar und silberner Dirham nach wie vor die Hauptmünzen der islamischen Welt, sogar nachdem die Türken und die Mongolen das arabische Reich erobert und neue Münzen eingeführt hatten.

© Springer Fachmedien Wiesbaden GmbH, ein Teil von Springer Nature 2018
O. Kaskaldo, *Gold: Geld, Kredit, Ware*, https://doi.org/10.1007/978-3-658-21728-0_3

3.2 Der akute Mangel an Edelmetallen und eine Massenmünzentwertung in Europa

Im Münzumlauf der germanisch-romanischen Königreiche, in den Barbarenstaaten, waren zuerst abgewertete römische Münzen im Einsatz. Dort spielte Gold eine viel geringere Rolle als in Byzanz und in den arabischen Ländern: schon deshalb, weil die meisten herkömmlichen Goldlagerstätten des Römischen Reiches ausgeschöpft waren, z. B. die Lagerstätten in Irland und in den westlichen Pyrenäen. Außerdem verfügten die neuen europäischen Staaten noch nicht über ausreichende Kenntnisse und Technologien, um neue Goldlagerstätten zu entdecken und um sie auszubauen. Daher mussten sich die neu entstandenen europäischen Staaten mit der Gewinnung geringer Mengen Gold aus Seifengoldlagerstätten verschiedener Flüsse begnügen. Zu nennen sind in diesem Zusammenhang Lagerstätten in den Pyrenäen, beispielsweise die Goldfelder von Ariège, in den Alpen, dort am Rand in Bayern, in den bayerischen Terrassen, im Tal des norditalienischen Po, am Rhein, im französischen Zentralmassiv wie in Cevennen/Südfrankreich und im Elsass. Gleichzeitig konnte durch den schwach entwickelten Handel der germanisch-romanischen Königreiche mit dem Nahen Osten und Asien der notwendige Goldzufluss über die Gold-Devisen-Kanäle nicht genügend Gold beschafft werden. Als Goldhauptquellen blieben Kriegsbeuten und Tributzahlungen übrig. Im 9. und 10. Jahrhundert kam das Gold mit den Piraten in die heutigen Städte Stockholm und Kopenhagen. Dabei wurde das Gold dort vor allem als Schmuck gehortet und als Mittel des internationalen Warenaustausches verwendet.

Der Mangel an Gold und die geringe Nachfrage danach fanden ihren Ausdruck im Wertverhältnis des Goldes zum Silber, das 1 : 8 betrug, sodass man von einer Unterbewertung sprechen kann. Mit der Zeit begann die byzantinische Goldmünze Solidus in den Zahlungsverkehr der germanisch-romanischen Königreiche einzusickern. Die byzantinischen Kaiser nutzten Gold zur Rekrutierung von Verbündeten unter den Bulgaren, Franken und Muslimen und zahlten erhebliche Mengen des goldenen Solidus an Franken in Gallien, heute Frankreich, aus. Byzanz befand sich im Kampf gegen die wachsende Macht der Langobarden. Die Handelsentwicklung zwischen den germanisch-romanischen Königreichen Westgoten, Franken und Angelsachsen führte zur Verbreitung des goldenen Solidus im Zahlungsverkehr. Die arabischen Eroberungen im Mittelmeerraum führten im 8. bis zum 12. Jahrhundert zur Stagnation des Handels der europäischen Staaten mit Byzanz, was den erheblichen Rückgang der Zahl des goldenen byzantinischen Solidus in Europa zur Folge hatte. Daher blieb der Solidus bis zum 12. Jahrhundert in den westeuropäischen Gebieten eine Seltenheit. Zur gleichen Zeit trug die Handelsintensivierung mit den islamischen Ländern, den Sarazenen, zur Zunahme der Anzahl arabischer goldener Denare im Münzenumlauf Europas bei, vor allem in Spanien.

Im 6. bis 8. Jahrhundert begann der Loslösungsprozess der Geldsysteme der europäischen Staaten vom byzantinischen System und von denen der arabischen Länder. Zur Prägung eigener, vor allem goldener Münzen, sind als erste europäische Herrscher die fränkischen Könige, genauer die Merowinger, im 6. bis 8. Jahrhundert übergegangen, was mit einer signifikanten Ansammlung byzantinischen Silbers und Goldes bei den Franken verbunden gewesen sein kann. Zur Nachahmung arabischer Münzen bekamen die Silbermünzen der Franken den Namen Denar (Denier). Als Folge des Übergangs der Merowinger zum Christentum fanden auf den Münzen christliche Symbole Platz: Engel mit Kreuzen, unter anderem das Christusmonogramm. Jedoch wurde Gold, insbesondere in Münzform, in dieser Zeit von den Barbarenstaaten sehr begrenzt verwendet und diente eher als Mittel zur Hortung denn als Zahlungsmittel. Eine große Nachfrage nach Münzen bestand noch nicht, und der Bedarf an Geld wurde vollständig durch den Austauschhandel und mit Silbermünzen gedeckt.

In der Mitte des 7. Jahrhunderts verbreitete sich die Prägetechnik in anderen europäischen Ländern. Ursprünglich erfolgte die Münzprägung in den Barbarenstaaten in Münzstätten der Monarchen und durch separate, lizensierte Privatwerkstätten, die im Voraus eine königliche Lizenz erworben hatten. Das Prägerecht gab dem Souverän die Möglichkeit, zusätzliche Einnahmen, die sogenannte Seigniorage, zu verbuchen. Im Nachhinein erhielt der Kunde, der sein Metall in die Prägestätte brachte, eine geringere Münzenanzahl, weil er einen Teil des Metalls zur Zahlung an die Prägestätte und an den Souverän abgeben musste. Auch Privatpersonen interessierten sich bald für solche Einnahmequellen. Das machte den Münzherstellungsprozess unübersichtlich, führte zur dezentralisierten und teilweise illegalen Münzprägung, was sich im Anstieg der Anzahl von Münzfälschungen allerorten zeigte. Im Geldverkehr kamen Münzen unterschiedlicher Qualitäten vor, die kaum für den internationalen Zahlungsverkehr geeignet waren. Die Qualität der Goldmünzen aus Gallien, Burgund, Genf und Valencia beispielsweise war so schlecht, dass sie im Jahr 558 in einigen Regionen Italiens nicht mehr angenommen wurden.

Die Silbervorherrschaft führte zum Umstieg der Geldsysteme auf Silber als Hauptwährung. Es fand primär als Zahlungsmittel im Binnenhandel Verwendung. Gold hingegen entwickelte sich zum Hortungs- und internationalen Zahlungsmittel, weil es aufgrund seines hohen Wertes für den Binnenhandel nicht geeignet war. Das erklärt auch, warum trotz des Goldzuflusses aus der Kriegsbeute (z. B. Sieg über die Awaren in Asien) vom fränkischen König Karl I. (Karl der Große), dem Begründer der Karolingischen Dynastie (8./9. Jahrhundert), hauptsächlich Silbermünzen geprägt wurden. Er machte Silbermünzen schwerer, weil er zum römischen Gewichtsstandard, zum Pfund, zurückkehrte. Darüber hinaus versuchte er, die Prägung zu zentralisieren, indem Münzprägungen nur in der Residenz des Königs erfolgen sollten. In der Praxis wurden diese Anordnungen ungeachtet harter Strafen nicht immer befolgt, sodass die Dezentralisierung der Münzprägung weiter bestand. So konnte die Beständigkeit des Münzgewichts und der Münzqualität nicht dauerhaft garantiert werden.

Als Nachahmung des silbernen Denars der Franken wurde in der zweiten Hälfte des 8. Jahrhunderts in Südost- und Mittelengland während der Herrschaft des Königs Offa (757–796), des Zeitgenossen Karl des Großen, mit der Prägung der Silbermünze Penny begonnen. Auf der Vorderseite war das Porträt des Königs abgebildet und auf der Rückseite ein Kreuz. Dabei betrug das Gewicht der Münze 1,2–1,4 g, und ihr Durchmesser belief sich auf 1,7 cm.

Zum Ende des 8. Jahrhunderts wurden im fränkischen Reich während der Herrschaft Karl des Großen und von Ludwig des Frommen nur selten Goldmünzen geprägt. Die weitere Verschärfung des Goldmangels und die Unfähigkeit der europäischen Länder, höhere Qualitäten der eigenen Goldmünzen zu gewährleisten, führten zur vollständigen Einstellung der Prägung. Zu Beginn des 11. Jahrhunderts wurde die Goldmünzenprägung nur für kurze Zeit wieder aufgenommen. Unter diesen Bedingungen wurde in Europa mit der Verwendung ausländischer Goldmünzen höherer Qualität als internationales Zahlungsmittel begonnen: mit dem byzantinischen Solidus und dem arabischen Denar. Bei den Angelsachsen blieb die Prägung deren eigener Goldmünzen fast aus.

Die nachfolgende Handelsentwicklung der neuen europäischen Länder, zunächst mit Byzanz und später mit dem arabischen Osten, erhöhte den Goldmangel, da in Ermangelung entsprechender Warenäquivalente Luxuswaren (Seide, Gewürze, Waffen, Elfenbein, Pelze etc.) im Tausch gegen das gelbe Metall erworben wurden. Im Allgemeinen fungierten im Mittelalter neben byzantinischem und arabischem Gold wertvolle Waren (z. B. Salz) und Sklaven als internationale Austauschmittel. Dabei wurde selten zur Zahlung mit Goldbarren gegriffen. Mit der Verschärfung des Goldmangels wurden vor allem im Handel mit den arabischen Ländern Sklaven zu einem solchen Warenäquivalent. Dies mochte der Grund für die Präsenz einer Vielzahl ausländischer Goldmünzen in den Handelsstädten Italiens gewesen sein. Weil die europäischen Silbermünzen kleine Gewichte und geringe Werte aufwiesen, wurden die Goldmünzen aus Byzanz und aus den arabischen Ländern zusätzlich zu Recheneinheiten im Binnenhandel. Dies bedeutete, dass die Preise in Europa gerade mit den Werten dieser fremden Goldmünzen angegeben wurden, während die Barzahlungen mit Waren oder mit lokalen Silbermünzen erfolgten. Insgesamt bedingten Seltenheit und hoher Preis des Goldes dessen Verwendung sowohl vorwiegend als Geldmittel im internationalen Handel als auch als Maß- und Zahlungseinheit, während es begrenzt am Wirtschaftsleben der neuen europäischen Staaten beteiligt war.

Im Binnenhandel der europäischen Länder erfolgte im 10. bis 12. Jahrhundert die Bezahlung sowohl mit Silbermünzen als auch im Tauschverfahren mit Warengeld. Während dieser Zeit wurde Silber für mehrere Jahrhunderte lang zum Münzgeld des Binnenumlaufs, was sich heute noch im Französischen widerspiegelt, wo das Wort *argent* (lat. *argentum*, Silber) der Begriff für Geld ist. Dabei schwankte in verschiedenen europäischen Ländern das Wertverhältnis von Gold zu Silber im Bereich zwischen 1 : 12 und 1 : 15,5. Der Übergang zum Silbermünzumlauf machte die Länder wiederum vom Silberzufluss abhängig. Auf der einen Seite führte die ungleichmäßige Verteilung der Silbervorkommen zur Spezialisierung einiger Länder auf den Silberexport. Silberbergwerke des Harzes und des französischen Poitous (Piktavien) versorgten Frankreich, Italien (hier: Genua und Pisa), Bayern, England und die Sarazenen mit Silber. Wegen zunehmenden Silbermangels mussten viele Länder zur regelmäßigen Münzentwertung greifen, dessen Ausmaß folgende Daten deutlich machen. Im mittelalterlichen Frankreich fiel der Silbergehalt des Pariser Deniers (Denar) in der zweiten Hälfte des 10. Jahrhunderts bis zur zweiten Hälfte des 13. Jahrhunderts, also während 300 Jahren, um 73 % (von 1,5 g auf 0,4 g). Im mittelalterlichen Deutschland verringerte sich das Gewicht des Kölner Pfennigs in 100 Jahren, von der zweiten Hälfte des 13. Jahrhunderts bis zur zweiten Hälfte des 14. Jahrhunderts, um mehr als das 17-Fache. Während der Herrschaft der englischen Könige Heinrich II. und Stephens konnte eine drastische Verschlechterung der Qualität des englischen silbernen Pennys beobachtet werden. Im Jahr 1180 wurde in England ein neuer Penny zur Lösung des Problems („short cross penny") mit einem größeren Gewicht und einem größeren Silbergehalt eingeführt. Die Münzentwertung ließ sich durch die Ausnutzung der fehlenden Präzision der Prägetechnik erzielen. Viele Münzen wichen von der vorgeschriebenen Standardform in Größe und Gewicht ab. Dies erlaubte es, unbemerkt bei der Prägung entstandene Überschüsse abzuzweigen und auch diese Münzen in Umlauf zu bringen. Trotz harter Strafen griffen viele Menschen aus ganz verschiedenen Gesellschaftsschichten zu dieser Praxis. Die mittelalterliche Münzentwertung bekam somit Massencharakter.

Getreu dem Gresham'schen Gesetz wurde nun qualitativ besseres Geld durch schlechteres Geld verdrängt. Zunächst wurden die negativen Auswirkungen beim kleinen und mittleren Handel spürbar. Die Münzabwertung, d. h. der weitgehende Gewichts- und Qualitätsverlust der Münzen, hatte den Anstieg der Warenpreise, also Inflation zur Folge, und das trieb die sicherer erscheinende Verwendung von Edelmetallen wie Gold und Silber in Barrenform an. Der Anstieg der Preise erhöhte wiederum die Steuern und die Abgaben der Bevölkerung, was zwangsläufig zur Verschärfung der sozialen Spannungen in der Gesellschaft beitrug.

3.3 Die Geld-, Kredit- und Finanzgeschäfte der römisch-katholischen Kirche und des Templerordens

In den Zeiten des Goldmangels wurde das Edelmetall von hochrangigen Personen gehortet, einerseits durch Händler, die im Außenhandel tätig waren, andererseits von den Geldwechslern, nicht zuletzt von der römisch-katholischen Kirche und innerhalb des Papsttums. Es ist kein Zufall, dass bis zum 9. Jahrhundert in der römisch-katholischen Kirche ein allmählicher Anstieg materieller und finanzieller Reichtümer und eine stetig fortschreitende Bereicherung des Papsttums erfolgten. Der wachsende materielle Reichtum, der sich in der Ausgestaltung von Kirchen widerspiegelte, war so offensichtlich, dass Rom deswegen die Bezeichnung „Die goldene Stadt" erhielt, z. B. auf der Rückseite der kaiserlichen Siegel. Im 9. Jahrhundert kam bei den Angelsachsen eine eigenartige neue Steuer auf, die in Münzform an den Heiligen Stuhl zu zahlen war, der Dinarius Sancti Petri. Der ermöglichte der römisch-katholischen Kirche, Steuern nicht wie vorher in Naturalien, sondern in Münzen zu erheben, die zu Barren umgeschmolzen wurden. Im 10. Jahrhundert fand diese Steuer auch in den übrigen europäischen Staaten eine große Verbreitung. Beträchtliche Mengen an Gold und Silber unterschiedlicher Formen, wie in Münzen, Barren, Schmuck und Utensilien strömten in die Kassen der Klöster und Kirchen. Es begann das leistungsstarke finanzielle Wachstum der römisch-katholischen Kirche, verbunden mit einem intensiven Handel mit speziellen Waren und Dienstleistungen. Dabei waren die Kosten der Waren und Dienstleistungen verschwindend gering, während ihr Marktwert in Gold- und Silbermünzen durch die Überhöhung im religiösen Kontext beträchtlich groß wurde. Das erlaubte der römisch-katholischen Kirche, große Reichtümer anzuhäufen. Zum Ende des 9. Jahrhunderts startete die römisch-katholische Kirche den Handel mit Reliquien, für deren Herstellung und Verkauf sie ebenfalls ein Monopol besaß. Schnell wurde dieser Handel zur regelrechten Wirtschaftsbranche. Die Nachfrage nach der beschränkten Anzahl an Reliquien war groß. Die Preise stiegen, was zur Überschätzung der tatsächlichen Kosten führte.

Die Kirche vergrößerte ihren Reichtum auch durch die sogenannte Simonie, den Verkauf kirchlicher Titel, deren Erwerb sich nur der Adel leisten konnte. Zu Beginn des 11. Jahrhunderts erreichte dieser Handel enorme Ausmaße. Bis zum Anfang des 13. Jahrhunderts erreichten das Währungs- und Finanzsystem der Kirche schließlich ein so hohes Maß an Organisation und Entwicklung, dass man von einem offensichtlichen Widerspruch gegenüber der Gebote Christi über die Unmöglichkeit eines gleichzeitigen Dienstes an Gott und gegen den Mammon sprechen konnte. Dank der regelmäßigen Darreichungen und Geschenke zahlreicher Pilger und Wanderer konnte speziell die Kurie in Rom und allgemein die römisch-katholische Kirche mit regelmäßigen Einnahmen an Edelmetallen in Münzen, als Barren, als Schmuck etc. rechnen. Diese Einkünfte wurden erhöht, als 1299 der Ablasshandel, also die Vergebung von Sünden gegen Vermögenswerte, eingeführt wurde. Zu diesem Zweck brachten die Gläubigen Gaben zum Altar der Kirche von Peter und Paul, unter anderem in Form von Edelmetallen. Die jährlichen Darreichungen während des Ablasshandels schätzt man heute auf 30.000 goldene Gulden. Auf diese Weise wurde das Einkommen der römisch-katholischen Kirche um das Vielfache erhöht, vor allem von den Pilgern, die vor allem an festlichen Tagen nach Rom strömten. Wegen des Ablasses und des Reliquienhandels flossen auch ausländische Münzen zur Kirche. Das brachte die Notwendigkeit des entwickelten Geldwechsels mit sich, während im Rest von Europa immer noch größtenteils auf den Warenaustausch gesetzt wurde.

Der Wunsch Europas nach der Wiedergewinnung der maritimen Handelsrouten am Mittelmeer war einer der Gründe für die Entfesselung der Kreuzzüge (1095–1270). Der erste Kreuzzug, initiiert von Papst Urban II., begann im Jahr 1095. Als Ergebnis des ersten Kreuzzuges wurde Jerusalem im Jahr 1099 von den Kreuzfahrern eingenommen. Nach und nach wurde es notwendig, die Grenzen des neuen christlichen Staates in Palästina und die Pilger, die aus Europa ins „Heilige Land" zogen, zu schützen. Daher wurde 1119 von einigen Kreuzfahrern des französischen Adels die Bruderschaft „Arme Ritterschaft Christi und des salomonischen Tempels zu Jerusalem" gegründet. Der König von Jerusalem, Balduin II., stellte den Brüdern eine Notunterkunft im südöstlichen Teil seines Palastes, des Jerusalemer Tempels Salomons am Südhang des Tempelberges, zur Verfügung, dort, wo einst der von den Römern zerstörte zweite Tempel zu Jerusalem stand. Deshalb wurde die Bruderschaft als Templerorden bekannt und seine Mitglieder als Tempelritter bzw. Templer. Der Bruderschaft wurden Landstücke im Nahen Osten zugeteilt, und sie bekam den Zugang zur Nutzung der Schatzkammer von Jerusalem. Während der ersten 100 Jahre zählte der Orden nur etwa zehn Brüder. Auf dem Konzil von Troyes (1128) erhielt der Templerorden den Status eines offiziellen katholischen Mönchsordens. Weil erstmals in der

Geschichte Kreuzfahrer offiziell zu Mönchen gemacht wurden, setzte nach der Aufnahme neuer Mitglieder und durch Spenden die erhebliche zahlen- und flächenmäßige Expansion des Ordens ein. Dem Orden gehörten Ländereien in Frankreich, England, Schottland, Spanien, Italien, Portugal, Österreich, Deutschland, Ungarn, Konstantinopel und auf Zypern. Außerdem gingen ausgedehnte Gebiete im Nahen Osten, in Palästina und Syrien, in den Besitz der Tempelritter über. Überall dort wurden vom Orden zahlreiche Kirchen erbaut, die ihm unterstanden. Demnach gehörten den Templern in Palästina über 18 Einrichtungen, beispielsweise in Tortosa, Fef, Toron, Castel Pelegrinum, Safed und Gustin. In Europa verfügten sie über mehr als 80 Kathedralen und über 70 weitere Kirchen. Schließlich umfasste ein umfangreiches Netz von Einrichtungen fast alle Länder Europas und weite Teile des Nahen Ostens, von Ägypten bis Konstantinopel. Im Jahr 1139 ordnete sich der Orden dem Papst unter. Zugleich gewährte Papst Innozenz II. dem Orden viele Freiheiten und gab ihm die Möglichkeit, eine eigene Armee zum Schutz der Pilger, einen Klerus und Gerichte zu unterhalten (Bulle „Omne datum optimum"). Daneben erhielt der Orden Rechte für die Regelung eigener Finanzangelegenheiten: Er durfte den Schutz und den Transport nicht nur der Pilger, sondern auch deren Wertsachen übernehmen. Die Tempel des Ordens entwickelten sich zu sicheren Zufluchtsorten und Aufbewahrungskammern. Darüber hinaus ging der Orden einer bis dahin neuen Finanztätigkeit nach: der Organisation von Zahlungen ohne Bargeldtransfers. Sie bestand darin, dass Wanderer und Händler ihre Edelmetalle und Wertsachen vor dem Antritt der Reisen bei den Templern hinterlassen konnten und einen Beleg erhielten, der ihnen den Erhalt einer äquivalenten Geldmenge in jeder beliebigen Währung an dessen Ankunftsorten garantierte. Andernfalls hätten die Pilger befürchten müssen, auf ihren Wegen ausgeraubt zu werden. Eine päpstliche Bulle verschaffte den Templern den rechtlichen Rahmen. Weiters durften sie ungehindert Grenzen überschreiten, wurden von Steuern und Abgaben, einschließlich der Transitabgaben, befreit, waren Bevollmächtigte für den Einzug von Steuern, erhielten z. B. in England das Recht, Spendensammlungen durchzuführen, Schulden einzutreiben, 1294 in England früheres Geld gegen neues zu ersetzen. In einigen Regionen durften sie sich an Handelsgeschäften beteiligen, z. B. durch die Ausübung ihres Rechts, Wolle zu sammeln und zu exportieren. Der Orden übernahm auch die Treuhandverwaltung der Finanzen von Privaten, sogar von Königen, was ihm indirekt den Zugriff auf die Finanzverwaltung ganzer Staaten ermöglichte. Insofern verwalteten die Templer während der Regierungszeiten von Philipp II., Ludwig IX., dem Heiligen, und Philipp III. von 1180–1286 die Staatskasse Frankreichs. Nach und nach wurde die Geldvergabe auf Kredit gegen Zins zur Haupteinkommensquelle des Ordens. Allerdings ermöglichte der Schutz des Papstes den Templern, das christliche Zinsverbot offen zu umgehen und Geld gegen Zins zu vergeben, der sogar manchmal viel höher war als bei den italienischen Wucherern. Im Laufe der Zeit bewährte sich der Orden durch seine verwandtschaftlichen Beziehungen zu den Adelsfamilien Europas als zuverlässiger Finanzagent und bekam die Möglichkeit, Kredite an Kaufläute, Stadtgemeinden, einflussreiche Feudalherren, Senioren, Bischöfe, Könige und sogar an den Papst zu vergeben. Solche Kredite wurden gegen die Verpfändungen von Ländereien oder Wertgegenständen gewährt, auch gegen Schmuck der Monarchen, bedeutende Staatspapiere, königliche Staatssiegel und königliche Kronen. Die Aufbewahrung erfolgte vor allem in den Tempeln in Paris und London. Zu den ständigen Kreditnehmern zählten z. B. Edward I. und Heinrich III. in England und französische Monarchen. Dazu genossen die Templer dank der Schirmherrschaft des Papstes in Kriegen, die zwischen Christen ausgefochten wurden, Immunität, sodass sie ihre Finanztransaktionen auch während international bewaffneter Konflikte fortführen konnten. Das war ein Prinzip finanzieller Unantastbarkeit, die man mit dem Status der finanziell und politisch unabhängigen Schweiz im 20. Jahrhundert vergleichen kann. Wegen seiner Eigenschaften wie Ehrlichkeit und Großzügigkeit gewann der Orden ein hohes Maß an Vertrauen, an politischem, militärischem, diplomatischem und finanziellem Einfluss und gehörte bald zu den mächtigsten Organisationen der christlichen Welt.

Infolge der islamischen Eroberungen hatten die Christen 1299 zwar die Kontrolle über ihre Gebiete in Palästina verloren. Zu der Zeit aber, in der die Templer über fast das gesamte freie Kapital Europas verfügten, gelang es ihnen, erhebliche materielle Reichtümer anzusammeln und zur größten Organisation von Wucherern des frühen Mittelalters zu werden. Mit der Kreditvergabe gelangten zugleich Instrumente in die Hände der Templer, die es erlaubten, politischen Druck auf Monarchen auszuüben. Die unbegrenzte Macht und der enorme Einfluss des Ordens wurden schließlich zur Gefahr nicht nur für die Monarchen, vor allem für den König von Frankreich, Philipp den Schönen, der zu Beginn des 14. Jahrhunderts der größte Schuldner des Ordens war, sondern ebenso für den Papst. Deshalb wurden 1307 nach Absprache zwischen dem römischen Papst Clemens V. und Philipp dem Schönen die Templer in Frankreich verhaftet und 50 von ihnen hingerichtet. Die übrigen Mitglieder des Ordens wurden von der römisch-katholischen Kirche, von den Königen und den großen Feudalherren bis zum Jahr 1314 verfolgt und der Orden von Papst Clemens V. bereits 1312 aufgelöst. Das Ordensvermögen wurde zwischen den Institutionen der römisch-katholischen Kirche, dem Papst und dem französischen Königshaus aufgeteilt.

3.4   Die Rückkehr zur Prägung von Goldmünzen und Etablierung der Finanzmetropolen

Die Wiederbelebung des Handelsaustausches und die Verbesserung der Handelsbilanz der europäischen Länder mit den Ländern des Ostens trugen über die großen europäischen Handelszentren zum Goldzufluss nach Europa bei. Hervorzuheben sind die italienischen Handelsstädte. Aus diesem Grund setzte bereits im 12. Jahrhundert der aktive Verdrängungsprozess des Naturalaustausches mit Edelmetallen ein, vor allem durch ausländische Gold- und Silbermünzen aus arabischer und byzantinischer Herkunft. Zur gleichen Zeit führte der Goldzustrom zur Silberabwertung in den westeuropäischen Gebieten und zur Abwertung des wichtigsten Zahlungsmittels, des silbernen Denars. In der ersten Hälfte des 14. Jahrhunderts war von Europa aus der Silberabfluss in den Osten zu verzeichnen. Nach Berechnungen des Schatzmeisters des französischen Königs Philipp VI. belief sich das Volumen des ausgeführten Silbers aus Venedig zu den Sarazenen, dem nächsten Handelspartner Venedigs, insgesamt auf etwa 100 t. Zwischen 1325 und 1350 wurden über den Hafen Venedigs etwa 25 % des in Europa zirkulierenden Silbers exportiert. All dies diente als Katalysator für den allmählichen Übergang der westeuropäischen Währungssysteme vom Silber zum Gold.

Die wachsende Verbreitung des Goldes in Europa, meist in Form ausländischer Münzen, führte im 12. und 13. Jahrhundert zum verbreiteten Einsatz als Berechnungs-, Reserve- und Zahlungsmittel. Unter anderem wurden die Preise in Handelsverträgen nunmehr in Gold, in ausländischen Münzen oder in Barren nach Gewicht angegeben. Auch Zollgebühren und Grundrenten wurden durch Goldmünzen erhoben, Kirchenspenden in Form von Goldmünzen eingetrieben. Der Bedarf eines universellen Zahlungsmittels war groß. Der gut entwickelte Handel brachte ausländische, teils sehr stark entwertete Münzen nach Europa. Deshalb kehrten die westeuropäischen Länder zu Beginn des 13. Jahrhunderts zur Prägung eigener Goldmünzen zurück, die neben der Produktion der traditionellen silbernen Denare in den Umlauf gesetzt wurden. Goldmünzen waren vorher in Toledo auf Geheiß des kastilischen Königs Alfonso VIII. ab 1175 als kastilische Goldmünzen in den Verkehr gebracht worden, wobei es den Rückgriff auf die maurische Prägetradition gegeben hatte. In Sizilien wurde die Goldmünze Tari seit dem 9. Jahrhundert genutzt, die weitverbreitet gewesen war und als eine der besten Münzen in Europa gegolten hat. Ihr Goldgehalt betrug im 12. Jahrhundert 49,3 Karat. Taris waren in Europa als Umrechnungseinheit neben den ausländischen Goldmünzen aufgetreten.

Die Übernahme der Kontrolle über das Gold in Westafrika gab dem spanischen König und dem Kaiser des Heiligen Römischen Reiches Deutscher Nationen, Friedrich II., dem Enkel Friedrich Barbarossas, in der Mitte des 13. Jahrhunderts die Möglichkeit, das monetäre System des Reichs zu verbessern, indem er zur Prägung von Goldmünzen höherer Qualität, zu den Augustalis mit einem Gewicht von 5,28 g und dem Goldgehalt von ca. 20,5 Karat überging. Diese Münze, auf der einen Seite mit einem Adler, auf der anderen mit einem Porträt des Kaisers versehen, verdrängte den goldenen Tari aus dem Umlauf und fand in Westeuropa und im Nahen Osten seine weite Verbreitung.

Erfolgreiche Kreuzzüge brachten eine deutliche Verbesserung des europäischen Handels und dessen Expansion mit sich. Sie ließen die europäischen Länder die Kontrolle über die Märkte des Mittelmeerraumes wiedergewinnen, die wie zuvor zu wichtigen Drehscheiben des internationalen Handels wurden. Im 11. Jahrhundert erfolgte der Ausbau der Handels-, Wirtschafts- und Finanzmacht italienischer Handelsstädte. Am Anfang des 12. Jahrhunderts begannen sie mit dem Export von Waffen, Holz, Leinen und teuren Stoffen in die Länder des östlichen Mittelmeerraumes und bis nach Afrika. Auf der anderen Seite zerstörte die Eroberung Asiens durch die Mongolen das arabische Reich, wobei der Handel auf dem „Weg der Gewürze" wieder aufgenommen und die Landhandelsroute von Europa nach China eröffnet wurde. Auf diese Weise konnte Europa im 13. Jahrhundert sein beschleunigtes Wirtschaftswachstum entwickeln. Arabische Kaufleute führten Waren aus dem Orient nach Alexandria ein, wo diese Waren von italienischen Zwischenhändlern aufgekauft und nach ganz Europa weiter verkauft wurden (Levantehandel). Die Entwicklung des europäischen Handels führte zur Entstehung großer Absatzmärkte. Seit

1150 wurden z. B. in sechs Städten in der französischen Region Champagne regelmäßig Großjahrmärkte durchgeführt, wo italienische Kaufleute neben dem Handel mit Textilien, Metallen, Holz, landwirtschaftlichen Erzeugnissen und Fertigwaren mit exotischen Waren aus dem Orient handelten. Dieser Handel brachte riesige Gewinne ein, die zum Großteil in den internationalen Handelsmetropolen Venedig und Genua ankamen. In das 13. Jahrhundert fällt auch die erste Hochkonjunktur der Handelsmacht Genua, die neben Venedig zum zweiten internationalen Handelszentrum wurde. Ins 13. Jahrhundert fällt ebenfalls die Blütezeit der Handelsmacht Genua, die auf wichtige Vorrechte im Handel mit Byzanz zurückgreifen konnte. Nach und nach dehnte sich ihr Handelsgebiet bis zu den Küsten des Schwarzen und des Kaspischen Meeres, in den Norden Persiens, nach Ägypten und in das Gebiet des heutigen Sudans aus. Im Jahre 1254 begann Genua mit der Prägung des goldenen Genuine (Genovino) mit einem Gewicht von 3,5 g und dem erhöhten Goldgehalt von bis zu 24 Karat, also der maximalen Reinheit. In diese Zeit fällt die Blüte der Städte Florenz und Siena, nicht nur als Handels-, sondern auch als internationale Finanzzentren. Begünstigt durch das rasche Wirtschaftswachstum ließ auch Florenz zur selben Zeit eine eigene florentinische Goldmünze, den Florin (Fiorino d'oro), prägen.

Im Jahr 1257 gingen Kastilien und England unter Heinrich III. zur Prägung über. Es folgten 1273 Perugia, Mailand und Luca und 1284 Venedig mit der Prägung goldener Dukaten (Dukat). Trotz der Anwesenheit zahlreicher Goldmünzen waren Florin und Dukat die Goldmünzen mit der höchsten Qualität in Europa. Darüber hinaus galt der goldene Dukat bis zur Eroberung Venedigs durch Napoleon 1797 als Standardgoldmünze. Die Herstellung von Goldmünzen fand zudem in anderen Teilen Europas statt: in einigen Städten Südfrankreichs, in den Niederlanden, in Belgien, wie dort in Flandern, Brabant, Lüttich sowie im Großherzogtum Luxemburg. Schließlich wurden im 14. Jahrhundert Goldmünzen in Ungarn, Böhmen, einigen deutschen Fürstentümern wie Bayern und in vielen deutschen Städten wie Köln und Lübeck geprägt. Zu den Herausgebern der Goldmünzen gehörte weiter die Päpstliche Kurie in Avignon.

Nicht immer gelang es sofort, zur dauerhaften Prägung von Goldmünzen überzugehen, was durch den schwachen Außen- und Binnenhandel der jeweiligen Länder bedingt war.

Bei einer negativen Handelsbilanz (höherer Import als Export) erfolgte ein Abfluss des Goldes aus dem Land, weil der Import mit Gold gezahlt wurde. Demgegenüber bewirkte eine positive Handelsbilanz (höherer Export als Import) einen Goldzufluss, aber bei gleichzeitig schlecht entwickeltem Binnenhandel wurde das Gold in größeren Mengen gehortet. Zum Beispiel führte der intensive Handel Venedigs mit dem Osten zum stetigen Abfluss von Gold. Anderseits wurden Waren auf seinem Binnenmarkt immer noch gegen Silber verkauft. Daher musste Venedig angesichts des Goldmangels während des Übergangs zur Prägung der eigenen Goldmünze, dem Dukaten, Gold aus Süddeutschland einführen.

Bis zum 13. Jahrhundert blieb der silberne Penny die einzige Nationalmünze in England. Dann wurden in den Bargeldumlauf Englands zusätzlich Kleinsilbermünzen wie der Groat (Groschen = 1/2-Penny) und der Heller (Heller = 1/4-Penny) eingeführt. Zum Ende des 14. Jahrhunderts bestand das monetäre System Englands aus Pfund, Bob, Penny, Grout, Pence und Groschen (1 Pfund = 20 Schilling = 60 Grout = 240 Pence = 960

Pfennige). Dabei blieben Pfund und Schilling im 9. und im 10. Jahrhundert nur als monetäre Recheneinheiten (Geld-Recheneinheiten) übrig. In dieser Eigenschaft wurde der
Schilling auch im Strafrecht unter dem Namen Strafschilling (Lex Salica) verwendet. Mit
der Prägung von Goldmünzen, des Florins, hatte England 1257 während der Herrschaft
von Heinrich III. begonnen. Die Münze konnte sich nicht durchsetzen. Zur permanenten
Prägung von Goldmünzen war England erst fast 100 Jahre später, im Jahr 1351, übergegangen. Erst im 14. Jahrhundert erschienen im Geldumlauf Englands das goldene Pfund
Sterling. Der Name Pfund stammt von seinem ursprünglichen Gewichtsinhalt, weil aus
einem Pfund Silber 240 Pence geprägt wurden, auch Sterlinge genannt. Eine ähnliche Situation lag in Frankreich vor, wo unter Philipp dem Schönen Goldmünzen an Bedeutung
gewannen.

Allmählich begannen auch die Regionen Europas, wo seit dem frühen Mittelalter fast
ausschließlich Silbermünzen geprägt wurden, mit der Prägung der Goldmünzen. Ungeachtet der gleichzeitigen Anwesenheit von Gold und Silber im Geldumlauf Europas wird
das monetäre System der Zeit nur bedingt als Bimetallismus bezeichnet, weil neben Gold
und Silber noch Kupfermünzen verbreitet eingesetzt wurden, weil der Tauschhandel immer noch eine große Rolle spielte und es keine freie Münzprägung gab. Dazu spielten
Gold und Silber in der Wirtschaft unterschiedliche Rollen.

3.5   Weitere Entwicklung des Kredits in Venedig und Florenz

Die vorhandenen Goldbestände in Westeuropa konnten die steigende Nachfrage nach Geld
nicht decken. Der wachsende Bedarf an Goldmünzen, die unter anderem zur Finanzierung
des kommerziellen internationalen Seehandels und der Kreuzzüge nötig waren, führte im
12. Jahrhundert in Westeuropa bei gleichzeitiger Goldknappheit zur lebhaften Entfaltung
der Kreditgeschäfte, zur Wucherei. Auf der einen Seite verringerte diese verstärkte Vergabe von Krediten und Kreditinstrumenten den Bedarf nach Gold als Geld, auf der anderen
Seite ermöglichte es, das Staatsmonopol auf Geldimmission zu umgehen. Die Ausbreitung der Wucherei führte zum umfangreichen Verstoß gegen das Zins-Wucher-Dogma
der Kirche in den christlichen Ländern und zum Dilemma für einerseits die Betreiber
des Wuchers und deren Kunden, andererseits für die duldende Kirche. Ungeachtet des
Verbots wucherten neben den Templern die italienischen Wechsler. Bereits im mittelalterlichen Byzanz hatte es Geldwechsler und Wucherer gegeben. Doch deren Tätigkeit war
unbeliebt und wurde teilweise verfolgt. Beispielsweise wurden im Jahr 567 italienische
Wucherer von Kaiserin Sophia vorgeladen. Mit einem einseitigen Dekret machte sie alle
Kreditverträge und Pfandgüter der Wucherer ungültig und erließ die durch den Wucher
entstandenen Schulden. Mit der Ausbreitung des italienischen Wuchers und des Kauf-
mannsstandes nach Byzanz wurden deren Handelsinteressen erheblich verletzt, und das
führte zum Verbot der italienischen Handels- und Finanztransaktionen in Byzanz am Ende des 12. Jahrhunderts. Der Konflikt verursachte 1204 den vierten und letzten Kreuzzug
von Venedig nach Konstantinopel, den Venedig mit Wucherern und Händlern finanziert

hatte. Aufgrund eines Vertrags zwischen dem Papst und dem venezianischen Dogen Enrico Dandolo (1192–1205) vom April 1201 stellte Venedig den Kreuzfahrern Schiffe zur Verfügung, erhielt dafür Garantien für die vollständige Befreiung von der Zollaufsicht und das Recht auf eigene Handelsniederlassungen in den byzantinischen Häfen sowie das Recht auf den zollfreien Handel. Nach der Eroberung Konstantinopels durch die Kreuzfahrer 1204 setzte der monetäre Niedergang des byzantinischen Reiches ein. Der goldene Solidus begann infolge der fortgesetzten Entwertungen des Staates rasant an Reinheit und Gewicht zu verlieren. Im Ergebnis wurden in Byzanz Mitte des 14. Jahrhunderts die Steuern nicht mehr mit dem Solidus, sondern mit venezianischen Golddukaten bezahlt. Zum endgültigen Untergang des byzantinischen Reiches kam es dann infolge der Eroberung Konstantinopels durch die Osmanen im Jahr 1453 n. Chr.

Im 13. Jahrhundert kam in Europa mit der Einführung von Wechseln eine neue Abwicklungsform für Geld- und Kreditgeschäfte auf. Neben den Templern verwendeten die Wechsler solche Papiere. Dabei stellten sie einen Schuldschein gegen Münzen aus, während die Geldzahlung auf diesen Wechsel bei einem weiteren Geldwechsler an einem anderen Ort und mit einer anderen Währung erfolgen konnte. Die praktische bargeldlose Geldüberweisung fand schnell Verbreitung in Europa. Ein Wechsel wurde gegen eine bestimmte Anzahl von Münzen oder gegen ein bestimmtes Metallgewicht ausgestellt. Dessen Wert war vom Wert der Edelmetalle, insbesondere der Münzen abhängig.

Im 12. und 13. Jahrhundert tauchten finanzwirtschaftliche Begriffe wie Bank (aus dem Italienischen *banca*, was jener Tisch bedeutete, auf dem mittelalterliche Geldwechsler ihre Münzen in Säcken und Gefäßen ausbreiteten), Banker (aus dem Italienischen *bancheri*) oder „Bankrott" (italienisch *banco rotto*, was wörtlich übersetzt „zerbrochener Tisch" bedeutet, weil der Tisch des Geldwechslers umgeworfen oder zerbrochen wurde, wenn der Wechsler das Vertrauen der Kunden missbrauchte) auf. Die Geldwechsler fingen an, italienische Kaufleute zu bedienen, insbesondere auf Jahrmärkten und Messen (z. B. in der französischen Region Champagne), indem sie ihnen Geld gegen Zinsen zur Verfügung stellten und Wechsel nutzten. Im 13. Jahrhundert sammelten sich die Edelmetalle bei den italienischen Wucherern an.

Bereits zu Beginn der Renaissance im 14. Jahrhundert, die bis zum Ende des 16. Jahrhunderts dauerte, wurde der größte Teil des europäischen Handels von den italienischen Handelsunternehmen abgewickelt, darunter waren die Peruzzi, Bardi, Alberti und Medici (Villani 1880). Dabei übernahmen venezianische und florentinische Wucherer-Banker die Rolle von Finanzagenten. Die Bankengeschichte Italiens beginnt im 13. Jahrhundert, als in Siena die große Bank Bonsignori gegründet wurde. Im Jahre 1462 wurde die Bank „Fondazione del Monte di Pietà di Perugina" gegründet, die heute ein Teil der Bank UniCredit ist. Bereits in der ersten Hälfte des 14. Jahrhunderts hatten Familienhandelsunternehmen der Florentiner Republik wie die Bardi, Acciaioli, Bonaccorsi, Cocchi, Peruzzi und andere gemeinsam mit den Banken das sogenannte „Goldene Netz" geschaffen. Zunächst nahmen sie Geld und Schmuck zur Aufbewahrung gegen mäßigen Zins an, indem sie das Zins-Wucherer-Dogma der Kirche geschickt umgingen. Der Fairness halber sei hier allerdings angemerkt, dass zu Beginn des 14. Jahrhunderts das kirchliche Wucherverbot mit der Trennung der Begriffe „legitimer Zins" und „zinslicher Überprofit des Wucherers" wesentlich gelockert worden war (Le Goff 1964). Es wurde nur die Eintreibung der zinslichen Überprofite verboten. Die Erhebung des Zinses stand nicht mehr unter Strafe. Es wurde deren Höchstgrenze festgelegt. In der Praxis war allerdings diese Grenze die kleinste Größe des real erhobenen Zinses, weil es für den Wucherer nicht profitabel war, Darlehen gegen Zinsen unter dem offiziellen Maximum zu vergeben. Darüber hinaus konnte das Zins-Wucherer-Dogma der Kirche dann umgangen werden, wenn ein zinsloser Kredit auf eine im Voraus überhöhte Geldsumme vergeben wurde. Dabei konnte der zinsliche Überprofit vom Schuldner in kaschierter Form an den Kreditgeber als eine Art Geschenk zurückgegeben werden.

Mit der Zeit erlaubte das weitverzweigte Netz florentinischer Handelsfinanzgesellschaften den Geldverleihern, beliebige Währungen in nahezu beliebigen Mengen zu verleihen. Dabei dehnten sie ihre Aktivitäten nicht nur auf viele Städte Italiens aus, sondern verbreiteten sich weit über die Grenzen hinaus. In die florentinischen Handelsfinanzgesellschaften investierten ihr Geld vor allem Barone, Prälaten, reiche Leute des Königreichs Neapel, Frankreichs und Englands (Villani 1880), mit dem sie fast alle europäischen Monarchen, insbesondere die französischen und die des Heiligen Römischen Reiches sowie den Papst finanzierten.

Nach den Morden an zwei Päpsten in Rom beschloss deren Nachfolger Clemens V. (1316–1334) 1305, die päpstliche Residenz von Rom in seine Heimat nach Frankreich, nach Avignon, zu verlegen, wo die Päpstliche Kurie in den nachfolgenden 73 Jahren sicher bestehen sollte. In Avignon wurde mit dem Aufbau einer neuen päpstlichen Residenz begonnen, des Päpstlichen Palastes, für dessen Errichtung der größte Teil der Einnahmen des Papstes verwendet wurde. Auf der Suche nach weiteren Finanzierungsmöglichkeiten begann Papst Johannes XII. verstärkt damit, die Kirchensteuer, den Kirchenzehnt, in Münzen einzutreiben, was sich angesichts der herrschenden Münzknappheit als wirkungslos entpuppte. Außerdem verzögerten Klöster und Bischöfe ihre Zahlungen regelmäßig und untergruben die Zahlungsfähigkeit der Päpstlichen Kurie. Angesichts der angeschlagenen Finanzlage musste die römisch-katholische Kirche nach zusätzlichen Geldmitteln Ausschau halten und wurde bei den florentinischen Handelsfinanzunternehmen fündig. Sie gewährten dem Papst die benötigten Geldmittel im Austausch gegen das Recht, den Kirchenzehnt in einigen Gebieten selbst eintreiben und zehn Prozent Marge vom Papst erhalten zu dürfen. Zu diesem Zweck wurden in der Residenz des Papstes Niederlassungen der Sienesischen Bank und der florentinischen Handelsfinanzgesellschaften Uzzano, Peruzzi und Bardi eröffnet. Während der Kooperation mit der Päpstlichen Kurie erhielten die italienischen Wucherer das exklusive Recht, das Zins-Wucherer-Dogma zu verletzen. Das Unternehmen Bardi hatte z. B. ein spezielles Konto, das sogenannte Konto des Herrn (*il conto di Messer Domeneddio*) eingerichtet (Zöller 1993, S. 107), das für die päpstlichen Beamten vorgesehen war und dem jährlich etwa 5000–8000 Florine zuflossen. Ein Teil dieses Betrages war für das Abhalten einer Messe zur Vergebung des Wuchers bestimmt. Auf diese Weise büßte das Unternehmen mit Hilfe großzügiger Beiträge an die Institute der katholischen Kirche für den begangenen Wucher. Die Zusammenarbeit mit dem Heiligen Stuhl gab den Handelsfinanzunternehmen die Möglichkeit, den europäischen Feudalherren Kredite zu gewähren. Andererseits erleichterte die Nähe zur Kirche das Eintreiben der Schulden. Falls sich der Schuldner weigerte, seine Schulden zu zahlen, schickte das Unternehmen einen Boten zum Papst nach Avignon, um von diesem eine sogenannte Bannbulle zu erhalten und um den Schuldner zu bestrafen. Die Angst der Schuldner vor dem Kirchenbann garantierte die Rückzahlung der Kredite. Einmal exkommunizierte Papst Johannes XXII. (1316–1334) einen Mönchsorden, den Orden der Johanniter von Jerusalem, der dem Unternehmen Bardi 133.000 Florine schuldig geblieben war.

Im Jahr 1311 benötigte der englische König Edward II. Geldmittel zur Errichtung von Westminster und zur Bekämpfung der Opposition. Roger Mortimer of Wigmore hatte Ansprüche auf den Thron angemeldet und zum Krieg gegen Schottland aufgerufen. Dabei fungierten die florentinischen Unternehmen direkt als bevollmächtigte Agenten von Papst Johannes XXII. am Hof. Nachdem der englische Monarch einen Kredit in Höhe von 2800 Pfund Sterling bei den Kredithäusern Bardi, Peruzzi und Acciaioli aufgenommen hatte, schaffte er die Höchstaufenthaltsfrist von 40 Tagen für Ausländer und die Aufbewahrungspflicht für ausländische Waren in englischen Lagerräumen ab. Als Edward II. den Krieg gegen Schottland verlor, wurden Kontributionsauszahlungen an die Kriegsgewinner von den italienischen Handelsfinanzunternehmen übernommen. Außerdem griffen die Florentiner aktiv mit der Absicht in das politische Leben Großbritanniens ein, ihre Aktivitäten im Land zu sichern und auszubauen, indem sie nicht nur den Monarchen finanzierten, sondern auch seine Opposition unter der Führung von Roger Mortimer of Wigmore. Im Endeffekt wurde Edward II. im Jahre 1327 mithilfe der finanziellen Unterstützung der florentinischen Unternehmen von Mortimer gestürzt und gezwungen, seinen jungen Sohn Edward III. (1313–1377) als Nachfolger zu inthronisieren. Bereits in den ersten Jahren der Herrschaft von Edward III. wuchsen die Schulden der englischen Krone auf 1,7 Mio. goldener Florentiner an. Dank der Kredite konnte England nicht nur den Krieg gegen Schottland fortsetzen, sondern auch den 100-jährigen Krieg (1337–1453) gegen Frankreich entfesseln. Die hohen Kriegskosten Englands sowie der Abfluss wichtiger britischer Münzen zum europäischen Festland verursachten eine weitere Entwertung der englischen Münzen durch die Reduzierung ihres Gewichts und wegen der Herabsetzung der Prägegüte.

Als Gegenleistung für die Kredite berechtigte der englische Monarch die Unternehmen Bardi und Peruzzi, eigene Steuern und Zollgebühren auf dem Gebiet Englands zu erheben und auf diese Weise die Rolle eines Staatsagenten einzunehmen. Im Jahr 1314 wurde den Unternehmen erlaubt, in ganz England zu handeln. Vier Jahre später konnten sie ihre Repräsentanten für öffentliche Ämter vorschlagen. Unter der Herrschaft von Eduard I. (1291–1310) hatten sich Bardi und Peruzzi um umfangreiche Rechte im englischen Wollhandel bemüht, da zu dieser Zeit englische und spanische Wolle als Fertigungsgrundlage von Textilien und als wichtigstes Exportgut gefragt war und als strategischer Rohstoff galt. Im Jahr 1324 schließlich verschafften sich die beiden Unternehmen Bardi und Peruzzi das Recht auf den Wolleinkauf in England, den Wollexport, und sie wurden zu Monopolisten

auf dem englischen Wollmarkt (Hunt 2002, S. 40). Florentinische Unternehmen nutzten
die Kredite, um die Kontrolle über strategische Ressourcen wie Wolle, Getreide und Web-
stoffe zu bekommen (Hunt 2002, S. 44, 47, 244). Weil italienische Gesellschaften den
Gewinn an sich gerissen und damit den Herstellern keine Chance gelassen hatten, über-
schüssige Geldmittel in die Produktion zu reinvestieren, begannen ihre Aktivitäten, die
Warenproduktion zu gefährden und in der Folge die Wirtschaft Europas. Nach und nach
gerieten Länder wie England, Frankreich und Italien in die Schuldenknechtschaft der florentinischen Wucherer und Handelsgesellschaften. Unter anderem kontrollierten sie die
Steuereintreibung, den Zoll und die Rohstoffmärkte. Zur Deckung der Schulden mussten
Staaten den Unternehmen und Wucherern immer mehr Vorrechte gewähren. So gelang
es den florentinischen Handels- und Finanzgesellschaften mittels Krediten, nicht nur den
Reichtum Englands und anderer europäischer Länder in die Hände zu kriegen, sondern
auch die Verwaltung ihrer Finanzen.

Die finanzielle Lage des Unternehmens Peruzzi hatte sich seit 1330 wegen hoher Verluste bei den Kreditgeschäften verschlechtert. Sie verschlimmerte sich, weil nach dem
Ausbruch des Hundertjährigen Krieges zwischen England und Frankreich und wegen des
Geldmittelmangels für die Reinvestierung in den Binnenmarkt die Wolllieferungen aus
England eingestellt wurden, weshalb die Textilfertigung nicht nur in Frankreich, sondern
in ganz Europa ernsthaft betroffen war. Ab 1340 überlebten „die Großbanken des Unternehmens nur deswegen, weil niemand wusste, wie schlimm die Dinge waren" (Hunt 2002,
S. 184–243). Darüber hinaus wurde die Situation mit faulen Krediten durch die Unfähigkeit und Unwilligkeit des britischen Monarchen Edward III. erschwert, seine Schulden in
Höhe von 15.000–20.000 Pfund Sterling zu begleichen und die Zinsen zu tilgen. Unter
den Schuldnern des Unternehmens, die nicht in der Lage waren zurückzuzahlen, befand
sich auch die Stadt Florenz, deren Schulden um mindestens 35 % höher waren als die von
Edward III. Der mit den ausbleibenden Rückzahlungen verbundene Druck auf die florentinischen Handels- und Finanzgesellschaften hatte den Bankrott des gesamten Goldenen
Netzwerkes 1345 zur Folge. Und angesichts des Umfangs und der geografischen Breite, über die sich die Finanztransaktionen der florentinischen Handels- und Finanzhäuser
erstreckte, verursachte ihre Finanzinsolvenz eine schwere langjährige Krise, die später
als Globalisierungskrise des Mittelalters bezeichnet wurde (Gallagher 1995, S. 23–30).
Dabei erlebte die Weltwirtschaft jener Zeit eine derartige Rezession, dass „für Florenz
und für die ganze christliche Welt die Verluste vom Bankrott von Bardi und Peruzzi sogar noch schlimmer waren als von allen Kriegen der Vergangenheit insgesamt". Als im
Jahre 1345 die größten florentinischen Bankhäuser Bardi und Peruzzi zusammenbrachen,
„verschwand das ganze Geld auf einmal über eine Nacht, sodass alle, die ihre Gelder in
Florenz hielten, diese verloren, und außerhalb der Republik herrschten Hunger und Angst"
(Villani 1880).

Während sich die Aktivitäten der florentinischen Handels- und Finanzgesellschaften
hauptsächlich auf die Länder Westeuropas beschränkten, breitete sich der Einfluss vene-
zianischer Gesellschaften, die auch „im venezianischen Mittelmeerraum schwimmende
Haie" genannt wurden, auf Eurasien und Teile Afrikas aus (Gallagher 1995, S. 32). In-

sofern war der Gewinn der Venezianer deutlich höher als der der Florentiner. Zum Beispiel betrug 1335 die Jahresrendite des florentinischen Handelshauses Peruzzi nur 8–10 %
(Hunt 2002, S. 12, 201, 180, 157), während sie bei den venezianischen Handels- und Fi-
nanzunternehmen meist über 10 % lag. Die venezianischen Kreditgeber machten alle von
ihren Krediten abhängig und gewannen dadurch stetig Einnahmequellen und Monopole,
was die Wirtschaft ganzer Staaten untergrub und sie faktisch deren Souveränität beraubte.
Darüber hinaus kontrollierten vermutlich die venezianischen Handels- und Finanzgesellschaften in der Zeit von 1275–1350 die florentinische „Finanzblase", und dementspre-
chend hätten sie theoretisch ihren Zusammenbruch nach 1340 initiieren können (Lane
und Mueller 1985).

3.6   Das Geld als Kapital, erste Börsen und Spekulationen

Die große und breite Nachfrage nach Krediten in Europa seitens der kleinen Produzenten,
des Adels und der Könige beim gleichzeitig begrenzten Bargeldangebot verursachte den
hohen Kreditsatz bei den Wucherern. Im 12. bis 14. Jahrhundert war der Zinssatz hoch,
besonders in den ärmeren Staaten, während er in den wichtigen Handelsmetropolen der
Zeit niedriger war. So vergab Italien Kredite bis zu 50 % p. a. an die erfolgreichen niederländischen Städte und riskante Kredite bis zu 100 % p. a. an schwächere Kreditnehmer.
In England war der Zinssatz für langfristige Darlehen mit mehr als 43 % p. a. und für
Kredite mit geringen Sicherheiten 80–120 % pro Jahr hoch. So hohe Zinsen führten im
13. Jahrhundert in einigen Staaten zur Festlegung staatlicher Oberschranken. Im italie-
nischen Modena z. B. wurde der maximale Zinssatz auf 20 % festgelegt, in Mailand und
Genua auf 15 % und in Verona auf 12,5 %. Sizilien beschränkte den Zinssatz auf 10 %,
England auf 43,33 %. Im deutschen Teil des Heiligen Römischen Reiches, wo der offizielle Zinssatz im 14. Jahrhundert nicht den Wert von 21–43 % p. a. überschreiten sollte,
erreichte er in der Praxis oft Werte von 100–200 %. Im Jahr 1348 erhoben die Wucherer in
Lindau Zinssätze von 216 % p. a. auf Darlehen. Insgesamt blieben die Zinssätze in Europa
trotz aller Einschränkungen nach wie vor hoch und wichen in den verschiedenen Ländern
voneinander stark ab.

Als am riskantesten galten Kredite an europäische Monarchen. So wurde im 13. Jahrhundert König Friedrich II. ein Kredit für 30–40 % p. a. gewährt. Nach dem Zusammenbruch des florentinischen Goldnetzwerks wurden Kredite an Monarchen, vor allem an die
französischen und englischen Herrscher, als noch riskanter eingestuft, sodass die Kreditangebote mit hohen Zinssätzen ausgestattet wurden. Zum Beispiel wurde Charles VIII.,
König von Frankreich, zur Finanzierung seiner militärischen Intervention in Italien vom
genuesischen Bankhaus Sauli ein Kredit für 42–100 % Zinsen pro Jahr eingeräumt.

Neben dem Aufstieg der Kreditwirtschaft, der bis 1320 andauerte, erschienen zu Beginn des 14. Jahrhunderts die ersten Anzeichen einer wirtschaftlichen Stagnation, verbunden mit der wachsenden sozialen Kluft in der Gesellschaft. Das 14. Jahrhundert wurde
für Europa zum Jahrhundert von Naturkatastrophen, der Seuchen, des wirtschaftlichen

Stillstands und längerer militärischer Konflikte. Wegen der Unwetter traten in Europa zwischen 1314 und 1316 verheerende Ernteausfälle auf, die den Anstieg der Nahrungsmittelpreise und Hungersnöte zur Folge hatten. Darüber hinaus wurde Europa ab 1347 von der Pest heimgesucht, wohl als Folge der Belagerung der genuesischen Kolonie Kaffa auf der Krim (heute Feodossija) durch die mongolisch-tatarische Goldene Horde (Tuchman 1978, S. 41). Im Zuge der Pestepidemie verringerte sich die Bevölkerungszahl Europas um die Hälfte, auf dem euroasiatischen Kontinent um ein Drittel. Die ursprüngliche Bevölkerungszahl Europas war erst nach 200 Jahren wieder hergestellt.

Trotz all dieser Katastrophen hatte sich in der zweiten Hälfte des 14. Jahrhunderts der Konsum von Luxusgütern und Edelmetallen in der Bevölkerung erhöht. Da aber gleichzeitig nicht genügend Edelmetall vorhanden war, mussten einige europäische Münzämter die Prägung einstellen. Darüber hinaus veranlasste der Edelmetallmangel einige Länder dazu, Gesetze zu verabschieden, die die Ausfuhr von Gold und Silber verboten und den Verbrauch von Edelmetallen durch die Bevölkerung beschränkten und regulierten (Sumptuar-Gesetze). In der Praxis wurde diesen Gesetzen allerdings kaum entsprochen, sodass Zahlungen von Reparationen und Lösegeld für Kriegsgefangene die wichtigste Goldquelle in den europäischen Staaten im 14. Jahrhundert bildeten. Im darauffolgenden Jahrhundert verstärkte sich das Golddefizit weiter, sodass es zum enormen Goldhunger kam (Day 1978). In Europa verringerte sich der Goldbestand im Zeitraum von 1340–1460 um die Hälfte (Day 1978, S. 60). Dabei betrug die jährliche Goldförderung dort im Jahr 1400 etwa vier Tonnen Gold (Kindleberger 1993, S. 24), von denen alleine eine Tonne in Form von Golddukaten von Venedig ausgeführt wurde (Day 1978, S. 9).

Die Knappheit verursachte wiederum die deutliche Reduzierung der Münzprägung, z. B. in England oder sogar deren komplette Aussetzung wie in Flandern. Das beflügelte den Tauschhandel auf dem Binnenmarkt, wobei als Austauschäquivalente seltene Rohstoffe wie Pfeffer auftraten. Der anhaltende Münzgeldmangel trug außerdem zu weitverbreiteten Einsparungen bei, was im 15. Jahrhundert zu Preissenkungen in ganz Europa führte (England, Italien, burgundische Niederlande, Bistum Lüttich, freie Reichsstadt Frankfurt und die Krone Aragonien) (Vilar 1976, S. 45; Fischer 1996, S. 51). Gleichzeitig löste die hohe Nachfrage nach Gold den Goldpreis- und dessen Kaufkraftanstieg aus. Unter diesen Bedingungen, d. h. bei niedrigen Konsumgüterpreisen und gleichzeitig hohem Goldwert, wurde Gold zur Sonderware. Für eine kleine Metallmenge konnte man sich eine große Menge an Konsumgütern leisten.

Das Edelmetalldefizit förderte wiederum die Weiterentwicklung der Papierformen des Geldumlaufs und des Kredits. Daher kam es im 15. Jahrhundert zur stärkeren Entwicklung des Wuchers. Im selben Jahrhunderts hatte sich Florenz den Status der Finanzmetropole Europas zurückerobert, begleitet durch den Aufstieg des mächtigen florentinischen Bankhauses Medici, das Niederlassungen in Europa, Nordafrika und im Libanon unterhielt und über 300 Jahre lang die Geschicke Europas mitbestimmte, weil Familienmitglieder geschickt in französische und österreichische Königsfamilien eingeheiratet hatten. Die Blütezeit von Florenz verbindet man mit Cosimo de' Medici (1389–1464), dem ältesten Sohn des Dynastiegründers Giovanni di Bicci de' Medici (1360–1429). Darüber hinaus sorgten die Medici durch die Bestechung der Kardinale für die Wahl ihrer Angehörigen ins Papstamt, so für Leo XI. im April 1605, Pius IV., Clemens VII. und Leo X. von 1513–1521, den zweiten Sohn des Bankiers Lorenzo de' Medici, des Prächtigen. Es ist kein Zufall, dass die Reformation in Deutschland, angeführt von Martin Luther, genau in das Pontifikat von Leo X. fiel, weil sich Luther auch gegen die Machtfülle, Vetternwirtschaft und Bereicherung innerhalb des katholischen Klerus wehrte.

Im 15. Jahrhundert wurden in Italien die Zinssätze im Allgemeinen und in Florenz im Besonderen auf maximal 20 % p. a. beschränkt. Ab 1462 fiel der vorgeschriebene maximale jährliche Zinssatz für Darlehen zunächst offiziell auf 10–12 % und später auf 5–8 %. In der Praxis der Geldverleiher blieb der Zinssatz weiterhin hoch, er lag zwischen 32,5 und 43,5 %.

Hohe Zinssätze bei den Wucherern, Handels- und Finanzgesellschaften sowie das Fehlen eines einheitlichen Steuersystems erschwerten dem Staat das Auffüllen der Staatskassen im nötigen Umfang. Zu diesem Zweck wurden in Italien sogenannte Lombardkassen eingerichtet. Sie spezialisierten sich auf Vergabe von Lombardkrediten. Die Praxis solcher Kredite kam aus Norditalien, genauer aus der namensgebenden Lombardei, dessen Hauptstadt Mailand war. Die Idee hinter den Lombardkrediten geht auf den Franziskanermönch Monte de Pietà zurück und wurde von seinen Nachfolgern, den Mönchen Barnaba da Terni aus Perugia und Bernardino da Feltre aus Feltre übernommen. Sie traten gegen den Wucher auf und richteten Pfandhäuser „zur Unterstützung der Armen und deren Befreiung aus den Klauen des Wuchers" ein. Aus diesem Grund wurden diese Pfandhäuser auch „Monte di Pietà", Berge der Barmherzigkeit, genannt. Die Idee bestand darin, Darlehen gegen sogenannte Spendeneinlagen, also Pfandeinlagen zu gewähren, z. B. in Form von Landverpfändungen ohne jegliche Sicherung. Tatsächlich wurde der Zins in den Pfandhäusern verschleiert, indem er beispielsweise als Beitrag für den Gehalt von Pfandhausbediensteten ausgewiesen wurde, und letztendlich waren diese kaschierten Beiträge ähnlich hoch wie bei den Wucherern. Sie lagen bei mindestens fünf Prozent pro Monat, also bei knapp 71 % im Jahr (Emich 2005, S. 386).

Erste Lombardkassen wurden am 2. April 1462 im mittelitalienischen Perugia gegründet. 1463 entstanden Pfandhäuser ebenfalls in Orvieto und in Gubbio, und bis 1512 waren sie in 87 italienischen Städten vertreten. Ursprünglich stand die Eröffnung des Lombardgeschäfts unter der Schirmherrschaft der Päpstlichen Kurie. Auf Vorschlag von Bernardino da Feltre wurde 1487 in Florenz die Gründung einer Lombardbank beschlossen. Doch die Wucherer ließen Lorenzo de' Medici seine Entscheidung revidieren. Nach einem zweiten Versuch, ein Pfandhaus zu etablieren, wurde Bernardino da Feltre schließlich von Piero de' Medici aus Florenz ausgewiesen. Der Bußprediger Girolamo Savonarola wollte die Lombardbank ebenfalls ins Leben rufen. Später wurde er auf Befehl von Papst Alexander VI. Borgia auch wegen anderer Verfehlungen und Verdächtigungen hingerichtet. Die Idee der Lombardkredite fand keine weitere Verbreitung.

Zu Beginn des 16. Jahrhunderts waren die europäischen Währungssysteme recht kompliziert und bestanden aus Tauschhandel, unterschiedlichem Metall-, Papier- und Kreditgeld (Wechseln), die meist von Banken Italiens und Hollands ausgestellt wurden. Wechsel

kamen immer öfter ins Spiel. Die anschließende Volumenerhöhung von Wechselgeschäf-
ten verlangte die gesetzliche Legitimierung der bestehenden Geschäftspraktiken, die 1569
erfolgte: durch die Annahme des ersten Wechselstatuts in Bologna. Außerdem erschienen
mit privaten Kreditverpflichtungswechseln neue Formen der Kreditaufnahme, insbesondere die spanischen Asientos und französischen Grand Parti (Bernstein 2012, S. 149).

Insgesamt hatte die Entwicklung der Kreditmittel im Geldumlauf die Natur des Geldes
wesentlich verändert. Der verstärkte Einsatz von Kreditgeldformen entwertete die Silbermünzen, sodass sie immer mehr zu Wertzeichen, also zu rein fiktivem Geld, wurden. Weil
die Prägung der Münzen nur vom Staat vorgenommen wurde, übernahmen die privaten
Bankwucherer die Ausstellung von Kreditgeld in Form von Schuldverpflichtungen. Während der Münze ein Metall mit einem bestimmten Wert zugrunde lag, besaß das Kreditgeld
fast keinen materiellen Wert. Darüber hinaus führte die zunehmende Verwendung von
Kreditgeld dazu, dass die Geldmenge im Umlauf nicht nur von der Metallmenge abhängig war, sondern ebenso vom Kreditvolumen. So verlor allmählich der Staat die Kontrolle
über die Produktion des Geldes für den Umlauf. Nach und nach drangen die Ideen des Wuchers, der den äquivalenten Austausch verletzte, in das soziale und wirtschaftliche Leben
Europas ein. Mit dem Wucher wurden Fertigungstätigkeiten und der Handel zweitrangig.

Im 16. Jahrhundert wurde die rentable Platzierung von Geld, also dessen Umwandlung
zu Kapital, zur Norm. Außerdem kam es im Jahr 1545 zum endgültigen Bruch mit dem
christlichen Zins-Wucherer-Dogma wegen des Briefes von Calvin über den Wucher, in
dem der Zins faktisch gerechtfertigt wurde: „Der Herr verbot nicht den Prozentsatz, wenn
er mäßig war und nicht mit den wohltätigen Zwecken im Widerspruch stand, sonst müss-
ten alle Geschäfte aufgegeben werden." Anschließend wurden die Stichhaltigkeit und die
Gültigkeit der Existenz von Wucheraktivitäten wissenschaftlich begründet in den Arbeiten
von Locke („Überlegungen über die Auswirkungen der Senkung der Zinsen auf das Geld-
kapital" aus dem Jahr 1691) und Bentham („In Defense of Growth"). Die Entwicklung
der Kreditbeziehungen hatte zur Entstehung und zum Aufstieg der neuen sozialen Klasse
geführt, vertreten durch die Wucherer (Le Goff 1989). Die stellten Schuldscheine aus, erhoben hohe Zinsen und erhielten die verpfändeten Liegenschaften bei Nichtrückzahlung
der Schulden (Onken 2000).

Zu Beginn des 16. Jahrhunderts wurde der Kredit nicht effizient genutzt. Er trug nicht
zum Wachstum der Produktion bei, sondern verursachte oft deren Rückgang. Darlehen
wurden in der Regel unter Verpfändung von Land ausgestellt, wodurch der Kreditnehmer
häufig in eine Schuldenfalle geriet. Am Ende des 16. Jahrhunderts wurden in England
Kredite, die die Großgrundbesitzer erhielten, in erster Linie für den Kauf von Luxusgütern
verbraucht und viel schneller ausgegeben als für den Gewinn von Landbesitzungen. Der
gesamte Wirtschaftskreislauf ordnete sich unter. Am Ende des Mittelalters widerstanden
die Staaten nicht mehr den Kreditformen und regulierten nur die Zinshöhen. In England
des Jahres 1545 lag der höchste erlaubte Zinssatz bei zehn Prozent, 1624 bei acht Prozent
und 1652 bei sechs Prozent. In den Niederlanden betrug 1640 der maximale Zinssatz fünf
Prozent und 1601 in Frankreich sechs Prozent. In Russland wurde er erst 1754 eingeführt
und auf sechs Prozent gedeckt.

Im Laufe der Zeit erreichten die Formen der Kreditgeschäfte einen beachtlichen Entwicklungsgrad, was nicht zuletzt durch die Veranstaltung als Jahrmärkte bzw. Messen zu erklären war. Die Entstehung der Jahrmärkte bzw. Messen in einem Land wurde durch deren außenpolitische und wirtschaftliche Lagen bestimmt sowie durch den Schirmherrschaftsgrad der Monarchen und die Präferenzen für Ausländer. Im 15. Jahrhundert befanden sich die beliebtesten Jahrmärkte in der französischen Champagne, in Antwerpen und Genf. Später wurde die Genfer Messe vom französischen König zunächst nach Lyon übertragen und dann nach Besançon in Ostfrankreich, wo sie von 1568–1635 stattfand, dann hauptsächlich in der italienischen Piacenza gehalten, wobei sie den Namen der Stadt Besançon als „fiere di Bisenzone" beibehalten hatte. Zusätzlich zu den Händlern waren auf Messen Wechsler tätig, die neben dem Austausch unterschiedlicher Fremdmünzenarten auch die Kreditvergabe auf Empfang, den Wechsel, praktizierten (Boyer-Xambeu et al. 1994, S. 3–16, 104–129). Vom 17. Jahrhundert an bekam der Kredit durch die Entstehung des sogenannten „trassierten (gezogenen) Wechsels", die Tratte, eine weitere Verbreitung, denn es wurde nun zulässig, den Wechsel an Dritte weiterzugeben. So wurde es möglich, Schulden mit dem Indossament (it. *indosso* = auf der Rückseite) mit schriftlicher Anweisung der Wechselinhaber auf andere zu übertragen.

Wechsel ermöglichten bargeldlose Geschäfte und den Warenaustausch, was ihn zum vollwertigen Zahlungsmittel werden ließ. Darüber hinaus ließ die Verwendung des gezogenen Wechsels die Beschränkungen der Länder auf die Ausfuhr von Edelmetallen ins Ausland umgehen. Oft erforderten Unstimmigkeiten zwischen dem Wert eines Warengeschäfts und dem Wert des Wechsels einen Ausgleich mit gegenseitigen Verpflichtungen. Deshalb begannen die Wucherer neben dem Münzaustausch, der Wechselvergabe und deren Bezahlung, Wechsel untereinander auszutauschen. Zu diesem Zweck kamen sie auf den Messen zusammen, die zum Hauptsekundärmarkt der Tratten wurden. Während des 15. und 16. Jahrhunderts wurde der bedeutende Teil des europäischen Handels auf den sogenannten Stadtwechselmärkten bzw. Wechselmessen abgewickelt. So dienten die Messen der Zentralisierung nicht nur der Handels-, sondern auch der Geldkreditgeschäfte.

Ursprünglich wurden Handels- und Finanzgeschäfte von den Vertretern der italienischen Handelsstädte Florenz, Genua, Mailand etc. getätigt, was im 15. und 16. Jahrhundert das Entstehen der ersten großen italienischen Banken auslöste. Der Ausbau der Handelswechselmessen ließ das Vermittlergeschäft entstehen. Das Vermittlergeschäft mit Maklern war im 15. Jahrhundert in Frankreich entstanden, wo Vermittler Laufende (*courtier*) hießen (Lisovskij 1978, S. 10–11). Ihre Aufgabe lag darin, Informationen zu sammeln: über Marktpreisschwankungen, über außenpolitische Situationen im Land und in der Welt, über die Ankunft von Schiffen mit Waren usw. (Vipper et al. 1995, S. 16–19, 60–61). Später, im 17. und 18. Jahrhundert, war ihr Status gesetzlich festgelegt, unter anderem in England und im Heiligen Römischen Reich.

Wegen der europäischen Jahrmärkte kam es in der zweiten Hälfte des 16. Jahrhunderts zur Entstehung der ersten Börsen (lat. *bursa,* Ledertasche, Geldsäckchen), wo zunächst Kauf-Verkauf-Geschäfte von Waren abgeschlossen wurden, die gefragt waren: unter anderem Getreide, Zucker und Pelze. Die erste Börse wurde in Antwerpen organisiert, weitere folgten 1531 in Toulouse und 1549 in Lyon, in Rouen und London 1556, in Hamburg 1558, in Amsterdam 1586, in Lübeck 1605 und in Bremen 1613. Im 16. Jahrhundert entstanden Warenbörsen in Frankfurt am Main, in Nowgorod und Moskau (Lisovskij 1978, S. 3, 49). Dabei kamen die Händler anfangs in einer der Stadtstraßen oder auf einem der Plätze zusammen, z. B. in London oder in Hamburg, später wurden für diesen Handel extra Gebäude errichtet. So wurde z. B. das Gebäude der Börse in London, genannt Royal Exchange, 1564 errichtet (Lisovskij 1978, S. 37). Wie einst auf den Jahrmärkten wurden neben den Handelsgeschäften auf den Börsen auch Darlehen gewährt und Geschäfte mit Wertpapieren durch Wechsel abgewickelt (Lisovskij 1978, S. 13). Allerdings bestand der Unterschied zwischen Jahrmärkten und Börsen darin, dass an den Börsen die Waren nur als Muster präsentiert wurden, nach der Besichtigung Kauf-Verkauf-Geschäfte zustande kamen. Dazu wurden Geschäfte täglich durchgeführt. Sehr bald verbreiteten sich an den Börsen Finanzgeschäfte, die als Wetten auf den Ausgang von Ereignissen außenpolitischen oder kommerziellen Charakters galten, genannt Spekulationen. Später wurden solche Spekulationen mit Staatsanleihen in Antwerpen und Lyon abgewickelt (Djivilegov 1910, S. 55–75). Dabei unterschied sich Antwerpen unter allen Jahrmärkten und Börsen durch ein hohes Maß an Liberalität.

Literatur

Bernstein, P. L. (2012). *The power of gold: the history of an obsession* (S. 140–141, 149). New York: John Wiley & Sons.

Boyer-Xambeu, M. T., Deleplace, G., & Gillard, L. (1994). *Private money & public currencies: the 16th century challenge* (S. 3–16, 104–129). New York, London: ME Sharpe.

Day, J. (1978). The great bullion famine of the fifteenth century. *Past & Present*, 79(9), 60.

Djivilegov, A. (1910). *Pervie birži i revolutija zen. Kniga dlja čtenia po istorii novogo vremeni [First exchanges and price revolution. A book for reading on the history of modern times]*. Bd. 1 (S. 55–75). Moscow: Iztatelstvo Sitina.

Emich, B. (2005). *Territoriale Integration der frühen Neuzeit: Ferrara und der Kirchenstaat* (S. 386). Köln, Weimar, Wien: Böhlau.

Emmerich, A. (1965). *Sweat of the sun and tears of the moon: Gold and silver in Pre-Columbian art* (S. 43, 48). Seattle: University of Washington Press.

Feavearyear, A. E. (1963). *The pound sterling* (S. 51–52). Oxford: Clarendon Press.

Fischer, D. H. (1996). *The great wave: price revolutions and the rhythm of history* (S. 51). New York: Oxford University Press.

Gallagher, P. B. (1995). How Venice rigged the first, and worst global financial collapse. Resource document. The Schiller Institut. Fidelio, Volume 4, Number 4:23–30,32. http://schillerinstitute.org/fidelio_archive/1995/fidv04n04-1995Wi/fidv04n04-1995Wi_027-how_venice_rigged_the_first_and.pdf. Zugegriffen: 14. Dez. 2017.

Le Goff, J. (1964). *La civilisation de l'Occident médiéval*. Paris: Arthaud.

Le Goff, J. (1989). *Kaufleute und Bankiers im Mittelalter*. New York, Frankfurt.: Campus.

Hunt, E. S. (2002). *The medieval super-companies: a study of the Peruzzi Company of Florence* (S. 12, 40, 44, 47, 157, 180, 201, 184–243, 244). Cambridge: Cambridge University Press.

Kindleberger, C. P. (1993). *A financial history of Western Europe* (S. 24). New York: Oxford University Press.

Kulischer, J. (1928). *Allgemeine Wirtschaftsgeschichte des Mittelalters und der Neuzeit*. Bd. 2 (S. 329). München, Berlin: Duncker & Humblot.

Lane, F. C., & Müller, R. C. (1985). *Money and banking in medieval and Renaissance Venice*. Bd. 1. Baltimore: Johns Hopkins University Press.

Lisovskij, V. I. (1978). *Fondovye birži kapitalističeskich stran [Stock exchanges of capitalist countries]* (S. 3, 10–11, 13, 37, 49). Moscow: Finansy.

Onken, W. (Hrsg.). (2000). *Gesell S.: Gesammelte Werke*. Bd. 1–18. Fachverlag für Sozialökonomie. https://www.google.de/url?sa=t&rct=j&q=&esrc=s&source=books&cd=1& ved=0ahUKEwi9k6SxwIrYAhVlG5oKHVTmDFYQFggnMAA&url=https%3A%2F %2Fmonoskop.org%2Fimages%2F8%2F82%2FLeGoff_Jacques_Kaufleute_und_Bankiers_ im_Mittelalter_1993.pdf&usg=AOvVaw3pS0wVJyZMsOUcrIyn896B. Zugegriffen: 14. Dezember 2017

Tuchman, B. W. (1978). *A distant mirror: the calamitous 14th century* (S. 41). New York: Knopf.

Turk, J., & Rubino, J. (2005). *Der Kollaps des Dollars: der Untergang einer Weltwährung* (S. 26). München: FinanzBuch Verlag.

Vilar, P. (1976). *A history of gold and money, 1450–1920* (S. 45). London: New Left Books.

Villani, G. (1880). *La cronica*. Torino: Tipografia e Libreria Salesiana.

Vipper, R. J., Reversov, I. P., & Trachevskii, A. S. (1995). *Istoria novogo vremeni [The history of modern times]* (S. 16–19, 60–61). Moscow: Respublika.

Zöller, S. (1993). *Kaiser, Kaufmann und die Macht des Geldes. Gerhard Unmaze von Köln als Finanzier der Reichspolitik und der Gute Gerhard des Rudolf von Ems* (S. 107). München: Wilhelm Fink Verlag.

Der Übergang vom nationalen zum internationalen Goldstandard in der Neuzeit

4

4.1 Die Intensivierung der Münzprägung in Europa infolge des Edelmetallzuflusses

Gegenüber allen Regionen Europas entwickelten sich im 15. Jahrhundert nicht nur Italien (Venedig und Florenz) am intensivsten, sondern auch Portugal, das sich 1479 mit Spanien vereinte. Das 15. Jahrhundert war ein Jahrhundert der großen geografischen Entdeckungen. Noch zu Beginn des 14. Jahrhunderts gelangte Portugal durch Venedig und Genua in den Besitz einer eigenen Flotte, wodurch es am Ende des 14. Jahrhunderts zur starken europäischen Macht wurde. Zu Beginn des 15. Jahrhunderts begannen die Portugiesen mit der Erschließung Afrikas, wo sie 1415 die mauretanische Stadt Ceuta unter ihre Kontrolle stellten, die an der Küste Nordafrikas lag und als Haupthafen des Mittelmeerraumes galt. Über Ceuta beförderten arabische Händler Waren aus Afrika und Asien nach Europa, darunter afrikanisches Gold aus Westafrika, durch die Sahara gebracht. Die Eroberung der marokkanischen Städte durch die Portugiesen förderte den Zufluss seltener Waren (Indigo, Zucker und Sklaven) nach Portugal. Auf der Suche nach der afrikanischen Goldquelle, genannt Goldfluss (Rio d'Oro), erkundeten sie die Küste Westafrikas, manchmal auch im Inneren des Kontinents. Während dieser Expeditionen erwarben die Portugiesen bei den Einheimischen Gold im Austausch gegen Salz (Vilar 1976, S. 55). Dank des Ausbaus des Tauschhandels in den 70er-Jahren des 15. Jahrhunderts gründeten die Portugiesen an der Südküste Westafrikas ihre eigene Faktorei unter dem Namen „San Jorge da Minga". All dies gewährleistete im 15. Jahrhundert den Zustrom afrikanischen Goldes nach Europa: aus dem Senegal und aus Ostafrika (Safala). Bereits zu Beginn des 16. Jahrhunderts wurden jährlich ca. 0,7 t afrikanisches Gold nach Portugal eingeführt. Dank dieses Zustroms begann Portugal mit der Prägung zweier goldener Münzen: des Serafinos und des Crusades, die in Südasien und Ostafrika verbreitet waren.

Neben afrikanischem Gold wurden in der Mitte des 15. Jahrhunderts in Deutschland und Österreich neue Lagerstätten an Gold und Silber entdeckt. Die Förderung des Goldes erfolgte bei Salzburg, die des Silbers in Tirol, in Sachsen (Schneeberg, Freiberg,

© Springer Fachmedien Wiesbaden GmbH, ein Teil von Springer Nature 2018
O. Kaskaldo, *Gold: Geld, Kredit, Ware*, https://doi.org/10.1007/978-3-658-21728-0_4

Annaberg) sowie in Böhmen (Joachimsthal). Dennoch verringerte sich Mitte des 16. Jahrhunderts die Förderung von Edelmetallen in Europa und in Afrika. Im Jahr 1488 wurde von dem portugiesischen Seefahrer Bartolomeu Dias auf der Suche nach einem direkten Seeweg von Europa nach Asien und Indien das Kap der Guten Hoffnung entdeckt, d. h. eine Stelle an der Küstenlinie des afrikanischen Kontinents mit der Passage zum Indischen Ozean. Dort wurde der Hafen Gal Navigator Bartolomeu Dias eröffnet. Das Kap der Stürme (*Cabo Tormentoso*) wurde nach der Rückkehr der Expedition vom portugiesischen Monarchen Johann II. zum Kap der Guten Hoffnung umbenannt. 1497 umfuhr Vasco da Gama das Kap der Guten Hoffnung, indem er auf diese Weise den Seeweg in den Indischen Ozean eingeschlagen hatte und für die Europäer den Seehandelsweg nach Asien und Indien entdeckte. Später versuchte Kolumbus, den Weg von Vasco da Gama zu segeln, bewegte sich aber in die falsche Richtung und erreichte 1492 Kuba. Dies markiert den Beginn der Erschließung der Karibik (Hispaniola) und später Amerikas durch die Spanier.

In den zentralen Regionen von Hispaniola bauten die Spanier Gold ab und Zuckerrohr an. Dabei setzten sie die einheimische Bevölkerung, Indianer, als billige Arbeitskräfte ein. Aufgrund der hohen Sterblichkeit unter den Indianern begannen die Spanier, Sklaven aus Afrika einzuführen. Als Folge der Eroberung Mexikos kam in Spanien in den 20er-Jahren des 16. Jahrhunderts in großen Mengen Silber an. Dabei hatte das Silber aus den Minen Mexikos einen hohen Goldgehalt, etwa 33 % (Schultze 1940, S. 21). In den 20er-/30er-Jahren des 16. Jahrhunderts erreichten spanische Konquistadoren die Pazifikküste und überwanden die Anden, was die Eroberung des Inkareiches möglich machte, das Peru, Bolivien, Ecuador, Chile und Argentinien umfasste. Den ersten bedeutenden Kontakt mit den Inkas hatten die Konquistadoren im Jahr 1532, als sie Kaksamalki (Caramalea) erreichten, eine der Residenzen des Inkakönigs Atahualpa (Prescott 1957, S. 199–213). Während dieses Besuches wurden die Konquistadoren mit der Anwesenheit großer Mengen an Goldschmuck und Goldutensilien überrascht. Als Ergebnis der Gefangennahme des Königs Atahualpa erhielten die Konquistadoren ein Lösegeld von rund fünf Tonnen Gold, was das Maß der jährlichen Goldgewinnung in Europa übertraf (Bernstein 2012, S. 130). Während der Plünderung der Hauptstadt des Inkareiches Cusco konnten viel Schmuck, Utensilien, Kleinskulpturen und andere Erzeugnisse aus Gold geholt werden. Dabei wurde ein Teil des Goldes dem spanischen Monarchen und dem Kaiser des Heiligen Römischen Reiches, Karl V., geschenkt, das übrige Gold in Münzen umgeschmolzen: im Wert von 1.326.539 Pesos (Vilar 1976, S. 91).

Zu dieser Kriegsbeute kamen unter Spaniens Kontrolle Goldminen der Inkas in Peru, deren jährliche Produktion 190 Pfund ausmachte (Emmerich 1965, S. 43, 48). Sehr bald setzte Spanien die Goldproduktion in Lateinamerika (Peru und Ecuador) mit Spülverfahren in Gang. Danach erhöhte sich der Goldzustrom nach Spanien deutlich. Europa kannte einen solchen Zustrom an Goldmengen seit der Römerzeit nicht mehr. Edelmetalle wurden auf die Schiffe in Häfen Mexikos, Panamas, Kolumbiens und Honduras geladen, und sie fuhren über Kuba in den Hafen von Sevilla ein. Das Metall diente der Herstellung von Münzen und Barren. Heute ist es sehr schwierig, genau zu sagen, wie viel Gold und Silber die Küsten von Spanien tatsächlich erreicht hat, weil die Einschätzungen des Produktionsumfangs von Edelmetallen in Lateinamerika und deren Einfuhr nach Spanien sehr unterschiedlich sind. Unter anderem wurden solche Einschätzungen in den Arbeiten von Hamilton, Attmana und Morino vorgenommen. Trotzdem kann man daraus schließen, dass der größte Edelmetallzufluss nach Spanien bis in die 20er-Jahre des 17. Jahrhunderts erfolgte. Dann kam es zu dessen Abnahme. Dabei begann ein starker Rückgang der Lieferungen nach 1630.

Aufgrund der Silberankunft aus Bolivien (Potosi), Mexiko (Zacatecas) und Peru stieg die Weltsilberproduktion in den Jahren 1521–1600 durchschnittlich von insgesamt 90 auf 419 t. Die Silberproduktion in Mexiko zwischen 1514 und 1600 stieg von 3,4 t auf 74,3 t, in Bolivien (Potosi) von 1545–1600 von 183 auf 254 t (Schultze 1940, S. 22). Währenddessen betrug die Goldgewinnung in Amerika im Zeitraum von 1500–1521 ca. 22,7 Mio. Piaster. Im Durchschnitt lag im 16. Jahrhundert die weltweite Goldproduktion bei 6 und im 17. Jahrhundert bei ca. acht bis zehn Tonnen (Schultze 1940, S. 23). Im Jahr 1560 belief sie sich auf 7,5, 1700 auf 10 und 1760 auf 24 t. Mitten im 16. Jahrhundert entfielen auf Amerika drei Viertel der weltweiten Goldproduktion und im 17. Jahrhundert fünf Sechstel. Zur gleichen Zeit spielte im 16. Jahrhundert das österreichisch-ungarische Habsburgerreich neben Lateinamerika eine bedeutende Rolle bei der Weltgoldproduktion, wo jährlich im Durchschnitt etwa zwei Tonnen gewonnen wurden: in den Jahren 1540–1700 ca. 1,5 t, 1890 etwa 2,4 t und 1900 rund 3,22 t (Schultze 1940, S. 23). Wegen des starken Zustroms an Edelmetallen kam es dort zur Änderung des Gold-Silber-Verhältnisses von 1 : 11,8 bis etwa 1 : 14–1 : 15,5 (Vilar 1976, S. 94). Ende des 15. Jahrhunderts beliefen sich in Europa die Bestände an Edelmetallen auf 7000 t und erreichten im Zeitraum zwischen 1493–1600 rund 23.755 t, von denen 23.000 t (Soetbeer 1879, S. 107–108) aus Silber bestanden und nur 755 t aus Gold. Insgesamt stiegen sie also gegen Ende des 16. Jahrhunderts in Europa um das 3- bis 3,5-Fache.

Durch die Steigerung der Edelmetallförderung kam es zur erheblichen Vergrößerung der Münzproduktion in Europa. Im 16. Jahrhundert waren in Europa rund 7,5 Mrd. Goldmünzen in Umlauf gegenüber 2 Mrd. Goldmünzen zu Beginn des 15. Jahrhunderts (Kulischer 1928, S. 329). Es ist logisch, dass Spanien im 16. und 17. Jahrhundert die schwersten Goldmünzen höchster Qualität (Piastre, Dublonen, Pistole) und Silbermünzen (Peso) prägte, die dadurch de facto den Status von weltweit akzeptierten und begehrten Währungen erlangten. Die Prägung des silbernen Pesos (spanisch Peso, ein Gewichtmaß für Stück oder Pfund; im Lateinischen Pensum, ausgewogen) startete im Jahr 1497. Innerhalb des 16. Jahrhunderts verbreitete sich der spanische silberne Peso in den Ländern Lateinamerikas und wurde in einigen Staaten zur Hauptwährung. Der signifikante Anstieg der Silberproduktion in Mexiko führte dazu, dass Spanien die Silbermünzprägung vor Ort vornahm und die Münzen auf dem Seeweg nach Europa brachte. Weil die Qualität der lokalen Prägung niedrig war, erhielten die Münzen oft unregelmäßige Formen. Es wird vermutet, dass einige Münzen auf den Schiffen nach Europa geprägt wurden, und daher wurde der silberne Peso auch Schiffspeso genannt. Die Prägung des silbernen Pesos erfolgte aufgrund einer Unze. Dank des Wachstums der Handelsmacht Spanien wurde die Unze zum wichtigsten Gewichtsmaß der Edelmetalle und bleibt es bis zum heutigen Tag.

Große Mengen an Gold und Silber aus der Neuen Welt wurden zur Hauptquelle für Münzämter in ganz Europa. Unter anderem startete Frankreich aus dem spanischen Gold im Jahr 1641 die Produktion seiner neuen Goldmünze Louisdor und stützte sich auf das spanische Münzsystem, jedoch mit einem reduzierten Gewicht gegenüber den spanischen Münzen. Da die anderen europäischen Länder an der Entdeckung der reichen Vorkommen in Amerika nicht beteiligt waren, versuchten sie im 16. und 17. Jahrhundert, mit der Piraterie portugiesischer und spanischer Schiffe in den Besitz der Fracht zu kommen. Am erfolgreichsten war England, wo es Queen Elizabeth I. (1558–1603) vorübergehend gelang, die Qualität der englischen Gold- und Silbermünzen wegen der erbeuteten Edelmetallbestände zu verbessern. In England war wie im übrigen Europa seit mehreren Jahrhunderten wegen des Mangels an Edelmetallen für die Münzprägung eine Münzentwertung erfolgt. Eduard IV. reduzierte 1464 das Gewicht des silbernen Penny um 20 % von einem auf 0,8 g. Trotz der anschließend von Königin Elizabeth I. vorgenommenen Verbesserung der Münzqualität blieb das Gewicht des silbernen Pennys immer noch niedrig und belief sich auf 0,58 g. Im Großen und Ganzen fiel das Gewicht des Metallgehalts in englischen Silbermünzen innerhalb von 326 Jahren, im Zeitraum von 1290–1616, um das Dreifache des ursprünglichen Werts.

Ungeachtet des enormen Zustroms an Edelmetallen nach Spanien wurde sehr bald ein fast ebenso starker Abfluss der wertvollen Metalle aus Spanien beobachtet, der so beträchtlich war, dass das Land zum Transitland für Edelmetalle aus Amerika in andere Teile Europas und nach Asien wurde. Zunächst förderte der erhebliche Zustrom von Edelmetallen eine neue Ausrichtung der spanischen Gesellschaft auf den Konsum, vor allem auf auswärtige Luxusgüter. So verließen die Edelmetalle Spanien vermehrt über Außenhandelskanäle in Form von Zahlungen für importierte Güter. Ein Teil des Goldes ging z. B. als Bezahlung für hochwertige und exotische asiatische Produkte zu den Philippinen. Zweitens versackte ein Teil des Silbers und des Goldes in katholischen Klöstern und Kirchen Lateinamerikas und erreichte somit nie die Küsten Europas. Drittens wurde Spanien durch die von anderen europäischen Nationen ausgehende Piraterie um beträchtliche Mengen an Edelmetallen gebracht. Zu guter Letzt verließen die Edelmetalle, vor allem Gold, Spanien in Form von Tilgungen an ausländische Kreditgeber. Im 16. Jahrhundert wurden die spanischen Städte Cádiz und Sevilla nicht nur zu Zentren des internationalen Handels, sondern auch zu Abwicklungsorten für Kreditgeschäfte aller Art, die meist von ausländischen, vor allem italienischen Kreditgebern übernommen wurden. Im 16. Jahrhundert erhielt Spanien fast alle seine Kredite von ausländischen Gläubigern (Bernstein 2012, S. 140). Dabei entfiel der Hauptanteil der Kredite für den spanischen Monarchen Karl V. an, der wegen seines eifrigen Wunsches, den Titel des Kaisers des Heiligen Römischen Reiches zu erlangen, in erhebliche Kreditabhängigkeiten geraten war. Dieser Titel war nicht erblich, wurde nach Abstimmung der deutschen Fürsten, die wiederum vom Papst ernannt wurden, vergeben. Um sich mit Hilfe von Bestechungen die erforderliche Anzahl der Stimmen zu sichern, musste Karl V. auf einen Kredit in Höhe von 850.000 goldenen Florinen des

Bankhauses Fugger aus Augsburg zurückgreifen. Zur Begleichung seiner Schulden trat er seine spanischen Minen an die Bank Fugger ab (Bernstein 2012, S. 141).

Während in Spanien ein Defizit an Edelmetallen vorlag, waren die übrigen Länder Europas im 16. Jahrhundert mit Edelmetallen aus der Neuen Welt übersättigt, was die Münzenanzahl im Umlauf der nächsten 200 Jahre um das 16- bis 17-Fache erhöhte (Schultze 1940, S. 24). Das führte zur Abwertung der Edelmetalle, also zur Inflation und zum Preisanstieg für Roh- und Grundstoffe wie Getreide, Salz, Metallen und Holz, einhergehend mit einem Rückgang der Produktion. So ging die Inflation in Spanien durch die Edelmetallwanderung etwas zurück, während sie sich in anderen europäischen Ländern, z. B. in England verstärkte. Anschließend wurde der inflationäre Prozess Preisrevolution genannt. Im Allgemeinen stiegen die Preise im 16. und 17. Jahrhundert um 100–150 % und für einige Güter, z. B. für Getreide um 200 % (Schultze 1940, S. 24). Dabei erreichten sie in Europa des 16. Jahrhunderts den höchsten Stand und blieben hoch bis zum 18. Jahrhundert (Schultze 1940, S. 24).

4.2   Kredit als Mittel der staatlichen Finanzierung

Das 16. Jahrhundert ging als das der religiösen Spaltung Europas durch die Reformation in die Geschichtsbücher ein, nachdem Martin Luther 1517 seine Thesen, die er an die Tür der Schlosskirche zu Wittenberg genagelt haben soll, veröffentlichte. Die Verbreitung seiner Ideen führte zur religiösen und politischen Spaltung Europas, die nicht zuletzt in den zahlreichen Kriegen im Laufe der folgenden 100 Jahre (1551–1650) ihren Ausdruck fand. Es ist naheliegend, dass die um sich greifenden kriegerischen Auseinandersetzungen entsprechende Finanzierungen erforderten, die in der Praxis durch Kredite erfolgten. So führte Spanien viele finanziell aufwendige Kriege, darunter während der Herrschaft von Franz I. den 27-jährigen Krieg gegen Frankreich. Im Ergebnis belief sich die Auslandsverschuldung Spaniens innerhalb der 40-jährigen Regierung Karl V. auf 37 Mio. goldene Dukaten, was den gesamten Zustrom von Edelmetallen aus Amerika im gleichen Zeitraum überschritt (Vilar 1976, S. 149). Teilweise wurde die Rückerstattung dieser Schulden durch Beutegold gesichert, gewonnen beispielsweise durch die Plünderung Roms durch die Truppen Karl V. Weitere Schulden konnten durch Lösegelder für den gefangen genommenen französischen König Franz I. beglichen werden.

Nach der Abdankung Karls V. wurde sein Reich zwischen seinen beiden Söhnen aufgeteilt, Philipp und Ferdinand. Philipp erhielt den größten Teil des Reichs, Spanien, die Neue Welt, die Niederlande, Besitztümer in Italien, während Ferdinand nur die österreichischen Besitztümer zufielen. Aber Ferdinand erhielt die Kaiserwürde. Philipp führte die vom Vater entfesselten Kriege weiter, unter anderem den Krieg gegen Frankreich, sodass Spanien während seiner Herrschaft Schulden machen musste. Allein der Krieg in den Niederlanden zwischen 1572 und 1574 kostete Spanien 7,2 Mio. goldene Florine. Die Schulden der Söldnerarmee beliefen sich 1576 auf 17,5 Mio. goldene Florine. Mit der Zeit zwang der akute Münzmangel Philipp dazu, die Tilgungszahlungen an seine Gläubiger auszusetzen. Außerdem entzog er seinen Kreditgebern vorher erteilte Privilegien. Die massiv geschwächten öffentlichen Finanzen bedeuteten faktisch den Konkurs Philipps und damit den Staatsbankrott Spaniens, was Philipp gegenüber den Kreditgebern wieder zurückweichen ließ. Er sprach den Gläubigern das Recht auf Steuererhebungen zu. Seine Schulden wurden umstrukturiert, indem sie in Darlehen mit längeren Laufzeiten verwandelt wurden. Wir erkennen dabei einen weiteren Fall der Nichterfüllung von Schuldverpflichtungen eines Monarchen gegenüber privaten Gläubigern, hier gegenüber der bis an den Rand des Bankrotts getriebenen Bank Fugger. So ein Ruin hatte erhebliche Auswirkungen, denn diese Bank war eine der größten ihrer Zeit und finanzierte auch den vom Papst initiierten Bau des Petersdoms in Rom. Dafür hatte sie das Recht erhalten, in Deutschland Ablassbriefe zu verkaufen.

Auch andere europäische Monarchen liehen sich große Geldsummen bei den Banken, die sie dann nicht zurückzahlen konnten. Dabei gerieten sie mehr und mehr in Abhängigkeit von ihren Kreditgebern. So konnte beispielsweise der englische König Edward II. seine Schulden gegenüber dem florentinischen Goldnetzwerk nicht begleichen. Auch dem französischen Monarchen gelang es zwar, für den Krieg gegen Spanien und England (1552–1559) ein erhebliches Darlehen zu erhalten, indem neuartige Schuldverschreibungen ausgegeben wurden, die von wohlhabenden Deutschen, Schweizern, Türken und Franzosen erworben wurden. Jedoch erwies sich der französische König im Verlauf dann ebenfalls als zahlungsunfähig. Als weiteres Beispiel dient Heinrich VIII. von England (1509–1547), der während des Krieges gegen Frankreich (Francis I.) in den 50er-Jahren des 16. Jahrhunderts und unter Invasionsgefahr seitens Schottlands auf Darlehen zurückgreifen musste. Um seine Schulden zurückzuzahlen, musste er eine Säkularisierung der Kirchenschätze in England vornehmen und auf die Silbermünzenentwertung zurückgreifen, auf die Abwertung der nationalen Silbermünzen durch die Reduzierung des Silbergehaltes von 92,5 auf 33,3 % (Feavearyear 1963, S. 51–52). Damit war der Umfang der Münzentwertung zwischen 1542 und 1547 so beachtlich, dass sie „Große Abwertung" genannt wurde.

Ihrerseits verwendeten die Wuchererbanken einen Teil der von den Kunden zur Aufbewahrung erhaltenen Geldmittel wieder, weil es nie vorgekommen war, dass alle Geldanlagen auf einmal zur Rückzahlung verlangt wurden. Dazu wurden im Laufe der Zeit solche Aktivitäten der Banker zur alltäglichen Praxis. Der Bankier erhielt von seinen Kunden Geldmittel für deren vorübergehende Verwendung und zahlte dem Anleger ein bestimmtes Entgelt in Form von Zinsen. Später wurden diese Vorgänge gängige Praxis. Mit der Zeit wurden diese Geschäfte als Einlagen (Depositen) bezeichnet. So wurde die Bank zum Vermittler zwischen Personen mit überschüssigen Geldmitteln und denen, die diese Geldmittel als Darlehen erhielten. Um rentabel zu wirtschaften, setzte die Bank den Prozentsatz für Einlagen höher als den Prozentsatz für gewährte Kredite an. Die Unsicherheit lag darin, inwieweit die Geldreserven der Banken ausreichend waren.

Zum Ende des 16. Jahrhunderts entwickelte sich auf der Basis der Depositengeschäfte eine neue Art von Geldgeschäft, das Girogeschäft (ital. giro = Kreis, Runde), das mit Banküberweisungen arbeitete, also mit Transaktionen, die bargeldlos erfolgten. Das Prinzip bestand darin, dass der Transfer von Geld zwischen zwei Parteien, die über Konten bei einer Bank verfügten, nunmehr lediglich durch Gutschriften bzw. Belastungen der entsprechenden Konten erfolgte Die Verbreitung dieser Art von Bankgeschäften führte zur Entstehung der auf diese Geschäfte spezialisierten Banken, der Girobanken. In Venedig wurde eine solche Bank, die Banco del Giro, 1584 gegründet, 1609 die Wisselbank in Amsterdam und die Wechsel-Banco/Hamburger Bank in Hamburg 1619. Mit der Entwicklung der Handelsbeziehungen wurden solche Transaktionen nicht nur zwischen den Einlegern einer Bank, sondern auch unter den Einlegern verschiedener Banken in mehreren Städten und Ländern durchgeführt.

Die Amsterdam'sche Wisselbank agierte 200 Jahre lang erfolgreich. Ihre Aufgabe bestand darin, staatliche Konten sowie private Ersparnisse der Amsterdamer Händler zu verwalten. Doch 1819 führten die Staatsverschuldung, die infolge von Kriegen eintrat, und die Insolvenz der Niederländischen Ostindien-Kompanie zur Auflösung dieser Bank. Der den Tätigkeitsprinzipien zugrunde liegende Aufbau und die Tätigkeitsfelder der erfolgreichen Amsterdam'sche Wisselbank wurden als Blaupausen für die Gründung weiterer ähnlicher Institutionen in Europa verwendet.

Die Bank von Stockholm entstand Mitte des 17. Jahrhunderts in Schweden. Nach dem Beispiel der holländischen und deutschen Banken verwaltete diese Bank das staatliche und das Privatvermögen. Im Unterschied zur Amsterdam'schen Wisselbank wurde der Bank von Stockholm das Recht zugesprochen, die Regierung zu finanzieren. Als Anlass für die Bildung dieser Zentralbank in Stockholm darf die Teilnahme Schwedens am 30-jährigen Krieg (1618–1648) gelten. Dieser bewaffnete Konflikt, der fast alle europäischen Länder betraf, mit Ausnahme der Schweiz und der Türkei, war in Deutschland als ein Konflikt zwischen Protestanten und Katholiken ausgebrochen und wuchs sich zum europaweiten Kampf gegen die Vorherrschaft des österreichischen Hauses Habsburg aus. Er verursachte die rasche Geldentwertung in Schweden und damit den akuten Geldmangel in Münzenform, der Schweden im Jahr 1644 sogenanntes Kupferplattengeld in den Umlauf bringen ließ, deren großes Gewicht und die daraus folgende unbequeme Handhabung die Währungskrise im Land noch verschärfte. In dieser Situation erklärte sich der Bankier Johan Palmstruch (urspr. Johan Wittmacker) bereit, dem Staat Geldmittel zur Verfügung zu stellen, allerdings unter dem Vorbehalt, eine spezielle Privatbank zu gründen. Diese Bank sollte mit dem Recht auf staatliche Vermögensverwaltung und Finanzierung ausgestattet werden. Dies sollte durch die Ausgabe von Vertrauenswertpapieren, d. h. durch Papiergeld, erfolgen. Mit der Zustimmung der Regierung von Schweden wurde 1657 diese Bank gegründet und Palmstruch-Bank (offiziell: Stockholms Banco) genannt. Dabei wurde dort der größte Teil der öffentlichen Mittel untergebracht, was die Beteiligung des Staates an der Verwaltung und an den Gewinnen dieser Bank bedeutete. Zunächst geschah die Ausgabe der Banknoten mit einer 100-prozentigen Golddeckung. Im Jahr 1661 kam es jedoch zu einer Krise im Geldumlauf Schwedens. Somit war die Bank von Stockholm nicht mehr imstande, die 100-prozentige Deckungsgrenze bei der Banknotenemission mit Gold zu halten. Die Banknoten waren nun nur zum Teil durch Gold gedeckt. Erstmalig in Europa wurde die groß angelegte Ausgabe von Banknoten und damit der staatlichen Schuldverschreibungen vorgenommen. Dadurch konnte Schweden eine private Kreditaufnahme zunächst vermeiden. Es kam zur Inflation, was die Lage im nationalen Geldsystem nur erschwerte. Dies führte bei der Palmstruch-Bank zunächst zur Aussetzung des Tausches von Schuldscheinen in Münzen und schließlich zur Auflösung der Bank im Jahr 1663. Später musste auch Schweden zur Ausgabe von nur zum Teil durch Metall gedecktem Papiergeld greifen und gründete zu diesem Zweck 1668 die Stände-Bank (Riksens Ständers Bank), die durch die Regierung kontrolliert wurde.

Die Weiterentwicklung der Kreditwirtschaft, des Wechselumlaufs und der neuen Zahlungsformen führte insgesamt zum Rückgang der Nachfrage nach Edelmetallen und damit zur Verringerung ihrer Bedeutung im Wirtschaftsleben. Auf der anderen Seite veränderte sich die traditionelle Handelsroute der europäischen Güter nach Indien durch die Entwicklung des Handels über den Seeweg nach Asien um das Kap der Guten Hoffnung herum, d. h. unter Umgehung der italienischen Handelsstädte, die zu einem Teil auf die bisherigen Handelswege über Kleinasien und das Mittelmeer angewiesen waren. Das hatte einerseits den Verfall der italienischen Handelsstädte zur Folge, führte anderseits zum wirtschaftlichen Aufstieg der europäischen Länder mit dem Zugang zu neuen Seewegen. Auch förderte die Entdeckung des neuen Seeweges nach Asien die wirtschaftliche Entwicklung der Seemächte Nordeuropas, Englands und der Niederlande, auch der Hansestädte wie Hamburg und Bremen. Aus diesem Grund wurden zu dieser Zeit das Englische und das Niederländische zu Hauptsprachen des internationalen Handels. Um den Handel mit den Ländern des Ostens zu entwickeln, gründete sich in England 1581 die Levant Company, ein Handelsunternehmen, das zunächst Handelsvorrechte für den Handel mit dem Osmanischen Reich erhielt. Durch die Gründung der East India Company im Jahre 1600 erweiterte England seine Handelsvorrechte auf große Teile Asiens und Indiens. Eine gute Vorstellung von den Aktivitäten der Englischen East India Company geben die erhalten gebliebenen Aufzeichnungen einer ihrer Direktoren, des Kaufmanns und Wirtschaftsautors Thomas Mun (1571–1641, Mun 1621).

Der direkte Handel solcher Länder wie England und der Niederlande mit Asien (Indien und China) und dessen Verstärkung im 17. Jahrhundert verursachte den Abfluss von Edelmetallen, vor allem des Goldes, aus Europa, da die europäischen Länder nicht über adäquate Warenäquivalente verfügten und daher der größte Teil der importierten Güter aus dem Osten mit Münzen bezahlt werden musste. Während aus Asien Luxusgüter wie Tee, Perlen, Porzellan, Gewürze, Edelsteine, Seide, Baumwolle eingeführt wurden, bestanden die europäischen Exporte nach Asien zumeist aus weniger hochwertigen Erzeugnissen wie z. B. Waren aus Zinn, Wolle, Pelze und Blei. Die Edelmetalle aus der Neuen Welt, die die europäischen Länder entweder gegen den Export ihrer Waren nach Spanien erhielten oder sich durch Piraterie aneigneten, dienten größtenteils zur Befriedigung der Nachfrage nach Luxusgütern aus dem Osten (Hume 1875, S. 334–335). Insgesamt überstieg von 1600–1730 der Export der Edelmetalle aus Europa die Importe aus Amerika (Kindleberger 1989, S. 15–18). Darüber hinaus war die Einstellung Chinas, Indiens und anderer asiatischer Länder den Edelmetallen gegenüber anders geartet als bei den Europäern. Seit der Antike sammelten die dortigen Reichen Edelmetalle, die nicht primär als Geldmittel dienten, sondern als Symbole für Macht, Reichtum und Schönheit gesehen und insbesondere als Schmuck für Paläste, Stoffproduktionen und in der Zahnmedizin verwendet wurden. Aus diesem Grund wurden Edelmetalle nicht zum Kauf ausländischer Gütern genutzt, und es kam nicht zum ausreichenden Rückfluss von Edelmetallen nach Europa.

Anfang des 17. Jahrhunderts war der Export der Edelmetalle aus England, beispielsweise in den Fernen Osten enorm. Von 1600–1625 fuhr die Englische East India Company bis zu 75 % der vorhandenen Edelmetalle in den Fernen Osten aus (Bernstein 2012, S. 158). Im Gegensatz zu Spanien, das die aus Amerika besorgten Edelmetalle wieder verlor, konnte England in dieser Zeit mit dem Sklavenhandel, der Piraterie und dem Handel von indischem Opium dem Edelmetallabfluss entgegenwirken. Opium und Sklaven wurden zu Gegenwaren, denen Luxuswaren wie Tee und Baumwolle entgegengesetzt wurden. Mitte des 17. Jahrhunderts gelang es England, an neue Goldquellen zu kommen, und zwar in Afrika. Im Jahr 1637 hatten die Holländer die Portugiesen von der Goldküste im heutigen Ghana, dem südlichen Teil Westafrikas, verdrängt. Später siedelten sich dort auch Engländer und Dänen an, weil sich die Schwester des englischen Königs mit dem dänischen König verheiratet hatte. Dank der Aktivitäten der Royal African Company wurde 1663 in England mit der Prägung neuer Goldmünzen aus westafrikanischem Gold begonnen, den Guineas, die mit einem Gewicht von 8 g oder 1/4 Unze, also einem Pfund Sterling oder 20 silbernen Schilling, entsprachen. Auf der Münze wurde ein Elefant, das Symbol der Royal African Company, manchmal zusammen mit einem Schloss dargestellt, dazu ein Porträt des Königs sowie die Inschrift „Zier und Schutz" (lat. *decus et tutamen*). Zur selben Zeit begann auch in Preußen und Dänemark die Prägung goldener Dukaten mit Gold von der Goldküste.

4.3 Der Übergang Englands zum System des goldenen Monometallismus

Nach dem Sturz der Stuarts infolge der Glorreichen Revolution wurde 1689 der englische Thron von Maria, der Tochter James II., und ihrem Mann, dem Statthalter der Niederlande, Wilhelm III., besetzt. Dabei hatten sich in England die monetären Probleme wegen schlechter Ernten und einer Produktionskrise nur verschärft. Besonders kritisch fielen die Jahre 1694–1695 aus, als es überall im Land zu Bankrotten kam. Außerdem trat England 1689 während der Herrschaft von Wilhelm III. in eine achtjährige im Zusammenhang mit dem Pfälzischen Erbfolgekrieg stehende kriegerische Auseinandersetzung mit Frankreich ein, um die über England schwebende Gefahr des Zusammenbruches der 1688 in der Folge der Revolution etablierten konstitutionellen Monarchie und damit die Wiederherstellung des Hauses Stuart zu verhindern. Andererseits trat England 1689 während der Herrschaft von Wilhelm III. in einen langen Krieg gegen Frankreich (1689–1697) ein. All dies führte dazu, dass England in eine Politik der langfristigen aus- und inländischen Staatskredite hineingezogen wurde.

Auf der Suche nach Finanzierungsmitteln für militärische Operationen bei gleichzeitigem akutem Edelmetallmangel und geringen Einnahmen für die Staatskasse setzte England auf eine intensivere Münzentwertung. Das verursachte einen massiven Anstieg der Preise, was die Hortung von Edelmetallen und den Abfluss der „guten" Silber- und Gold- münzen aus dem Land verstärkte und den Wert der „guten" Münzen und Edelmetalle in Barrenform erhöhte. Mitte des 17. Jahrhunderts erreichte die Münzentwertung sagenhaf- te Größenordnungen, sodass sich das Gewicht von Goldmünzen und deren Nominalwert bis zum Jahre 1652 um 50 % reduziert hatte (Li 1963, S. 56). Besonders akut war die- ses Problem in der zweiten Hälfte des 17. Jahrhunderts in England, wo im Geldumlauf nur sehr alte, abgenutzte und abgeschnittene Silbermünzen übrig blieben, die häufig die Hälfte ihres Gewichtes verloren hatten. 1664 wog der silberne Penny nur noch 0,5 g bei einem Durchmesser von 1,2 cm. Ende des 17. Jahrhunderts wurde in England versucht, dieses Problem durch eine verbesserte Technologie beim Herstellungsprozess der Mün- zen zu lösen. Eine besondere Rolle spielte dabei Isaac Newton, der 1696 mit 54 Jahren als etablierter Wissenschaftler zum Münzverwalter des Königlichen Münzamtes, der Royal Mint, und 1699 zu dessen Direktor berufen wurde, eine bedeutende Rolle. Newton blieb fast bis an sein Lebensende (1725) in diesem Amt. Er modernisierte die Herstellungs- methoden der Münzen durch den Umstieg von der manuellen zur mechanischen Prägung mit dem Einsatz durch Pferde angetriebener mechanischer Stanzmaschinen (Davies 1995, S. 242). Ein weiteres Mittel zur Qualitätssicherung, das bis heute angewendet wird, war das Auftragen von Mustern und Ritzen an den Münzkanten, die mögliche Münzabschei- dungen anzeigten.

So konnte man unter dem Einsatz der mechanischen Münzprägung eine hohe Qualität und die Standardisierung der Münzen, ihres Gewichts, ihrer Form und ihres Gehalts er- zielen. Allerdings führte dies dazu, dass mit den neu geprägten und den herkömmlichen Münzen zweierlei Arten in den Umlauf kamen. Die Menschen wollten nicht ihre alten, beschädigten Münzen zur Umprägung in die Münzämter bringen, weil sie beim Tausch in die neuen, viel hoch- und vollwertigeren Münzen weniger Münzen erhielten. Viel schwer- wiegender war die Tatsache, dass man es vermied, mit den neuen Münzen zu zahlen und stattdessen mit den alten Münzen handelte, sodass die neuen Münzen durch ihre Um- schmelzung in Barren oder ihre allmähliche Ausfuhr ins Ausland immer mehr aus dem Umlauf verschwanden. Im Ergebnis blieben nur minderwertige, abgewertete Münzen im Umlauf, sodass die Verbesserung der Prägetechnik mit ihrer Mechanisierung das Problem der Abwertung von Silbermünzen nicht lösen konnte, sondern es eher noch verschärf- te. Außerdem gab es einen Abfluss der Edelmetalle, insbesondere des Goldes aus dem Land, da sie als Zahlungsmittel im Außenhandel massiv eingesetzt wurden. Die Suche nach einem Warenäquivalent erweckte die Hoffnung, den Edelmetallabfluss eindämmen zu können. Zu einer solchen Ware wurde die indische Baumwolle, die England nach Chi- na exportierte. Der Handel mit Baumwolle verringerte allerdings den Goldabfluss aus England nicht signifikant. Mehr Erfolg brachte der Handel mit Sklaven und Opium. Die Verschlechterung der desaströsen Lage des englischen Währungssystems am Ende des 17. Jahrhunderts verlangte jedoch dringende Reformen.

Es wurde beschlossen, keine weiteren Münzentwertungen durch die staatliche Verrin- gerung des Gewichtes und des Gehalts vorzunehmen und die Sanierung des Geldumlaufs durch den Zwangsersatz aller alten Münzen durch neue hochwertigere zu erreichen. Die Durchführung der Reform war jedoch mit einer Reihe Schwierigkeiten verbunden. Die höhere Münzqualität erforderte zusätzliche Edelmetallreserven, vor allem Silberreserven, was wiederum mit hohen Kosten verbunden war. Zudem wirkte sich der Geldaustausch in der Regel schlecht auf die Staatskasse aus und ließ in der Folge die Bevölkerung verarmen. Darüber hinaus bestand der Geldumlauf zu diesem Zeitpunkt zu einem signifikanten Teil aus Kreditgeld, was den Ersatz der gesamten Geldmenge von vornherein unmöglich machte. Es sei hier gesagt, dass zu diesem Zeitpunkt ausreichende Erfahrungen mit Münzumprägungen gesammelt worden waren, sodass man damit rechnen musste, nur kurzfristige Ergebnisse zu erzielen. Der Ersatz von Münzen begann 1695 und dauerte insgesamt drei Jahre lang. Die Kosten der angestrebten großen Währungsreform sollten wie zuvor mit den Steuereinnahmen gedeckt werden. Allerdings waren die tatsächlichen Kosten so groß, dass zur Vollendung der Reform England erneut auf zusätzliche Kredite zurückgreifen musste. Der Metallmangel wurde teilweise durch Wechsel kompensiert, indem die Menschen statt der angemessen Anzahl neuer Münzen lediglich Wechsel erhielten (Bernstein 2012, S. 186). Im Zuge der großen Umprägung 1697 wurden schließlich etwa 87 % der Münzen im Umlauf ersetzt (Feaveryear 1963, S. 130). Was ihre Gewichte anging, kehrten die neuen aufgewerteten Münzen in den Zustand der 50er-Jahre des 16. Jahrhunderts zurück (Li 1963, S. 138).

Im Zuge der Reformen wurde das Wertverhältnis zwischen Gold und Silber in England verändert und erreichte ein höheres Niveau als in anderen europäischen Ländern. So hatte der erhöhte Goldwert in England die Verringerung der Silbermünzenanzahl im Umlauf und damit eine Deflation zur Folge. Es kam zu einem Silberabfluss bei gleichzeitiger Erhöhung der Nachfrage nach Goldmünzen. Diese Strukturänderung des Münzumlaufs in England wird durch folgende Daten verdeutlicht: Von 1558–1694, also innerhalb von 136 Jahren vor der Reform, waren Silbermünzen in Höhe von 20 Mio. Pfund Sterling und Goldmünzen in Höhe von 15 Mio. Pfund Sterling, von denen 50 % goldene Guinea waren, im Geldumlauf Englands zu finden. Innerhalb der ersten 45 Jahre nach der Reform, also von 1695–1740, prägte das Münzamt Goldmünzen im Wert von 17 Mio. Pfund Sterling, während Silbermünzen lediglich im Wert von 1 Mio. Pfund Sterling geprägt wurden (Li 1963, S. 161). In den darauffolgenden 200 Jahren blieben das Gewicht, der Goldgehalt und der offizielle Wert des goldenen Guinea von 21 Schilling und auch der Preis für eine Unze Gold von drei Pfund, 17 Schilling und 10,5 Pence unverändert. All dies führte zur erhöhten Nachfrage nach Gold in England. Immer häufiger wurden nun dort Preise in Gold berechnet. Gleichzeitig wurde Gold vermehrt als Wertanlage verwendet. Zu Beginn des 18. Jahrhunderts verschwanden in England Silbermünzen aus dem Umlauf. Während der Regierungszeit Henrys II. (1728–1760) wurde der silberne Penny nur noch als Kleinsilbermünze verwendet und selten geprägt. Schließlich wurde 1798 die Silberprägung offiziell eingestellt und die Bezahlung mit Silbermünzen auf den Höchstbetrag von 25 Pfund Sterling begrenzt. 1774 war Gold zum offiziellen Zahlungs- und Verrechnungsmittel geworden. Die Ablösung des Silbers im Geldumlauf führte zum allmählichen Übergang Englands zu einer Währungsordnung, die man als Goldstandard bezeichnet. So bestand in England des 18. Jahrhunderts de facto der Goldstandard, der aber gesetzlich noch nicht festgelegt war und England wurde damit zum ersten europäischen Land, in dem ein goldener Monometallismus bestand.

Am Ende des 17. Jahrhunderts war England schließlich nach kontinuierlichen Kriegshandlungen gegen Frankreich am Rande eines finanziellen Zusammenbruchs angelangt. Am Ende des 17. Jahrhunderts war die Finanzierung von Monarchen, die durch Kriege und Verschwendung in missliche finanzielle Lagen geraten waren, durch das Privatbankkapital zur gängigen Praxis geworden. So musste auch die britische Regierung unter den geschilderten Umständen ihre Verhandlungen über die Gewährung zusätzlicher Geldmittel mit den Vertretern der Privatbanken aufnehmen. Als Hauptkreditgeber Englands traten für längere Zeit niederländische Banker auf. Allerdings hatten die Vertreter des Privatbankkapitals eine auf jahrhundertelange Erfahrung basierende Skepsis im Bezug auf die Seriosität ihrer monarchistischen Kunden entwickelt, die auf nicht regelmäßige Rückzahlungen oder gar ausbleibende Zahlungen der Schulden der Monarchen gründeten, was letztlich einer grundsätzlichen Problematik geschuldet war: Nichts und niemand konnte den Monarchen zwingen, seine Schulden zurückzuzahlen, weil der Monarch und damit seine Schulden unantastbar waren. Obwohl die Finanzierung der Monarchen als ein lukratives Geschäft galt, blieb es ein riskantes Unternehmen. Als Beispiele dafür können der Bankrott der florentinischen Banken im Mittelalter und die Finanzschwierigkeiten der Bank „Fugger" gelten. In dieser Hinsicht hielt es die europäische Bankenelite für überfällig, bestimmte Garantien auf die Schuldenrückzahlung von Monarchen zu erhalten, was zur Voraussetzung für die Gewährung eines weiteren Kredits an England wurde. Allerdings konnte eine solche Garantie nur durch die Trennung der Schulden des Monarchen von den Schulden des Staates gewährleistet werden, indem die Rückzahlung der Staatsverschuldung durch die Einführung der Einkommensteuer nicht mehr allein dem Monarchen, sondern allen Bürgern des Staates aufgebürdet wurde. Zeitgleich wurde 1694 als Ergebnis der Vereinbarungen zwischen der Regierung Englands und einer Gruppe niederländischer Privatbankiers eine besondere Bank geschaffen, die Bank of England, die zu einer ersten GmbH Englands wurde. Die Hauptaufgabe der Bank bestand darin, den Staat durch die Ausgabe von Schuldverschreibungen zu finanzieren.

Über 1000 Menschen wurden zu Einlegern der Bank, darunter ausländische Banker, Mitglieder der britischen Regierung und andere Wohlhabende. Mit dem Erwerb von Anteilen der Bank of England gewährten sie der britischen Regierung ein Darlehen von 1,25 Mio. Pfund (£) in Bargeld bei 8 % p. a. Tatsächlich wurden aber nur £ 750.000 Bargeld als Kredit vergeben. Der Rest wurde als Reserve der Bank für weitere Wertpapieremissionen hinterlegt. Tatsächlich vergab die Bank of England Kredite in Form von Wertpapieren mit einem Wert, der ihre Goldreserven überstieg. Die Tätigkeit der Bank of England führte damit zu einer gesetzlich genehmigten Ausgabe der durch Reserven nicht gedeckten Nationalwährung im Interesse der Privaten. Mit der Zeit wuchs die Bedeutung der Bank of England sowohl im in- als auch im ausländischen finanzwirtschaftlichen Bereich.

Die Entwicklung der Kreditbeziehungen und die Gründung der Bank of England trieben die Inflation im Land an, was in einer fast doppelten Preiserhöhung Ausdruck fand.

Der Kreditüberfluss war so beträchtlich, dass eine große Anzahl der Kredite für die Umsetzung der verrücktesten Ideen ausgegeben wurde, wie z. B. für ein Projekt der Trockenlegung des Roten Meeres mit dem Ziel, Gold aus im Altertum versunkenen ägyptischen Schiffen zu bergen. Darüber hinaus gab es allerorts nicht traditionelle Finanzierungsformen: Betrug und Schleichhandel. In einem Klima der gut gedeihenden Spekulationswirtschaft und der weiteren Verschlechterung der Silbermünzenqualität stieg die Nachfrage nach goldenen Guineas. Allein 1694–1695 hatte sich die Zahl der geprägten Münzen von 65.000 auf 750.000 Pfund Sterling erhöht (Feavearyear 1963, S. 119–121). Das verursachte wiederum die Erhöhung des Marktwerts der goldenen Guineas von 20 auf 30 silberne Schilling und damit die Erhöhung des Goldmarktwerts von 80 auf 109 silberne Schilling pro Unze (Feavearyear 1963, S. 119–121). Zur gleichen Zeit wuchsen die Schulden Wilhelms III. jedoch weiter an, die nun zu einem Teil der Staatsverschuldung wurden und sich 1697 auf mehr als 20 Mio. Pfund Sterling beliefen (Feavearyear 1963, S. 115). Am Ende des 18. Jahrhunderts wurde die Staatsverschuldung Englands die größte der Länder Europas. Vor dem Hintergrund des Abflusses von Edelmetallen, vor allem des Goldes, verschärften sich die monetären Probleme mit der Präsenz von Silbermünzen äußerst schlechter Qualität im Geldumlauf der europäischen Länder.

4.4   Der Geld-, Kredit- und Finanzmechanismus nach John Law

Mit dem Frieden von Utrecht im Sommer 1713 endete der Spanische Erbfolgekrieg, der seit 1701 zwischen Frankreich und Spanien auf der einen Seite, England, den Niederlanden, dem Heiligen Römischen Reich Deutscher Nationen, Portugal und Savoyen auf der anderen, ausgetragen wurde. Der Krieg verwüstete die öffentlichen Finanzen Frankreichs. Als bald darauf 1715 der „Sonnenkönig", der verschwenderisch lebende französische König Louis XIV., starb, hinterließ er leere Staatskassen und hohe Schulden. Zu diesem Zeitpunkt betrug die Staatsverschuldung Frankreichs rund drei Milliarden Livres, während die jährlichen Staatseinnahmen aus Steuern und Abgaben zwischen 145 und 250 Mio. Livres betrugen, sodass die bestehenden Schulden nur zu 5–9 % gedeckt werden konnten. Louis XIV. folgte dessen Urenkel, der fünfjährige Louis XV., auf den französischen Thron. Da dieser ein Kind war, übernahm der Neffe des verstorbenen Königs, Philippe II. d'Orléans, die Regierungsgewalt und fungierte als französischer Regent.

Um die französischen Staatsfinanzen in Ordnung zu bringen, lud er den schottischen Finanzfachmann John Law ein, mit dem er in einem freundschaftlichen Verhältnis gestanden hatte, weil er dem Franzosen wegen seines Talents beim Kartenspiel aufgefallen war. Law verdankte seinen Fähigkeiten ein großes Vermögen und die Möglichkeit, einen luxuriösen Lebensstil zu pflegen. „Noch mit 20 Jahren verspielte er sein gesamtes Vermögen, das er von seinem Vater, einem Bankier und Wucherer, geerbt hatte. Dank seiner guten Ausbildung und Begabung für Berechnungen und für allerlei Geldgeschäfte hatte er sich mit Finanzhändlern bekannt gemacht, von denen es in London nach der Revolution (1688–1689) nur so wimmelte" (Anikin 1975, S. 97–115). Zu dieser Zeit existierten in

Europa bereits Banken einer neuen Art, erste Emissionsbanken, für deren Tätigkeit Law ein großes Interesse zeigte. Zuvor hatte er Bank- und Kreditwesen in den Niederlanden und in Italien studiert und war in Amsterdam als Sekretär des englischen Regenten tätig gewesen, sodass er sich eingehend mit der Bank von Amsterdam befassen konnte.

Basierend auf diesen Erfahrungen veröffentlichte er 1705 die wissenschaftliche Arbeit „Betrachtungen über das Geld und den Handel einschließlich eines Vorschlags zur Geldbeschaffung für die Nation" (Law 1750) über Geld- und Kreditprobleme. In ihr hielt er Geld für den entscheidenden Reichtum des Volkes, welches zu vermehren war. Ausgerechnet der Geldüberfluss schaffte die Basis für einen wirtschaftlichen Aufschwung und für die volle Ausnutzung der Produktionsfaktoren, während er in der Geldknappheit der Münzform aus Edelmetallen die Hauptursache für den wirtschaftlichen Rückgang sah. Dabei sollten Kredite eine entscheidende Funktion für die Wirtschaftsentwicklung übernehmen. Die im Umlauf befindliche Geldmenge sollte nicht durch die forcierte Münzprägung aus knappen Edelmetallen vergrößert werden, sondern durch die Emission aus Papierkreditgeldern, also mit Banknoten, deren Herstellung eine spezielle Bank übernehmen sollte. Die Emission sollte sich nach dem Bedarf der Nationalwirtschaften und der Staatspolitik richten und nach dem Prinzip einer nicht vollen, sondern nur einer Teildeckung durch Edelmetallreserven erfolgen. Law war sich zwar bewusst: Je weniger die Deckung durch Edelmetalle erfolgte und je umfangreicher die Geldemission ausfiel, desto größer würde die Gefahr sein, dass die Besitzer die Banknoten zum Tausch gegen Edelmetalle einreichten, was zur Belastung der Edelmetallreserven geführt hätte. Er beurteilte die Risiken allerdings nicht nur negativ, sah darin sogar Vorteile für die Wirtschaft des Landes. Die Banknotenausgabe sollte nicht nur die Umrechnungen erleichtern, Edelmetalle einsparen und deren Verluste durch die natürliche Münzentwertung reduzieren, sondern die Wirtschaft mit notwendigen Geldmitteln versorgen (Anikin 1975, S. 97–115).

Nach seiner Rückkehr nach Schottland zu Beginn des 18. Jahrhunderts hoffte Law, dass seine innovativen Vorschläge in politischen Kreisen anerkannt würden. Doch seine Ideen fanden keine ausreichende Unterstützung. Die nächsten zehn Jahre lebte er vor allem von den Einnahmen aus seinem professionellen Glücksspiel und von Einkünften aus Spekulationen mit Wertpapieren, Schmuck und Gemälden alter Meister (Anikin 1975, S. 97–115), unternahm Reisen in die Niederlande, nach Italien, Flandern und Frankreich. Von Brüssel aus zog Law mit 1600 Livres in den Taschen nach Paris (Anikin 1975, S. 97–115). Mit der Vertiefung der Finanz- und Wirtschaftskrise in Frankreich hoffte er, dass sich dort für ihn die Chance ergeben könnte, sein Großprojekt, die Reform des Handels und des Geldumlaufs, anzugehen. Und tatsächlich gelang es ihm, den Regenten Philippe II. von der Sanierbarkeit der öffentlichen Finanzen und der Reform des französischen Geldumlaufs zu überzeugen (Mackay 1841, S. 1–45). Er verwies auf die positiven Erfahrungen aus dem Einsatz von Papiergeld und der Vergabe von Krediten in den Niederlanden und in England (Mackay 1841, S. 1–45). Zur Wiederherstellung der Kreditwürdigkeit Frankreichs und für die Verwaltung der königlichen Einkommen schlug er vor, eine spezialisierte Bank zu schaffen, die Banknoten mit Garantien für Grund und Boden, gedeckt durch staatliche Einnahmen, ausgeben sollte (Mackay 1841, S. 10). Im Mai 1716 erlaubte der Regent

Philippe II. Law, die private Bank Generale (Banque Générale) in Form einer Aktiengesellschaft zu gründen, deren Kapital sich auf sechs Millionen Livres belief, aufgeteilt in
1200 Aktien zu je 5000 Livres. Die Bank gab Banknoten in Form unbefristeter Schuldverschreibungen (Noten) aus und verpflichtete sich, sie in Münzen umzutauschen. Neben
der Ausgabe von Banknoten nahm die Bank private Einlagen an und verwaltete sie, inves-
tierte die erworbenen Geldmittel, akzeptierte (diskontierte) Wechsel und vergab Kredite
zu einem mäßigen Zins. Der Diskontsatz der Bank war sehr niedrig und lag im Gegensatz zu den üblichen 30 % bei nur 4 %. In der ersten Hälfte des Jahres zahlte sie an ihre
Aktionäre außerdem Dividenden in Höhe von 7 % aus. Die Bank verpflichtete sich auch,
staatliche Banknoten in Münzen umzutauschen. Außerdem erhielt die Bank das Recht,
jährlich Steuern in Höhe von 52 Mio. Livres zu erheben, die nur in Banknoten bezahlt
werden sollten (Narron und Skeie 2014).

Doch emittierte die Bank Notenmengen in Größenordnungen, die ihr verfügbares Kapital um das Fünffache überschritten. Gleichzeitig nahm der Staat auch eine Münzentwertung durch Verringerung des Metallanteils vor. Das aber steigerte die Beliebtheit der
Law'schen Banknoten so sehr, dass sie sogar im Zahlungsgeschäft häufig den Silber- und
Goldmünzen vorgezogen und schließlich mit einer zusätzlichen Prämie von 15 % im Austausch für Münzen angenommen wurden. Dies alles bewirkte eine positive Entwicklung
der Wirtschaft Frankreichs, sodass 1717, ein Jahr nach dem Beginn der Banknotenausgabe, in Frankreich ein rasantes Wirtschaftswachstum, die Wiederbelebung des Handels, des
Bauwesens und des industriellen Wachstums zu beobachten waren.

Im Jahr 1718, bereits zwei Jahre nach der Gründung, erhielt Laws Bank staatliche Garantien und avancierte damit zur Königlichen Bank von Frankreich. Anfang 1717 begann
Law mit der Umsetzung eines weiteren Projekts, der Gründung einer Handelsgesellschaft
in Form einer öffentlichen Aktiengesellschaft durch die Konsolidierung umfangreicher
Geldmittel. Damit war Law seiner Zeit um 150 Jahre voraus. Das rasante Wachstum der
Aktiengesellschaften begann in Westeuropa und Amerika erst in der Mitte des 19. Jahrhunderts. Um die Idee der Aktiengesellschaft zu realisieren, wollte er die seit 1684 bestehende Französische Westindienkompanie (*Compagnie des Indes Occidentales Françai-
ses*), auch Mississippi-Kompanie (*La Compagnie du Mississippi*), reorganisieren. Das
Kapital dieser Gesellschaft wollte er der wirtschaftlichen Entwicklung der französischen
Kolonie Louisiana, benannt nach Louis XIV., am Westufer des Mississippis zuleiten. Law
spekulierte darauf, dass die Kolonie reich an Edelmetallvorkommen war, was die Münzprägung in Frankreich würde befeuern können. Dazu sollte dieses Unternehmen neben
bestehenden Handelspräferenzen zum Steuereintreiber werden. Die Westindienkompanie
wurde im August 1717 umgestaltet und änderte ihren Namen in Westliche Gesellschaft
(*Compagnie d'Occident*). Das neue Unternehmen erhielt ein 25-jähriges Monopol auf den
Handel zwischen Frankreich und dessen Kolonien in Nordamerika und auf den Antillen.
Außerdem wurde gesetzlich festgelegt, dass ab diesem Zeitpunkt alle Geschäfte der Bank
nur mit Banknoten der Bank durchgeführt werden sollten. Die Rentabilität der Bank sollte
durch die Tätigkeit der Westlichen Gesellschaft gesichert werden.

Im Mai 1719 wurde auf Initiative von John Law die Westliche Gesellschaft mit anderen französischen Handelsgesellschaften (Guinea und Ostindien) zu einem einzigen Unternehmen unter dem Namen Indische Gesellschaft zusammengeführt. Dabei erhielt sie zusätzlich ein Monopol auf den Handel mit Waffen und Tabak sowie auf den Handel mit Kanada, China, Indien, mit den Südseeländern und allen französischen Kolonien. Außerdem erlaubte die französische Regierung die Emission von 50.000 Aktien mit einem Nennwert von 500 Livres pro Aktie (Spamer 1868, S. 290). Dabei wurden 75 Livres vom Unternehmen sofort bezahlt und der Restbetrag auf 19 monatliche Zahlungen von je 25 Livres aufgeteilt (Narron und Skeie 2014). Um den Erwerb der Aktien bewarben sich 300.000 Interessenten, vor allem Aristokraten, die an den Reichtümern von Indien und Amerika teilhaben wollten, sodass die Aktien des Unternehmens schnell ausverkauft waren. Zum Erfolg hatten wohl die Unterstützung des Staates und die Präsenz des Regenten von Frankreich als Ehrendirektor im Unternehmensvorstand seinen Beitrag geleistet. So stieg der Marktwert dieser Aktien einen Monat später auf 1000 Livres (Narron und Skeie 2014). Die Möglichkeit, Geld mit Spekulationsgeschäften zu machen, lockte auch Ausländer nach Paris, was dort den starken Preisanstieg für Unterkünfte und die Verpflegung, auch für Luxusgüter, verursachte. Webereien lieferten luxuriöse Kleider zu den um das Vierfache gewachsenen Preisen, die mit Banknoten bezahlt wurden. Die Bezahlung mit dem Papiergeld erlaubte nun auch Händlern und Vertretern der Mittelklasse und nicht mehr nur den Adeligen, in den Besitz von importierten Luxusgütern und Kunstgegenständen gelangen. Der freie Kauf und Verkauf von Unternehmensaktien führten zur Bildung eines sekundären Aktienmarktes in Form von Börsengeschäften, die in Pavillons in einem Park in der Nähe des Wohnortes von John Law ansässig waren und an Broker für 500 Livres pro Monat vermietet wurden.

Nach dem beachtlichen Anfangserfolg startete die Indische Gesellschaft die Ausgabe neuer Aktien zu überhöhten Preisen. Bis Mitte 1719 belief sich ihre Emission auf 600.000 Exemplare mit einem Gesamtnominalwert von 300 Mio. Livres. Dabei war der Aktienmarktpreis der Gesellschaft mindestens 10-mal höher als ihr ursprünglicher Nennwert. Folglich erhöhte sich der Aktien-Marktpreis zwischen September und Dezember 1719 mit einem Nennwert von 500 Livres im Durchschnitt auf 5000–8000 Livres (Anikin 1975, S. 97–115). An manchen Tagen schwankte dieser Aktienpreis so stark, dass er sogar die Höhe von 15.000–20.000 Livres erreichte. Für den Erwerb neu platzierter Aktien der Gesellschaft wurde fast die gesamte Banknotenemission der Königlichen Bank verwendet. Um ausreichende Mittel für die Deckung des ständig wachsenden Aktienangebots zur Verfügung zu stellen, wurde die jährliche Banknotenemission schließlich von 60 Mio. auf 1 Mrd. Livres erhöht. Die Geldmittel der Gesellschaft aus dem Aktienverkauf wurden hingegen nur zum geringen Teil in Handel und Güter investiert, stattdessen größtenteils in den Kauf von Staatsanleihen der Königlichen Bank von Privaten. Dadurch hatte Laws Unternehmen Staatsschulden in Höhe von 1,5 bis 2 Mrd. Livres übernommen (Anikin 1975, S. 97–115). Für diese Leistung erhielt Law den Titel eines Herzogs und am 5. Januar 1720 den Posten des Generalinspektors, des Finanzministers Frankreichs.

Die Indische Gesellschaft unterschied sich von der über ein Jahrhundert lang in England und in Holland bestehenden Ostindischen Gesellschaften (*East India Company*) darin, dass sie mit dem Staat eng verbunden war, ihre Aktien für den Verkauf an ein breiteres
Kundenspektrum bestimmt und auf dem Sekundärmarkt an einer Art Börse frei zugänglich
waren. Doch ungeachtet dessen, dass die französische Indische Gesellschaft flächenmäßig
die größte europäische Handelsgesellschaft war, erwies sie sich als am wenigsten profitabel. Ein Grund dafür war, dass die Erschließung der weit entfernten unbewohnten Gebiete
Louisianas nicht so schnell wie geplant erfolgte. Obwohl Frankreich an den Ufern des
Mississippis eine Stadt zu Ehren des Herzogs von Orleans, New Orleans, gegründet hatte,
wohin sich die Expedition und Schiffe mit Umsiedlern und Jesuiten zur Bekehrung der
Indianer zum Katholizismus begaben, blieben von dort die erhofften größeren Einnahmen aus. Es sei hier darauf hingewiesen, dass viele einfache französische Bürger lieber
nicht nach Amerika umsiedeln wollten, sodass, begleitet von bewaffneten Konvois, viele Personen von zweifelhaftem Ruf in die Kolonien geschickt wurden, darunter Diebe,
Vagabunden und Prostituierte.

Anfang des Jahres 1720 schickte Prinz Louis Armand II. de Bourbon, Sohn des Fürsten
von Conti, äußerst unzufrieden damit, dass Law ihm neue Aktien der Indischen Gesellschaft nicht zum Nennwert verkauft hatte, drei mit Banknoten angefüllte Pferdewagen
zum Austausch gegen Münzen aus Edelmetallen zur Bank, woraufhin Law Philippe II.
unterrichtete, dass dem Beispiel des Prinzen andere folgen könnten. Aus Sorge darüber
veranlasste der König, dem Prinzen zwei Drittel der empfangenen Münzen zurückzuge-
ben. Weil der Vorgang dennoch in der Öffentlichkeit bekannt wurde, folgten dem Beispiel
des Prinzen mehr und mehr Menschen und tauschten ihre Banknoten in der Königlichen
Bank gegen Gold und Silber ein. Als Ergebnis verringerte sich die Edelmetallreserve in
der Bank so schnell, dass Law als Finanzminister Anfang 1720 den Austausch von Banknoten gegen Münzen auf 100 Livres in Gold und auf 1000 Livres in Silber beschränkte
und den Privatbesitz von über 500 Livres in Münzen unter Androhung einer Geldstrafe
und der Konfiszierung verbot. Zwar unterstützten diese Maßnahmen die Geschäftsfähig-
keit der Bank. Doch konnten sie nicht das Vertrauen in die Banknoten zurückgeben, die
um 10 % in ihrem Wert gefallen waren. Von Februar bis Mai wurde die zusätzliche Ausgabe von Banknoten in Höhe von über 1,5 Mrd. Livres vorgenommen, sodass sich im
Geldumlauf Frankreichs Anfang Mai Banknoten in Höhe von 2,6 Mrd. Livres befanden,
während der Nominalwert aller Münzen im Umlauf nicht einmal die Hälfte dieser Summe erreichte. Trotz der neuen Notenausgabe wurde das Vertrauen der Bevölkerung in die
Banknoten endgültig untergraben. Niemand wollte sie mehr besitzen. Riesige Mengen
Papiergeld im Umlauf hatten den Preisanstieg in allen Wirtschaftsbereichen zur Folge.
So erhöhten sich im Januar 1720 die Preise in Frankreich um 23 % (Turk und Rubino
2005, S. 28). Unterdessen hielten die Franzosen Gold- und Silbermünzen zurück, was das
Gold- und Silberdefizit begünstigte, während das unbeliebte Papiergeld sofort ausgegeben wurde. Dieses Defizit war so beträchtlich, dass zu dessen Verminderung die Ausfuhr
nicht nur von Münzen, sondern auch von Utensilien und Schmuck aus Edelmetallen sowie
von Edelsteinen verboten wurde. Allerdings wurden Edelmetalle in Form von Münzen,

Schmuck und anderen Utensilien illegal aus Frankreich nach England, Belgien und Holland ausgeführt, was das Edelmetalldefizit verstärkte. Trotz aller Maßnahmen kam es zur schnellen Abwertung sowohl der Banknoten als auch der Aktien. Im Mai wurden die Banknoten um die Hälfte abgewertet, und am 27. Mai 1720 wurde die Umwandlung von Münzen in Banknoten der Königlichen Bank vollständig ausgesetzt.

Die Schuld für die finanzielle Misere wurde John Law zugeschrieben, weswegen er seines Amtes als Finanzverwalter des Landes und der Banque de France enthoben wurde. Um die Situation zu bereinigen, wurde der ehemalige Kanzler Henri Francois d'Aguesseau, der 1718 wegen seines Widerstandes gegen die Projekte Laws entlassen worden war, erneut mit der Kanzlerschaft beauftragt. Anfang Juni 1720 ließ dieser den Besitz von Edelmetallen wieder zu und nahm die Umwandlung von Banknoten zu Münzen in der Königlichen Bank auf, was zu einem Massenaustausch von Banknoten gegen Gold- und Silbermünzen führte. Dabei wurden Banknoten zu 25 % ihres Nennwerts angenommen und öffentlich vor dem Pariser Rathaus verbrannt. Wegen der Edelmetallknappheit wurde zur Kupfermünzvergabe gegriffen, die Königliche Bank im August 1720 für insolvent erklärt. Im August 1720 wurden Banknoten mit einem Nennwert von 1000 Livres in Münzen zu 400 Livres umgetauscht. Im September waren es nur noch 250 Livres (Jurnal Portfelnij Investor 2008). Am 20. Oktober 1720 wurden die alten Banknoten vollständig abgewertet und ohne Entschädigung für ungültig erklärt, und seit dem 1. November 1720 galten sie offiziell nicht mehr als gesetzliches Zahlungsmittel. Insgesamt hatte die Bank während ihres Geschäftsbetriebes Banknoten in Höhe von 3 Mrd. Livres ausgegeben, die durch Münzen in Höhe von 50 Mio. Livres gedeckt waren. Die Banknotenemission blieb zu mehr als 98 % ungedeckt. Im Zuge des Einzugs alter Banknoten wurden 25 Mio. neue gedruckt, die durch das Budgeteinkommen von Paris gesichert wurden. In Frankreich dauerte die hohe Inflation an. Die Banknotenausgabe entsprach nicht den tatsächlichen Bedürfnissen der Wirtschaft, und der Markt der im Wert fallenden Aktien konnte eine solch große Emission nicht aufnehmen. Die Ursache des Preisanstiegs lag also nicht im Wirtschaftswachstum, sondern im inflationären Geldüberfluss. Unterdessen hatten auch die Law'schen Aktien stark an Wert verloren. Um die Situation zu mildern, schlug die Regierung vor, die Aktien gegen niedrig verzinste Staatsanleihen umzutauschen. Doch die Aktionäre gingen auf dieses Geschäft nicht ein (Kravschenko 2008). Im November 1720 wurden der Indischen Gesellschaft fast alle Privilegien entzogen. Kurz darauf wurde sie für insolvent erklärt, was eine vollständige Abwertung ihrer Aktien zur Folge hatte. Es kam zur Annullierung ihrer Noten. Nach diesen Ereignissen musste Law aus Paris fliehen und hielt sich anschließend in verschiedenen europäischen Metropolen auf, wo er seinen Unterhalt erneut mit dem Kartenspiel bestritt. Die letzten Jahre seines Lebens verbrachte er in Venedig. Die Idee einer Teildeckung der Geldemission wurde trotz des angerichteten Desasters im 20. Jahrhundert wieder aktuell.

4.5 Der Geldumlauf in Frankreich während und nach der Revolution

Die nachfolgenden Monarchen Frankreichs, Louis XV. und Louis XVI., entwickelten nach den schlechten Erfahrungen regelrecht Angst vor der Rückkehr des Papiergelds und bevorzugten Münzen aus Edelmetallen, darunter den Louisdor, dessen Prägung 1640 während der Herrschaft von Ludwig XIII. begann, weiters den Ecu, den Livre und den Franc. Zwischen 1721 und 1785 wurden in Frankreich unter anderem rund eine Milliarde Goldmünzen und zwei Milliarden silberne Livre geprägt (Smirnov 1921, S. 103–104). Edelmetalle wurden zum Zweck der Prägung auf Kredit gekauft, sodass die Verschuldung Frankreichs schnell anstieg. Im Jahr 1788 beliefen sich die Staatsschulden auf etwa 5 Mrd. Livres, und ihre Schuldendienstkosten betrugen jährlich 310 Mio. Livres (Bruguière 1991). Gleichzeitig entfiel die Steuerbelastung in erster Linie auf die Bauern und auf die wachsende Klasse der Händler, weil die Aristokratie und die Kirche keine Steuern zahlten. Nachdem Frankreich die Kriege gegen England und Preußen verloren hatte, verstärkte sich die innere Spannung im Land weiter, was schließlich die Französische Revolution (1789–1799) mitverursachte.

Nach deren Ausbruch kam es zur wesentlichen Verringerung der Einnahmen in der Staatskasse und der Steuereinnahmen. Gleichzeitig wurde die Reduzierung der Staatsausgaben mit der Streichung der Schulden der Monarchie ausgeschlossen. Dies hätte unmittelbar die Interessen des wohlhabenden Bürgertums, eines Hauptgläubigers des Staates, betroffen. Unter diesen Umständen wurde im November 1789 beschlossen, einen Teil der Staatsschulden durch Enteignung und den Verkauf des Eigentums der Kirche und des Monarchen zu tilgen. Zu diesem Zweck wurde im Januar 1790 die Ausgabe neuartiger Staatsanleihen, der sogenannten Assignaten, vorgenommen, als deren Garantie das durch die revolutionäre Regierung beschlagnahmte Eigentum des Königs und der Kirche galt. Die erste Ausgabe dieses Papiergelds belief sich auf 400 Mio. Livres mit einem Nominalwert von 200, 300 und 1000 Livres. Dabei betrug der Jahreszins der Anleihen zunächst 5 und dann 3 %. Für diese Anleihen konnten Landflächen erworben werden, die als Folge der Enteignungen an den Staat übergegangen waren. Nach der Übergabe des Landes an seine neuen Besitzer sollten die Assignaten vernichtet werden (Jurovskij 1998, S. 152).

Doch der Verkauf des verstaatlichten Eigentums im Wert von mehr als 3 Mrd. lief langsam ab (Jurovskij 1998, S. 152). Deshalb wurde in der konstituierenden Versammlung die Frage der zusätzlichen Ausgabe als vollwertiges Papiergeld fungierenden Assignaten auf die Tagesordnung gesetzt. Nach dem Aufschub der Tilgung im April 1790 auf unbestimmte Dauer und im September des gleichen Jahres nach der Abschaffung der Renditen erhielten Assignaten den Status eines gesetzlichen Zahlungsmittels. Sie unterlagen neben den Münzen der Abnahme bei allen Geschäftsoperationen. In dieser neuen Qualität wurden im Jahr 1790 Assignaten mit einem kleineren Nennwert in Höhe von 800 Mio. Livres emittiert und ihre Ausgabe Ende des Jahres um das Dreifache gegenüber der ursprünglichen erhöht. Um das Vertrauen der Öffentlichkeit in die neue Währung zu erhöhen, wurde ihr Umtausch gegen Münzen erlaubt. Weil der Marktwert der Assignaten nur 96–91 % ihres Nennwerts betrug, verschwand Metallgeld, und es verschwanden vor allem die

Kleinmünzen sehr schnell aus dem Umlauf. Im April 1792 wurde das Defizit der Klein-geldmünzen durch eine neue Emission von Assignaten mit kleineren Nennwerten von 10 Livres sowie von 50, 25, 15 und 10 Su ausgeglichen.

Doch hatte die wirtschaftliche und politische Instabilität den Marktwert der Assigna-ten, der im Januar 1792 nur noch 63 % des Nominalwertes betrug, negativ beeinflusst (Mathiez 1928, S. 45, 84, 110–117). Dies hatte in Frankreich einen Preisanstieg zur Fol-ge, dann eine Nahrungsmittelkrise und schließlich eine Hungersnot. Außerdem erfolgte die Tilgung von Assignaten mit Papierlivres, was zum deutlichen Anstieg des Fiatgeldes (fiduziarisches Geld) im Umlauf und zur Hyperinflation führte. So waren im Jahre 1794 7 Mrd. Papierlivres im Umlauf. Im Jahr 1795 waren es 10 Mrd., ein halbes Jahr später 14 Mrd. Sehr bald erreichte dieser Betrag die 40-Milliarden-Grenze (Turk und Rubino 2005, S. 29). All dies verursachte die Stagnation des Handels. Um zu verhindern, dass die Franzosen das abgewertete Geld unter dessen Nominalwert verwendeten, wurde bei Zuwiderhandlung eine Gefängnisstrafe von 20 Jahren verhängt. Im Fall der Präferenz von Edelmetallen bei der Preisgestaltung von Waren und Dienstleistungen wurde sogar die Todesstrafe angedroht.

Neben den inneren Problemen beteiligte sich das revolutionäre Frankreich im Zeit-raum von 1792–1802 zusätzlich an einer Reihe sogenannter Revolutionskriege, die bereits 1792 zwischen Frankreich und wechselnden Koalitionen begannen. Die Revolutionskrie-ge verliefen keinesfalls zugunsten der Französischen Republik. So wurden beispielsweise die lukrativen französischen Kolonien von England besetzt. Außerdem erforderten die Kriege die angemessene Finanzierung. Die französische Staatskasse war leer, und die Regierung hatte alle Möglichkeiten zur Beschaffung von Geldmitteln aus Kredit- und Steuereinnahmen ausgeschöpft. Daher kam es zur neuen Ausgabe von Assignaten, die unter diesen Umständen als einzige Finanzierungsquelle für den Staat übrig geblieben waren. So belief sich im Herbst 1792 der Gesamtwert der ausgegebenen Assignaten auf 3,2 Mrd. Livres, deren Marktwert 40 % des Nominalwertes ausmachte (Jurovskij 1998, S. 153). Im April 1793 wurden Assignaten schließlich zum einzigen gesetzlichen Zah-lungsmittel, ihre Verwendung unter Androhung drakonischer Strafen obligat. Darüber hinaus startete der Staat die Enteignung von Gold-, Silber- und Schmuckbesitz. Insgesamt erfolgten zwischen 1792 und 1793 sechs Assignat-Emissionen, und Mitte 1794 erreichte der Gesamtwert der ausgegebenen Assignaten 11 Mrd. Livres. Die Papiere waren aller-dings nicht mehr mit Staatsland abgesichert, weil das vollständig verkauft worden war (Jurovskij 1998, S. 153). 1795 kamen Assignaten im Wert von 30 Mrd. Livres in den Um-lauf, etwa 3-mal so viel wie in allen Vorjahren zusammen (Jurovskij 1998, S. 155). Mit der weiteren Verbreitung der Assignaten fiel ihr Marktwert. Im Januar 1792 betrug er 72 % des Nominalwertes, 1793 waren es 51, 40 im Januar 1794, im Januar bzw. Juli 1795 nur 18 und dann knapp 3 %. Schließlich sank ihr Wert im November 1795 auf 0,87 %. Letztlich mussten die Assignaten Ende Februar 1796 gänzlich abgewertet werden. Im Februar 1796 wurden die Assignaten entwertet und ihre Ausgabe vollständig eingestellt.

Währenddessen war der Preisanstieg so stark, dass es zur Hyperinflation kam. Im April 1795 wurde beschlossen, doch wieder Metallgeld zu verwenden. Während der Re-

volution waren die Edelmetallmünzen vielfach illegal ausgeführt worden. Der im Inland
verbliebene Teil, sein Gesamtwert belief sich auf nur noch 214 Mio. Livres, etwa 10-mal
weniger als der gesamte Assignatenwert, erschien wieder im Umlauf (Jurovskij 1998,
S. 157). In den Jahren 1796–1797 konnten die Einnahmen alle staatlichen Ausgaben nur
zu einem Drittel decken. Die Einnahmequellen, vor allem als Steuern, waren weitgehend
ausgeschöpft worden, und es bestand keine Möglichkeiten mehr, die Ausgaben zu kürzen
und neue Kredite aufzunehmen.

Deshalb sah sich die Regierung im März 1796 wiederum dazu gezwungen, zur Emission des Papiergeldes neuer Art zu greifen, zu den sogenannten Territorialmandaten (Pro-
messe de Mandat Territorial). Zunächst hatten sie einen Nominalwert von 5 Franc. Außerdem erfolgte die Ausgabe von Schuldverschreibungen auf Territorialmandate im Wert
von 25, 100, 250 und 500 Franc. Wie die ersten Assignaten waren diese territorialen Mandate durch staatliche Immobilien wie den Boden abgesichert. Das Land wurde für die
territorialen Mandate ohne Versteigerung und zum Festpreis verkauft. Außerdem wurden
sie gegen die sich im Umlauf befindlichen Assignate im Verhältnis von 1:30 gewechselt,
später in der Relation von 1:100. Doch bald erreichte die Emission territorialer Mandate
ein zu großes Ausmaß. Das führte zu ihrer Abwertung. Folglich musste die Regierung
im Februar 1797 alle Arten von Papiergeld, das im Umlauf war, für ungültig erklären.
Es erfolgte der Übergang zum Metallgeld. In der Menge reichte es zwar für den privaten
Bedarf aus, nicht aber für den des Staates. Von 1796–1797 entfielen auf die Ausgaben des
Staates eine Milliarde Livre und auf seine Einnahmen lediglich 340 Mio. (Smirnov 1921,
S. 124–125). Die Regierung griff erneut auf die Emission einer anderen, der dritten Art
von Papiergeld, zurück: auf Boni und Zahlungsaufträge.

Die Ordnung im Geldumlauf Frankreichs wurde erst während der Regierungszeit Napoleons (1799–1815) hergestellt. Dafür wurde in Frankreich zuerst das dezimale Zahlen-
system eingeführt. Im Unterschied zum alten Franc hieß der neue, der dezimale (1 Franc =
10 Dejima = 100 Rappen) Franc Germinal. Frankreichs militärisches Engagement zur Eroberung vieler Teile Kontinentaleuropas brachte der Staatskasse Kontributionen und damit
Edelmetalle ein (Schultze 1940, S. 152–153, 204–208). Alleine aus der römischen Basili-
ka Peter und Paul wurden von der französischen Armee 4000 Pfund Silber und 75 Pfund
Gold entnommen, was 1,8 t Silber und 34 kg Gold entsprach (Schultze 1940, S. 153).
Solche Beschlagnahmungen des Eigentums, einschließlich des der Kirche, erfolgten in
ganz Europa. Dies erlaubte es Frankreich, einen neuen Standard für die Goldmünze Lui-
dor einzuführen, genannt Napoleondor. Sie wurde aus Gold mit einem 900er-Feingehalt
und mit einem Gewicht von 6,4516 g hergestellt. Darauf war Napoleon abgebildet, zunächst als Erster Konsul und dann als Kaiser. Als Napoleondor wurden meist Goldmünzen
mit einem Nennwert von 20 Franc bezeichnet. Zusätzlich zum Napoleondor wurde die
Prägung des doppelten Napoleondors mit einem Nennwert von 40 Franc vorgenommen,
eines halben Napoleondors mit einem Nennwert von 10 und eines Viertel-Napoleondors
mit einem Nennwert von 5 Franc. Gelegentlich erfolgte zusätzlich die Prägung schwerer Goldmünzen zum *Zweck* der *Thesaurierung* mit einem Nennwert von 50 und 100
Franc. Thesaurierung ist aus dem Griechischen abgeleitet. Thesaurus kann mit Schatzhaus

übersetzt werden und steht für das Lagern der Edelmetalle. In der Regierungszeit Napoleons wurden insgesamt rund 21 Mio. solcher Münzen hergestellt. Im Jahr 1803 wurde in Frankreich offiziell der Bimetallismus wieder hergestellt. Daraus ergab sich, dass die Münzprägungen frei erfolgen konnten und die Münzen aus Gold und Silber im Verhältnis von 1 : 15,5 zum gesetzlichen Zahlungsmittel wurden.

Anfang des 19. Jahrhunderts verlangte die groß angelegte militärische Kampagne Napoleons nach beträchtlicher zusätzlicher Staatsfinanzierung. Zu dieser Zeit beliefen sich die laufenden Staatsausgaben auf rund 500–800 Mio. Franc. Napoleon verurteilte jede Art von Wucher und versuchte darum, die Aufnahme von Krediten zu vermeiden. Hingegen boten viele Bankhäuser, nicht nur in Frankreich, ihre Hilfe als Geldgeber an. Begünstigt auch durch Napoleons Ablehnung betrug die Staatsverschuldung Frankreichs im Jahr 1802 zwar 714 Mio. Franc, hatte sich aber gegenüber 3,263 Mrd. im Jahr 1793 deutlich verringert (Moshenskyi 2015, S. 136). Napoleon hatte versucht, auf risikoarmen Wegen zu Geld zu kommen. Trotz seiner negativen Haltung gegenüber dem Papiergeld gründete Napoleon 1801 erneut eine Zentralbank, die Bank von Frankreich (Banque de France), wie ihre Vorgängerinnen in Form einer Aktiengesellschaft. Ihr Kapital in Höhe von 30 Mio. Franc wurde in 30.000 Aktien aufgeteilt: mit einem Nennwert von je 1000 Franc. Darüber hinaus hatte die Bank von Frankreich 1803 schließlich die Emission von Papiergeldbanknoten aufgenommen, die bis 1870 als gesetzliches Zahlungsmittel neben den Silber- und Goldmünzen im Umlauf waren. Im Jahr 1803 griff Frankreich auf den Verkauf seiner Kolonie Louisiana an die Vereinigten Staaten zurück, was der Staatskasse 80 Mio. Franc brachte. Und Spanien gewährte Frankreich 1803 eine Subvention in Höhe von 48 Mrd. Franc (Moshenskyi 2015, S. 133). Trotzdem vergrößerte sich die Staatsverschuldung Frankreichs erneut und erreichte zunächst den Stand von 706 Mio. Franc, von denen 327 Mio. aus Staatsanleihen und aus sogenannten Renten bestanden. Besonders wegen der Ausgabe von Staatsanleihen flossen von 1806–1813 rund 377 Mio. Franc in die Staatskasse (Moshenskyi 2015, S. 133).

Der Krieg hatte seinen Preis. Außerdem verschlechterten sich die Beziehungen zu den Banken, deren Kreditangebote Napoleon verschmähte. Dazu gehörten Uvrara (Gabriel-Julien Ouvrard), Desprez und Laffite, die durch Spekulationen in der Revolutionszeit reich geworden und mit wichtigen Banken in Amsterdam und Antwerpen verbunden waren. Damals galten London, Amsterdam und Antwerpen als die bedeutendsten Finanz- und Kreditzentren Europas. Napoleon wollte die Koalition gegen ihn zerstören, indem er Antwerpen als ihr Hauptfinanzierungszentrum 1808 besetzte, weil er glaubte, Antwerpen sei eine „auf die Brust Englands gesetzte Pistole" (Stresemann 1915, S. 11).

Zur gleichen Zeit gelang es ihm, die Kontrolle über andere wichtige Finanzzentren Kontinentaleuropas zu übernehmen: über Genua, Venedig, Frankfurt und Genf. Im Jahr 1806 nahm Napoleon eine Kontinentalsperre Englands vor, indem die Handelsbeziehungen mit England vollständig eingestellt wurden.

Im Gegenzug ging England zum Handel mit Südeuropa und seinen Kolonien, aber auch zum Schmuggel über. Außerdem zogen die Amsterdamer Banker mit ihrem Kapital aus den besetzten Niederlanden nach London, was den Verfall Amsterdams als Finanzplatz beschleunigte, jedoch die Bonität und folglich die Finanzmacht Englands stärkte. Aus diesem Grund kam England aus der Kontinentalblockade nicht nur nicht besiegt hervor, sondern wurde viel stärker als je zuvor. Es kontrollierte weiterhin alle Handelsseewege. Darüber hinaus erhöhte sich Englands Export in den Jahren 1805–1810 von 51 Mio. auf 92,7 Mio. Franc (Moshenskyi 2015, S. 136). In Frankreich verschärften sich 1810 und 1811 die wirtschaftlichen Probleme wegen der Störungen beim Export aufgrund der Kriege. Zum Ende der Herrschaft Napoleons wuchsen die Staatsschulden weiter an, und im Jahr 1816 beliefen sie sich auf 1,320 Mrd. Franc (Moshenskyi 2015, S. 136). Dessen ungeachtet, blieben sie im Durchschnitt während der Regierungszeit Napoleons mäßig gegenüber der Zeit der Herrschaft der Bourbonen und der revolutionären Regierung und betrugen rund 1,912 Mio. Franc (Venturini und Bredow 1834, S. 61). Die Bourbonen regierten vor und nach Napoleon. Nach der Niederlage Napoleons bei Waterloo am 22. Juni 1815 dankte der Herrscher ab, und in Frankreich wurde die Macht des Königshauses Bourbonen wiederhergestellt.

Die Bourbonen regierten bis 1830. In diesem Zeitraum kam es in Frankreich mit neuer Kraft zur Entwicklung von Privatbanken und zu einer Stärkung des Kreditwesens. Nach dem Sturz Napoleons wuchsen die Staatsschulden Frankreichs erneut rapide an. Während der Herrschaft von Louis XVIII. (1815–1824) betrugen sie 3,466 Mrd. und während der Herrschaft von Louis-Philippe I. (1830–1848) 5,185 Mrd. Franc (Venturini und Bredow 1834, S. 61). Gleichzeitig erschwerte sich die finanzielle Lage Frankreichs dadurch, dass es im Jahr 1815 die Kontribution in Höhe von 700 Mio. Franc an Siegerländer zahlen musste (Kindleberger 1986, S. 18). Nach 1815 wurden in französischen Städten, in Rouen, Nantes und in Bordeaux, private Emissionsbanken gegründet, die die Operationen der Bank von Frankreich reproduzierten. Auf diese Weise war jegliche staatliche Kontrolle über die Geldemission verloren gegangen. Erst im Jahr 1848 hatte die Bank von Frankreich das Monopol auf die Banknotenherstellung wiedergewonnen und wurde zur einzigen Emissionsbank des Landes. Von den privaten Banken, die sich auf die Vergabe von Krediten spezialisierten, war die Rothschild Bank die erfolgreichste.

In den folgenden Jahrzehnten wurde die Prägung der Goldmünze Napoleondor nach dem Maßstab fortgesetzt, der zur Zeit Napoleons festgelegt worden war. Darüber hinaus wurde dieser Standard zum verbreitetsten Goldmünzenstandard in Europa. Auf dieser Basis wurden außerhalb Frankreichs Münzen nach dem französischen Standard geprägt: in Belgien, Italien, Österreich-Ungarn, der Schweiz, Luxemburg, Bulgarien, Rumänien, Finnland, Griechenland, den französischen Kolonien und Russland. Außerdem wurde in den Jahren 1865–1914 der französische Franc Germinal und damit das Verhältnis von Gold zu Silber von 1:15,5, das von Napoleon im Jahr 1803 festgelegt worden war, für die Staaten der sogenannten Lateinischen Währungsunion übernommen.

4.6   Probleme des Goldstandards in Großbritannien und Lösungswege

Im Zeitraum von 1797–1819 wurde der Goldstandard aufgehoben, was bedeutete, dass die Bank of England alle im Umlauf befindlichen Banknoten nicht mehr in Goldmünzen umtauschte und damit eine Inflation sowie die Abwertung des Pfundes gegenüber den anderen Währungen auslöste. Nach dem Ende des Krieges gegen Napoleon 1815 kam es zur Verringerung der Nachfrage nach Nahrungsmitteln, nach industriellen Waren und zugleich zur Verschärfung des Wettbewerbes durch importierte Waren. Unter diesen Umständen konnte England nicht länger das alte, das höhere Preisniveau halten. Die vorübergehende Aussetzung des Goldstandards verschlechterte die Lage der Finanzelite, der Feudalherren und der britischen Kreditgeber, die hauptsächlich holländische Banker waren. Die Betroffenen waren an der Rückkehr des Goldstandards und an der Stabilisierung des Pfundes interessiert. Die Bauern und die Arbeiterklasse, die vom Silber- und nicht vom Goldstandard profitierten, waren aber kaum in der Lage, die politischen Prozesse zu beeinflussen. Denn das Wahlrecht war auf die männliche Bevölkerung und Bürger mit einem Mindestkapital begrenzt. Da diese Gruppe mächtiger war, nahm England offiziell den Goldstandard wieder auf.

Zunächst wurde 1816 eine freie Prägung von Goldmünzen zugelassen. Dabei war Silber im Geldumlauf Englands nur noch in Form kleiner Wechselmünzen vorhanden. Im Jahr 1821 erfolgte der vollständige Verzicht auf Silber als Zahlungsmittel. Auf diese Weise war in England die Rückkehr zum Goldstandard erfolgt. Offiziell wurde er erst 1844 mit der Verabschiedung des sogenannten Gesetzes von Peel (*Peel's Act, Bank Charter Act*) vollzogen. Mit dem Gesetz kam es nicht sofort zur Wiederherstellung des Goldstandards. Laut Gesetz sollte er erst nach einer gewissen Zeit Schritt für Schritt erreicht werden und danach eine Angleichung des Banknotenwertes an den Wert des Goldes vorgenommen werden, was die Banknote dann zu einer Art Goldzertifikat machte. Darum sollte die Bank of England allmählich die Anzahl seiner in Umlauf befindlichen Banknoten so lange reduzieren, bis es gelänge, den Wert der Banknoten und Münzen einander anzugleichen.

Um die Situation besser kontrollieren zu können, wurde mit dem Gesetz der Bank of England ein Monopol auf die Produktion neuer Banknoten zugeteilt. Zuerst ging es nur um die Teilgolddeckung der Banknotenemission. Nach dem Gesetz von Peel wurde der größte Teil der Banknotenausgabe zu 100 % mit Gold gedeckt und der Rest mit Staatsanleihen in einem Volumen, das 14 Mio. Pfund nicht übersteigen sollte. Dies bedeutete, dass die Bank of England sich beim Umfang der Münz- und Banknotenausgabe strikt an den vorhandenen Metallreserven orientieren sollte. Wenn die Menge der Edelmetallreserven fiel, musste die Banknoten- und Münzausgabe reduziert werden, und wenn die Menge der Edelmetallreserven stieg, konnte die Emission erhöht werden – nur im gesetzlich festgelegten Umfang. Zu diesem Zweck wurde die Bank of England in zwei Abteilungen aufgeteilt: in die der Emission und in die der Bank. Die erste Abteilung befasste sich mit der Banknotenherstellung und mit der Aufbewahrung der Goldreserven, während die zweite Abteilung als gewöhnliche Geschäftsbank agierte, die die Einlagen von Privatkun-

den annahm, Kredite vergab, Dividenden auszahlte, Wechsel akzeptierte und eine Reihe
weiterer Geschäftsoperationen abwickelte. Dabei funktionierte das Emissionsverfahren
auf folgende Weise: Die Emissionsabteilung wies der Bankabteilung die Banknoten im
Betrag von 14 Mio. Pfund sowie die Goldreserven zu, die zur vollen Deckung dieses
Betrages notwendig waren. Dann sollte die Bankabteilung diese Banknoten in Umlauf
bringen. Falls die Menge der Goldreserven unter 14 Mio. Pfund lag, d. h. sie deckte nicht
mehr die Banknoten im Umlauf in Höhe von 14 Mio. ab, mussten die verbleibenden Banknoten über dem Grenzbetrag in Form von Einlagen oder Rückzahlungen von Krediten in
der Bankabteilung der Bank of England annulliert und nicht mehr in Umlauf gebracht werden. Eine diesem Betrag äquivalente Goldmenge musste der Emissionsabteilung der Bank
zurückerstattet werden. Karl Marx, Zeuge dieser Zeit, hatte sich kritisch über das Gesetz
von Peel geäußert. Er zeigte anhand eines Beispiels dessen Absurdität auf: Angenommen,
dass Banknoten in Höhe von 20 Mio. Pfund im Umlauf sind, schrieb er, von denen laut
Gesetz 14 Mio. nicht und 6 Mio. mit der gleichen Summe Bargeld gedeckt wären, das sich
in der Bankabteilung der Bank of England befand. Dann fielen die Goldreserven in der
Emissionsabteilung auf ein kritisches Niveau, auf 6 Mio. Pfund. Es müsste die gesamte
Bargoldreserve in gleicher Höhe aus der Bankabteilung in die Emissionsabteilung übergehen (Marx 1853). Auf der einen Seite würde es für das Wachstum der Goldreserven in
der Emissionsabteilung auf 12 Mio. Pfund sorgen, aber auf der anderen Seite die Bankabteilung um das Bargeld in Münzform bringen. Darüber hinaus würde dies die Einziehung
von Bankeinlagen bedeuten. Laut Karl Marx konnte dieser Emissionsmechanismus keiner
Kritik standhalten: „Jeder wird verstehen, dass die gesamte Mechanik auf der einen Seite
eine Illusion ist und auf der anderen Seite in höchstem Maße verderblich ist", weil in der
Realität die Regulierung der Geldmenge im Umlauf nicht nach den Veränderungen der
Goldreserven erfolgte, sondern nach den Bedürfnissen des Geschäftslebens (Marx 1853).
Als Beweis dafür legte Marx einige Statistiken vor. Während zwischen 1841 und 1843 die
Goldreserven der Bank of England von 3.965.000 auf 11.054.000 Pfund stiegen, sank die
Banknotenmenge im Umlauf von 35.660.000 auf 34.094.000 Pfund (Marx 1853).

Darüber hinaus wurde der Bank of England mit dem Gesetz von Peel das ausschließli-
che Recht auf die Erhöhung des Mindestzinssatzes verliehen, um den Goldabfluss und die
Abwertung der Nationalwährung anzuhalten und auf diese Weise den Wert von Staatsanleihen und die Warenpreise zu verringern. Bereits im Jahr 1847 musste die Bank of
England auf dieses Recht zurückgreifen. Die Änderung des Mindestzinssatzes erwies sich
jedoch als ineffektiv. Die Statistik bestätigt, dass während der Leitzinssatz fiel, sich die
Banknotenanzahl verringerte. Doch das Volumen der Kredite vergrößerte sich deutlich.
So fiel vom 18. September 1846 bis zum 5. April 1847 die Banknotenanzahl im Umlauf von 20,9 Mio. auf 20,8 Mio. Pfund, während der Umsatz diskontfähiger Wechsel
von 12,3 Mio. auf 18,6 Mio. stieg (Marx 1853). Dies bedeutete, dass die Kreditgeschäfte
mit Hilfe einer kleineren Banknotenanzahl durchgeführt wurden. Darüber hinaus betrug
im September 1945 der Leitzinssatz 2,5 %. Währenddessen wuchs das Kreditvolumen,
und die Banknotenanzahl im Umlauf blieb nach wie vor unverändert. Im Jahr 1847 stieg
der Leitzinssatz auf 4,5 %, während das Kreditvolumen stark zurückging und sich die

Banknotenanzahl deutlich erhöhte (Marx 1853). So zeigte das Versagen des Gesetzes von Peel, dass seine Anhänger, Vertreter der sogenannten Englischen Schule der monetären Theorie, irrtümlich nur Münzen und Banknoten für Geld hielten und andere Geldformen wie Kreditgeld in Form von Wechsel, Bankeinlagen, Schecks für ein zusätzliches Instrument im Geldumlauf, das seiner Natur nach keine Einschränkungen erforderte (Skousen 1996, S. 95–98). Die Anhänger der Englischen Schule der monetären Theorie, darunter Thomas Joplin, Robert Torrens sowie die Banker Samuel Jones Loyd und George Ward Norman, wollten insbesondere die Bankeinlagen nicht als Geld betrachten (Feaveryear 1963, S. 249–250). In der Realität erschafften die Banken aber bereits mit Hilfe von Krediten oder Wechseldiskontierung Fiatgeld (*fiduziarisches Geld*) (Skousen 1996, S. 9, 119, 138). Die Einführung einer Teildeckung der Banknotenemission, die im Gesetz von Peel verankert wurde, bedeutete eine Abweichung vom System des klassischen Goldstandards (von Mises 1953, S. 369). Dabei musste England eine hohe Golddeckung der Emission beibehalten, was auch einer Reihe ihrer außenwirtschaftlichen und außenpolotischen Interessen entsprach. Allerdings behielt sich der Staat das Recht vor, die Banknotenausgabe zu erhöhen und über die Grenzen der geregelten Deckung hinauszugehen, d. h. vorübergehend die Wirkung des Goldstandards anzuhalten, z. B. im Fall einer Finanzkrise, wovon der Staat 1847, 1857 und 1866 mehrmals Gebrauch machte.

Zugleich wurde durch das Gesetz die Einrichtung neuer privater Emissionsbanken in England und Wales verboten, und die Emission der noch bestehenden Banken wurde auf 8,648 Mio. Pfund beschränkt. Nach und nach stellten die Privatbanken Englands ihre Emissionstätigkeit ein, sodass 1921 die Bank of England zum Monopolisten bei der Banknotenherstellung wurde (Katasonov 2017). Allerdings wurden durch dieses Gesetz die Privatbanken in England nicht bei ihrer Erschaffung von Kreditgeld beschränkt (Katasonov 2017). Dieses Gesetz schwächte darum die Positionen der Privatbanken nicht. Sie bauten ihre Aktiva und ihr Kapital durch die Ausgabe von Kreditgeld weiter aus (Katasonov 2013). Dabei waren während der Finanzkrisen, so der Banker Alexander Baring, „die furchtbarsten Forderungen nicht die der Banknoteninhaber, sondern die der Einleger" (Marx 1853). So litt die Bank of England während der Krise von 1847 unter dem Abzug von Einlagen und wurde vor dem Bankrott durch die vorübergehende Einstellung des Gesetzes von Peel gerettet, während ihre Goldreserven sich auf 61 Mio. Pfund reduzierten (Marx 1853).

Von 1821–1914 kaufte die Bank of England Gold in beliebiger Menge zum Preis von 3 Pfund 17 Schilling und 9 Pence pro Unze und verkaufte es für 3 Pfund 17 Schilling und 10,5 Pence pro Unze. Es gab kaum einen Unterschied zwischen dem Kauf- und dem Verkaufspreis. Somit war der Gewinn der Bank von solchen Operationen minimal. Außerdem waren die am Goldkauf bei der Bank of England Interessierten bis 1867 vorwiegend auf England beschränkt, wo es wegen des Goldstandards die größte Nachfrage nach dem gelben Metall gab. Die weltweite Nachfrage nach Gold, außerhalb Englands, war hingegen gering. Außerdem wurde Gold nur selten in der Industrie verwendet. So betrug der Anteil der nicht monetären Nachfrage an der weltweiten Goldnachfrage nur 15 %; hauptsächlich wurde es bei der Herstellung von Schmuck genutzt. Die restlichen 85 % der weltweiten Nachfrage nach Gold entfielen auf den monetären Bereich, vorwiegend in England, wo der Goldstandard existierte und damit eine freie und unbegrenzte Konvertierung von Banknoten zu Gold zu einem festen Preis möglich war. Mit der Zeit erweiterte sich der Goldstandard zuerst nur auf die Länder, die wirtschaftlich eng mit England verbunden waren, z. B. Portugal 1854. In der zweiten Hälfte des 19. Jahrhunderts wurden dann die internationalen Finanz- und Handelsbeziehungen ausgebaut, wobei England weiterhin eine führende Rolle spielte. Im Zusammenspiel mit der frühen industriellen Revolution im 19. Jahrhundert erhob sich England zur Finanz- und Handelsweltmacht. Im Zuge dieses Aufstiegs waren auch Australien und Kanada als englische Herrschaftsgebiete 1852 und 1854 jeweils zum Goldstandard übergegangen. Was geschah zu dieser Zeit in den monetären Systemen anderer Länder?

4.7 Goldvorkommen und die Rolle der Edelmetalle in Russland

Zum Ende des 17. Jahrhunderts hatten die Portugiesen Goldvorkommen in Brasilien entdeckt. Das Edelmetall wurde zuerst von Sklaven, den Indianern, geschürft. Weil deren Sterblichkeit hoch war, traten zunehmend Sklaven aus Afrika an deren Stelle. Die Mitte des 18. Jahrhunderts gilt in Brasilien als Hochzeit der Goldgewinnung. Zutage gefördert wurden jährlich 19 t. Insgesamt lag der Weltertrag an Edelmetallen – in Amerika durch Spanien und in Brasilien durch Portugal – in den Jahren 1493–1800 bei mindestens 1.106.490 t. Davon waren 1.014.000 t Silber, 2490 t Gold (Soetbeer 1879, S. 105–113). Im 18. Jahrhundert lag das Verhältnis von Gold zu Silber bei rund 1 zu 15,5, obwohl von 1701–1710 und von 1751–1760 die Verringerung des Goldwerts gegenüber dem Silber bis zum Verhältnis von 1 : 14,5 erfolgte (Schultze 1940, S. 25). In kleinen Mengen wurde Gold im 18. Jahrhundert in Europa abgebaut: in Zentralrumänien/Transsilvanien und in Österreich bei Salzburg. 1714–1721 nahm auch Peter der Erste die Goldförderung in Russland, im Ural, vor (Maksimov 1977).

Bis zu diesem Zeitpunkt wurde in Russland kein Gold gewonnen, mit Ausnahme von gelegentlichen Funden gediegenen Goldes. Das Ausbleiben der eigenen Goldproduktion in Russland hinderte das Land bis zum 18. Jahrhundert nicht an der Münzproduktion, für deren Herstellung ausländisches Gold verwendet wurde, das durch den Handel mit den östlichen und westlichen Ländern ins Land kam. Die Prägung von Münzen aus importierten Edelmetallen, genannt Zlatniki und Serebraniki, geht im Kiewer Rus, einem mittelalterlichen Vorläuferstaat Russlands, auf das Ende des 10. Jahrhunderts zurück, auf den Fürsten Vladimir I. Svyatoslavovych (980–1015) und später auf die Fürsten Swjatopolk und Jaroslav. Als Muster für die ersten russischen Goldmünzen dienten byzantinische Münzen. Auf den Goldmünzen des Fürsten Vladimir, hergestellt gegen Ende des 10. und zu Anfang des 11. Jahrhunderts, wurde der Fürst dargestellt, der in seiner rechten Hand das vorchristliche Machtsymbol Tamga hielt und die Münze die Inschrift trug: „Vladimir auf dem Thron, und das ist sein Gold." Goldmünzen als Symbol der Unabhängigkeit von der Goldenen Horde wurden von Dmitri Donskoi geprägt (Rudakov und Smirnov 2006,

S. 21). Darüber hinaus nahm er nach dem Sieg auf dem Kulikower Feld die Prägung von Silbermünzen vor. Die Tradition der Goldmünzenprägung wurde im 15. Jahrhundert fortgesetzt. Unter Ivan III. erfolgte die Prägung russischer Goldmünzen nach dem Muster des ungarischen Dukats des Königs Matthias Corvinus mit einem Gewicht von 3,5 g. Goldmünzen Ivans III. erhielten den Namen Ugrische Goldmünze. Dabei wurden auf der Münze der Heilige Vladislav und das ungarische Wappen sowie die Namen und die Titel von Ivan III. und dessen Sohn, Ivan des Jungen, in russischer Sprache abgebildet. Diese Münzen wurden z. B. als Zahlungsmittel für ausländische Meister oder als Geschenke für ausländische Herrscher gebraucht (Potin 1972, S. 282–293). Hinzu kam, dass die Münzen als Auszeichnungen für Militärs dienten, die besondere Tapferkeit gezeigt hatten, oder für Beamte, die dem Zaren besondere Dienste erbracht hatten, getragen auf der Oberkleidung am Ärmel oder an der Mütze, also an Hülse oder Kappe (Rudakov und Smirnov 2006, S. 60). Die Tradition der Vergabe von Goldmünzen zur Auszeichnung setzten die nachfolgenden russischen Zaren fort. In der sogenannten Zeit der Wirren (Smuta) ging die Goldmünzprägung weiter.

Zuerst wurden sie in den Jahren zwischen 1610 und 1613 während der Herrschaft von Basil Schuiski geprägt und unter der Herrschaft der polnischen Besatzer, unter anderem von Władysław IV. Vasa durch die Umschmelzung des Goldes aus den Kirchen und aus der Zarenschatzkammer zu sehr kleinen schuppenähnlichen Goldmünzen umgewandelt: zur goldenen Kopeke und zur Denga (Maksimov 1977). Die Prägung dieser Münzen wurde erst nach der Vertreibung der polnischen Eindringlinge durch Russland eingestellt.

Im Jahr 1643, auf Erlass des Zaren Michail Fjodorowitsch, wurden auf Golderzeugnissen und auf Goldbarren Siegel verwendet. Das Siegel stellte einen Doppeladler dar, das Jahr der Prägung und das Monogramm des Meisters. Außerdem wurde die Herstellung der Barren und der Münzproduktion in Russland durch eine Reihe von Gesetzen (*Uloshenije*) geregelt. Insbesondere wurden in diesen Gesetzen strenge Strafen für Goldschmiede für die Fälle von Betrügereien vorgesehen, z. B. gegen das Beimischen von Edelmetalllegierungen (Ligaturen) aus anderen Metallen wie Kupfer, Zinn oder Blei. 1688 führte Peter I. per Erlass das genormte Goldgewicht und vier Arten von Goldproben sowie die obligatorischen Stempelungen von Golderzeugnissen und Goldbarren ein. Damit spiegelte das Siegel die Qualität des Metalls wider. Dabei wurden auf dem Siegel ein Doppeladler mit Krone und Machtattributen in den Fängen abgebildet, das Zepter und der Reichsapfel. Außerdem verschärfte Peter I. die Kontrolle über die Herstellungsqualität der Erzeugnisse aus Edelmetall. Nach dem Erlass von 1700 mussten die Ältesten der Silbernen Reihe (Stempelstätte) einen Eid leisten, nach dessen Verletzung sie ausgepeitscht und verbannt werden würden. Zudem wurde die Beschlagnahmung des gesamten Vermögens zugunsten des Zaren und der Staatskasse angedroht (Rudakov und Smirnov 2006, S. 36). Zu den Verboten des Jahres 1703 gehörten die Produktion und der Verkauf von nicht markierten Erzeugnissen, und die Staatssiegel wurden nur noch an Goldschmiede der Rüstkammer ausgegeben. Unter Peter I. steigerte sich die Münzherstellung in Russland. In der ersten Zeit seiner Herrschaft wurden die Edelmetalle wie von seinem Vorgänger für die Herstellung von Medaillen verwendet: für Militärangehörige des oberen und mittleren Standes

Goldmedaillen; für die einfachen Soldaten lediglich kleine Silbermedaillen. Also wurden im Jahr 1654 für die Auszeichnungen der Kosaken für deren ersten Krimfeldzug ein paar Tausend Ugrische Goldmünzen geprägt (Rudakov und Smirnov 2006, S. 61).

Nach der Entdeckung und Verarbeitung von Silbererz in den Nertschinsker Minen wurden im Jahr 1704 die ersten 0,5 kg einheimischen Silbers gewonnen. Dies schuf die Basis für die Prägung eigener russischer Silbermünzen, des Rubels. Im Jahr 1714 hatte Ivan Makeew als Mitarbeiter des ersten russischen Chemielabors und des Münzamtes ein Verfahren zur Gewinnung von Gold aus Silbererzen aus den Nertschinsker Minen entwickelt. Nach dem Erlass von Peter dem Großen, „Über die Münzen", startete die Prägung der neuen Goldmünzen, die ebenfalls Rubel genannt wurden, mit einem Nominalwert von zwei Rubel. Obwohl die Münzprägung zunächst in Moskau wie auch in St. Petersburg erfolgte, konzentrierte sie sich im Jahr 1762 in der „nördlichen Hauptstadt" St. Petersburg. Das Ausmaß der Produktion von Silbermünzen lag vor dem der Goldmünzen. Das Münzamt erhielt im Jahr 1736 für diesen Zweck 1,76 kg Gold.

Auf Erlass der Kaiserin Anna Iwanowna 1735 startete die Prägung des russischen Tschervonez (Zehn-Rubel-Münze). Im Jahr 1738 wurden aus Gold 4000 Münzen hergestellt und zwischen 1743 und 1744 genau 2820. Die Entdeckung der Goldlagerstätten im Ural und deren Entwicklung trugen zur Münzprägungssteigerung in Russland bei. Weil der Umfang der Goldförderung in Russland klein war, führte das dazu, dass die Münzen unregelmäßig und in kleinen Mengen geprägt werden konnten. 1755 und 1756 wurden goldene Rubel erstellt: mit einem Nennwert von einem, 2, 6, 10 und 20 sowie mit einem Nennwert von 50 Kopeken. Dabei dauerte die Prägung goldener Rubel mit einem Nennwert von 5 und 10 Rubel bis 1759 an, wurde von Peter III. aufgenommen, von Katharina II. und von Paul I. fortgesetzt. Im Jahr 1763, während der Herrschaft von Katharina II., wurden für die Herstellung von Tschervonez insgesamt etwa zehn Kilogramm Gold verbraucht. Nach 1797 wurde dann die Herstellung dieser Münzen eingestellt. Ab 1802, unter Alexander I., wurden Goldmünzen nur in kleinen Mengen geprägt, mit einem Nennwert von 5 und 10 Rubel, zumal deren Produktion während des Krieges gegen Napoleon vorübergehend eingestellt gewesen war.

Nach der Entdeckung des Goldes im mittelasiatischen Hochgebirge Altai wurden im Jahr 1770 aus 184 kg Gold, gewonnen aus den Kolyvan-Voskresensk-Werken, 53.952 holländische Tschervonez (Shlatter 1760). Dabei waren die russischen Tschervonez in der Qualität nicht schlechter als das Original, die niederländischen Münzen. Die Münzen waren zunächst als internationales Zahlungsmittel eingesetzt worden: in Handelsgeschäften und für die Besoldung des russischen Militärs in Zentralasien, im Kaukasus und in Polen. Später wurden russische Tschervonez in den inländischen Umlauf gesetzt. Somit kreisten 1762 Münzen mit unterschiedlichen Nominalwerten und Goldmengen: Tschervonez mit dem Goldgehalt von 94 % und holländische 93er Tschervonzen mit einem Gewicht von 3,47 g, jeweils mit einem Wert von zwei Rubel und 10 Kopeken; Goldmünzen mit dem Nennwert von zwei Rubel mit dem Goldgehalt von 75 % und der Abbildung des Kreuzes des ersten Apostels Andreas und mit einem Gewicht von 4,1 g. Hinzu kamen Imperials, Halbimperials, zwei Rubel, Rubel und Plotinnije-Goldmünzen mit einem Gehalt von

88 %, in begrenzter Menge geprägt, und für die Bedürfnisse des Hofes verwendet. Im Handel wurden sie nicht gebraucht. Im Umlauf waren sie nicht verbreitet. Zur gleichen Zeit wurden dafür vor allem Kupfermünzen eingesetzt. Darüber hinaus trug das bestehende Gold-Silber-Verhältnis in Russland von 1 : 13 bzw. 1 : 14 im Vergleich zu den Verhältnissen anderer Staaten Europas von 1 : 15 zum Abfluss des Goldes aus Russland nach Zentraleuropa bei. Im Jahr 1764 wurde dieses Verhältnis auf 1 : 15 geändert: durch die Verringerung des Silbergehalts im silbernen Rubel und durch die Gewichtsreduktion des goldenen Imperials unter Beibehaltung des Goldgehalts.

Die Entdeckung der Seifenlagerstätten im Ural am Ende des 18. Jahrhunderts und Ende des Krieges gegen Napoleon erhöhte das Ausmaß der Münzprägung in Russland. Die Anzahl der geprägten Münzen verdreifachte sich zwischen 1766 und 1817 (Maksimov 1977). Im Jahr 1818 wurde die Prägung von Goldmünzen mit dem Wert von 5 Rubel fortgesetzt. Im Jahr 1832 wurden aus dem Gold der Zarenseifen aus Kolywan 1000 Goldmünzen mit einem Nominalwert von fünf Rubel hergestellt. 1831 erreichte die monatliche Produktion von Feingold im Münzamt 1,3–1,6 t (Maksimov 1977). 1824 startete in Sibirien die industrielle Förderung von Platin, entdeckt im Jahr 1819 in den Minen von Oberissezk, Nevjansk und Bilimbaevsk (Maksimov 1977). Vorher wurde Platin nur im südamerikanischen Kolumbien abgebaut. Doch im Jahr 1825 wurden im Ural reiche Seifenlagerstätten an Goldplatin ausgemacht, unter anderem am Fluss Issa sowie in der Nähe von Nischni Tagil und Nischnjaja Tura am Fluss Sucho-Wasim (Malyshev 1827). In der ersten Hälfte des Jahres 1825 konnten 52 kg Platin abgebaut werden (Gornij Journal 3 1825). Dabei war die Förderung günstig. Dann hatte P. G. Sobolevskij 1826 ein einfaches Reinigungsverfahren für Platin entwickelt, mit dem im selben Jahr 1,6 t Rohplatin gereinigt werden konnten. Es folgte der Beschluss, dieses Metall für die Prägung der russischen Platinmünzen zu verwenden. Im Ergebnis wurden sie mit einem Nominalwert von 3 Rubel, 6 Rubel (*Duplone*) und 12 Rubel (*Kvadrupli*) geprägt. 1829 kamen 1.390.012 Münzen aus der Produktion, und es teilte sich deren Anzahl der ersten Sorte auf 1.371.691, der zweiten auf 14.847 und der dritten auf 3474 Münzen (Maksimov 1977). Im Jahr 1844 fiel der Platinabbau auf 49,14 kg. Obwohl die Platinproduktion bis 1846 im Ural auf 32 t gestiegen war, von denen 14,669 t für die Münzherstellung verwendet wurden, war in Russland die Prägung von Platinmünzen endgültig eingestellt worden (Maksimov 1977). Das lag am Misstrauen der Bevölkerung gegenüber dem Platin wegen der Neuartigkeit dieses Metalls, wegen dessen Seltenheit, wegen der relativ teuren Prägung gegenüber der Münzherstellung aus Gold und Silber sowie wegen der Unsicherheit bezüglich des Ausmaßes der Weltförderung und der Stabilität der Marktpreise. Später wies der Philosoph und Ökonom Karl Marx (1818–1883) auf die Unmöglichkeit der Verwendung von Platin als internationale Währung hin: „Platin hat keine richtige Farbe: ganz grau, zu selten, wurde nicht in der Antike bekannt, hat eher (...) einen wissenschaftlichen Wert", und aus diesem Grund seien „weder Platin noch Quecksilber für die Rolle des Geldes geeignet". Daher wurde zu Anfang des Jahres 1846 der größte Teil der Platinmünzen aus dem Umlauf gezogen. 1856 und 1861 wurde in Russland die Debatte um die Wiederaufnahme der Prägung von Platinmünzen angestoßen, an der der Akademiker B. S. Jakobi und der Finanzminister Knezevitsch beteiligt waren.

Allerdings wurden die Vorschläge für die Wiederherstellung der Prägung von Platinmünzen nicht in konkretes Handeln umgesetzt. 1869 wurde wiederum nach dem Protest der niederländischen Regierung die Prägung der goldenen holländischen Tschervonzen eingestellt. Insgesamt kamen in 100 Jahren, zwischen 1797 und 1897, Goldmünzen im Wert von 1,5 Mrd. Rubel in den Umlauf (Rudakov und Smirnov 2006, S. 23).

Zum Ende des 19. Jahrhunderts stieg Russland nach den anderen Weltmächten auf den Goldstandard um. Dabei spielte der damalige Finanzminister des Russischen Reiches, S. U. Witte, eine wichtige Rolle. Nach dem Zusammenbruch des Russischen Reichs, sechs Jahre nach der Oktoberrevolution von 1917, wurde die Goldmünzenproduktion fortgesetzt. Als erste Goldmünze des sowjetischen Russlands wurde 1923 der goldene Tschervonez geprägt. Währenddessen hatte die Gestaltung der Goldmünze erhebliche Veränderungen erfahren: Zarenabbildungen wurden durch das Bild eines säenden Bauern ersetzt und der Doppeladler als Symbol des Russischen Reiches durch das Wappen der Russischen Sowjetischen Sozialistischen Republik (RSFSR) mit Hammer und Sichel (Rudakov und Smirnov 2006, S. 26–27). Dabei wurden fast alle diese Münzen für die Bezahlung von Nahrungsmittelimporten nach Russland eingesetzt. Später orientierten sich die UdSSR und die nachfolgende Russische Föderation bei der Prägung von Goldmünzen an den bedeutenden Ereignissen im Land und in der Welt.

4.8   Die Organisation des Geldsystems und die Einführung des Bimetallismus in den USA

Anfangs war der Geldumlauf in den USA uneinheitlich. Zum Zeitpunkt des Ausbruches des Unabhängigkeitskrieges 1776 litten die US-Staaten hingegen fortwährend unter der Knappheit des englischen Geldes und nutzten Pelze, Tabak, Reis, Indigo sowie Papierassignaten, ausgegeben in verschiedenen Staaten, als Tauschmittel. Der erste Versuch, das Geldsystem der Vereinigten Staaten in Ordnung zu bringen, wurde durch den Continental-Kongress durch die Einführung der einheitlichen Papiergeldeinheit Assignat, bekannt als Continental, unternommen. Weil sie nicht gedeckt war, hatte sie eine geringe Kaufkraft. Um den Mangel an Geld beheben zu können, wurden in den USA viele Arten ausländischen Geldes genutzt – in Form von Münzen und Banknoten, von denen das beliebteste das spanische Geld war. Neben dem Continental stellten einzelne Staaten ihren eigenen Pfund Sterling her.

Nach der Unabhängigkeitserklärung beschloss der US-Kongress im Jahr 1784, die neue nationale Währung Dollar einzuführen. Erst 1787 wurde das erste nationale Geld der USA in Form von Silber- und Kupfermünzen (*Fugio Cent*), geprägt mit einem Nominalwert von 2, 1 und als halber Dollar mit dem Basisgewicht und der Größe des spanischen Dollars, verwendet, der die beliebteste Münze Amerikas war. Es gab im Land kein einheitliches Emissionszentrum, keine nationale Münzprägestätte, die erst durch die Annahme eines Gesetzes durch das Parlament am 2. April 1792 gegründet wurde (*Coinage Act/Mint Act*). Dieses Gesetz etablierte das bimetallische Geldsystem und ermöglichte damit die Prägung von Silber- und Goldmünzen in der US-Münzprägestätte. Jedermann konnte Gold und Silberbarren für die Herstellung von Münzen zur Münzstätte bringen. Dafür galt das Silber-Gold-Dollaräquivalent: 1 Dollar wurde 24,06 g Silber (0,7734 Unzen) und 1,6 g Gold (0,0515624 Unzen) gleichgesetzt. Damit war der Wert von Silber und Gold offiziell auf US$ 1,2929 und US$ 19,3939 je Unze festgelegt, d. h. 1 : 0,7734 und 1 : 0,0515624. Fixiert war damit offiziell auch das Verhältnis von Gold zu Silber auf 1 : 15 (19,3939 : 1,2929). Darüber hinaus führte dieses Gesetz in den USA ein dezimales Münzsystem ein, nach dem ein Dollar 100 Cent entsprach. Aus Silber wurden geprägt: ein halber Dime (5 Cent), ein Dime (10 Cent), ein Vierteldollar (25 Cent), ein halber Dollar (50 Cent) und ein Dollar (100 Cent). Aus Gold wurden 10,5 (Halber Adler) und 2,5 Dollar geprägt, während als Kleingeld Münzen aus Kupfer dienten – mit einem Nennwert von einem halben und einem Cent. Am häufigsten waren Silbermünzen von einem und einem halben Dollar im Umlauf. Bis 1804 hatten US-Silbermünzen keinen Nennwert. Der wurde nach den Münzgrößen bestimmt. Die ersten Goldmünzen erschienen 1795. Zu Beginn des 19. Jahrhunderts, in der Zeit der Goldpreissteigerung in Europa, hielten die USA den Goldpreis im Vergleich zu den Silberpreisen sehr niedrig, was den Goldabfluss aus den USA nach Europa verursachte. 1793 hatte in der Münzstätte des US-Finanzministeriums die Ausgabe von Dollarbanknoten/Staatsanleihen (*Treasury Notes*) begonnen.

Wegen des Ausbruchs des angloamerikanischen Krieges und des Zweiten Unabhängigkeitskrieges von 1812 verweigerten 1814 viele amerikanische Banken die Konvertierung der Banknoten zu Edelmetallgeld. Um die Zahlungsfähigkeit der Geschäftsbanken des Landes zu sichern, um das Vertrauen in die Banknoten und in deren Konvertierung in Münzen wieder herzustellen, wurde 1816 erneut eine Emissionsbank gegründet, genannt die Zweite Bank der USA (*Second Bank of the U.S.*). Ihr Grundkapital betrug US$ 2,5 Mio. in Edelmetallen, obwohl gesetzlich ein Grundkapital von US$ 7 Mio. vorgeschrieben war. Dabei belief sich die Beteiligung des Staates auf 20 %. Deshalb war die Zweite Bank fast eine Privatbank. Vom Staat erhielt sie eine Lizenz bis zum Jahr 1836, die nach Ablauf dieser Frist erneuert werden konnte. Vom US-Finanzministerium hatte sie das Monopol auf die Banknotenausgaben übernommen und das Recht, die Staatskonten zu verwalten. Danach, Anfang 1817, wurde offiziell der Notenwechsel auf Metallgeld wiederhergestellt. Gleichzeitig konnte die Zweite Bank der USA dank der Banknotenemission die größten US-Geschäftsbanken finanziell unterstützen, indem sie ihnen ab Ende Februar 1818 Kredite in Höhe von sechs Millionen US-Dollar gewährte. Im Jahr 1818 belief sich die Anzahl der von der Zweiten Bank ausgegebenen Banknoten auf insgesamt US$ 21,8 Mio., was die Geldmenge gegenüber 1816 von US$ 67,3 Mio. auf US$ 94,7 Mio. erhöhte, um fast ein Drittel. Das führte zum allgemeinen Preisanstieg, was wiederum die Zahl der Banknotenkonvertierungen in Edelmetalle vergrößerte und die Edelmetallreserven in der Zweiten Bank der USA verringerte. Deshalb musste sie im Juli 1818 die Banknotenkonvertierung zu Metallgeld einstellen. Während die Anzahl der Münzen im Geldumlauf bei einem Gesamtwert von US$ 32 Mio. blieb, erhöhte sich die Menge der Banknoten. 1823 lag das Volumen der Einlagen und der Banknoten bei knapp US$ 12 Mio. Dann erreichte es 1830 den Umfang von US$ 29 Mio. und 1833 den von 42,1 Mio., was eine erneute Preissteigerung bedeutete. Somit war die Banknotenmenge im Geldumlauf deutlich größer als die Menge des staatlichen Metallgeldes. 1831 wurde die Lizenz der Bank wegen eines Vetos des amerikanischen Präsidenten Andrew Jackson nicht erneut erteilt. Darüber hinaus zog der Staat im Jahr 1833 sein Grundkapital aus der Zweiten Bank der USA zurück, wodurch sie zunächst zu einer gewöhnlichen amerikanischen Geschäftsbank und dann mit der Lizenz des Bundesstaates Pennsylvania zur Bank der Vereinigten Staaten Pennsylvania wurde. Vorausgegangen war ein Konflikt zwischen den Bankern, die die Zweite Bank vertraten, und dem US-Präsidenten. Diese Auseinandersetzung wird Bankenkrieg genannt. Abgespielt hat er sich von 1829–1837. Die im Kongress diskutierte Verlängerung der Konzession nutzte Präsident Jackson populistisch für seine Position, für die gewöhnlichen US-Bürger einzustehen, die die Tätigkeit der Banken mit großem Misstrauen beobachteten.

Durch die Verringerung der Münzmenge im Umlauf unter Beibehaltung oder Steigerung der Warenmenge und Dienstleistungsaufkommen fielen die Preise. Eine Deflation entwickelte sich. Zur gleichen Zeit blieben, aufgrund des Mangels an eigenen Abbauquellen von Gold und Silber, die europäischen Länder und die USA abhängig vom Edelmetallimport. Am Anfang des 19. Jahrhunderts kam es zur Verringerung der Edelmetall-Lieferungen, besonders des Goldes, wegen der Unabhängigkeitsbewegungen in Lateinamerika und des Rückgangs der Goldproduktion in Brasilien. Es kam zur Abweichung der Marktpreise der Edelmetalle von den vom Staat festgelegten Preisen. Dies bedeutete, dass während in den USA das offizielle Verhältnis von Gold zu Silber 1 : 15 blieb, das Gold auf dem tatsächlichen Markt teurer war. Im Jahr 1834 erhöhte sich beispielsweise das Verhältnis von Gold zu Silber auf dem Markt auf 1 : 15,625, und im Jahr 1853 auf 1 : 15,5 (Bernstein 2012, S. 247). Das Goldäquivalent des amerikanischen Dollars schwankte auf dem Markt zwischen 1791 und 1837 nicht signifikant zwischen 1,5 und 1,6 g. Im Jahr 1837 stabilisierte sich der Goldgehalt des Dollars auf dem Markt bei 1,5 g (0,048 Unzen). Der Marktpreis des Goldes lag nun bei US$ 20,67/Unze, während sein offizieller Preis bei US$ 19,3939/Unze blieb (Officer 1996, S. 36, Tab. 5.2, S. 54–55). Auf diese Weise begann das „schlechte Geld" (Silber), in Übereinstimmung mit dem Gesetz von Gresham, das „gute Geld" (Gold) aus dem Umlauf zu drängen. Bei der Goldwertsteigerung verschwanden Goldmünzen aus dem Umlauf. So sollte die wachsende Knappheit an gelbem Metall die USA in der ersten Hälfte des 19. Jahrhunderts von einem Bimetallismus zu einem Silbermonometallismus bringen.

Der Mangel an Gold beeinflusste die Geschäftstätigkeit in den USA negativ. Um diesem Prozess entgegenzuwirken, ließen die Währungsbehörden der USA das offizielle Verhältnis von Gold zu Silber erhöhen und es dem Marktverhältnis angleichen. Entsprechend verabschiedete der Kongress im Jahr 1834 ein Gesetz („Mint Act"), das das neue Wertverhältnis des Silbers gegenüber dem Gold festlegte. Während das Marktverhältnis bei 1 : 15,625 lag, etablierte dieses Gesetz das offizielle Verhältnis als 1 : 16. Damit war der offizielle Goldpreis von US$ 19,3939 pro Unze auf US$ 20,67/Unze geändert worden, während der Marktgoldwert in den USA US$ 20,20 pro Unze betrug. Die Festlegung des offiziellen Goldpreises über dem Marktpreis beflügelte die Goldnachfrage in den USA. Die Entdeckung der Goldvorkommen in den USA hatte die Menge an Gold im Umlauf schlagartig erhöht. Im Jahr 1848 wurden in den USA, in Kalifornien, Goldvorkommen entdeckt, was zum Goldfieber und zum starken Anstieg der jährlichen Goldproduktion von US$ 700.000 auf US$ 50 Mio., d. h. von einer Tonne auf 752,4 t geführt haben soll.[1] Dies wiederum reduzierte den Goldmarktwert gegenüber seinem offiziellen Preis noch mehr. Im Allgemeinen führte die Entdeckung neuer Goldvorkommen in den Vereinigten Staaten und in Australien (1851) zum 10-fachen Anstieg der weltweiten Goldproduktion und zum Rückgang des Goldmarktpreises. Der gleichzeitige Anstieg des Silberwertes verursachte sein Verschwinden aus dem Geldkreislauf einiger Länder, insbesondere in den USA und in Europa. Elf Jahre später, 1859, wurde in Nevada ein reiches Silbervorkommen entdeckt, das Comstock Lode, das die jährliche Silberförderung auf bis zu US$ 2 Mio. und 1865 auf US$ 11,2 Mio. erhöhte und zur Veränderung des Marktverhältnisses vom Gold zum Silber zugunsten des Silbers geführt hat. Im Laufe der Zeit wurde der Silberabbau zum wichtigsten Wirtschaftszweig in den westlichen Bundesstaaten. Die Silbermengen aus den neuen Vorkommen hätten theoretisch das Gold vollständig aus dem Umlauf verdrängen können.

Im Jahr 1861 brach in den USA der Bürgerkrieg (1861–1865) aus. Mit dem Krieg erhöhte sich die Nachfrage nach Gold, was die nationalen Goldreserven reduzierte. Um den Goldabfluss aus Staatsreserven zu verhindern, musste der Kongress den letzten Schritt einleiten: die Aussetzung der Konvertibilität des Dollars und aller Dollaraktiva (Banknoten, Schuldverpflichtungen, Bankeinlagen) in Gold. Im Ergebnis verloren andere Formen von Finanzaktiva, die sich vom physischen Gold unterschieden, an Liquidität, was den Verlust ihrer Geldeigenschaften bedeutete. Sie wurden zu gewöhnlichen Waren, deren Wert nun durch Marktgesetze bestimmt wurde. Aus diesem Grund verpflichtete der Kongress 1861 das US-Schatzamt (Treasury) dazu, die Ausgabe von Staatsanleihen (*Treasury Notes*) einzustellen und die Emission neuer Banknoten in Höhe von US$ 60 Mio. mit einem Nennwert von 10, 20 und 50 Dollar zu starten. Die Banknotenproduktion übernahm das New Yorker Druckunternehmen (American Bank Note Co.), das zum Zeitpunkt eines so großen Eilauftrags für die Herstellung von Banknoten nur grüne Farbe ausreichend zur Verfügung hatte. Der Mangel an anderen Farben führte dazu, dass die Noten mit einer grünen Rückseite hergestellt wurden, genannt Greenback. Das rief die Herstellungstradition grüner Banknoten in den USA ins Leben. Greenbacks erhielten den Status eines gesetzlichen Zahlungsmittels und waren bis 1971 im Einsatz. Dabei unterschied sich der Wert eines Greenbacks gegenüber einem goldenen Dollar. Am Anfang des Bürgerkrieges war ein Gold-Dollar 1,3 Greenbacks gleich, im Jahr 1864 3,1 Greenbacks und im Jahr 1865 2,567. Dies bedeutete, dass eine Unze Gold in Greenbacks viel mehr wert war als eine alte Banknote. Sie belief sich auf US$ 26,871 (1,3 : 20,67), US$ 64,077 (3,1 : 20,67) und US$ 53,1 (2,567 : 20,67). Unterdessen wurde Gold als internationales Zahlungsmittel zur Tilgung der US-Auslandsverbindlichkeiten verwendet sowie für die Zollgebühren.

Im Jahr 1865 endete der Bürgerkrieg mit dem Sieg der Nordstaaten. Die offizielle Wiederherstellung der Dollarkonvertierbarkeit in Gold bei höheren Marktpreisen bedeutete die offizielle Dollarabwertung. Sie war damit, durchgeführt im Jahr 1834, in der Zeit des

---

[1] Berechnet vom Autor nach dem historischen Goldpreis von $ 20,67/Unze.

Nachkriegs-Wiederaufbaus nicht mehr akzeptabel. Die Abwertung hätte die Verringerung des Verbrauchs und der Produktion bedeutet, weil man für das verfügbare Gold weniger Güter hätte kaufen können. Die Abwertung hätte außerdem die Preiserhöhung für die wichtigsten Export-US-Güter zur Folge: Weizen und Wolle. Das schränkte ihre Wettbewerbsfähigkeit auf dem Weltmarkt ein. Die Währungsbehörden der USA verweigerten daher die Abwertung, um später die Konvertierbarkeit des Dollars in Gold wiederherzustellen. Dafür musste zunächst die Senkung der Preise erreicht werden. Im Jahr 1868 fielen die Preise um 15 % und ein Jahr später war ein Greenback fast einem alten Dollar gleich. Ein Dollar entsprach 1,1 Greenback. Somit kam der Goldgehalt eines Greenbacks 0,0439811 Unzen (1 : 22,737) gleich, währenddessen belief sich der Goldgehalt eines Dollars auf 0,04837 Unzen. Jedoch standen einer schnellen Wiederherstellung der Konvertierbarkeit folgende Ereignisse im Wege.

Im Jahr 1869 beschlossen zwei amerikanische Unternehmer, Jason Gould und James Fisk, die in die Entwicklung der amerikanischen Eisenbahnen investiert hatten, Gold aufzukaufen, und versuchten, den US-Goldmarkt zu monopolisieren. Der steigende Goldpreis sollte die Preise der anderen Güter erhöhen, einschließlich des Preises des Weizens und damit das Volumen des Güterverkehrs auf der Schiene erhöhen, insbesondere auf der eigenen Erie Railroad. Ihre Aktivitäten führten dazu, dass der Goldpreis auf dem US-Markt weiter zu steigen begann. Doch plötzlich änderte sich dank einer Intervention des US-Schatzamtes, das Gold in großen Mengen verkaufte, der Trend, was den starken Rückgang der Metallpreise verursachte und damit den Ruin vieler Marktteilnehmer, darunter von James Fisk. Die am 24. September 1869 an der New Yorker Börse entstandene Panik trat in die Weltfinanzgeschichte als Black Friday ein. Jason Gould gelang es jedoch rechtzeitig, sein Gold zu verkaufen, und bis zum Ende des Jahrhunderts wurde er Eigentümer eines großen Teils des US-Amerikanischen Streckennetzes, einschließlich der New Yorker Hochbahn und Mehrheitsanteile an der Firma Western Union.

Infolge des Krieges und der Turbulenzen auf den Finanzmärkten verringerte sich zwischen 1860 und 1875 die Anzahl der Goldmünzen von US$ 200 Mio. auf US$ 65 Mio. um fast zwei Drittel (U.S. Bureau of the Census 1975, S. 994–995). Deshalb verabschiedete der US-Kongress 1873 das Gesetz über die Münzprägung, das jene Arten von Gold- und Silbermünzen festlegte, die vom US-Finanzministerium produziert werden sollten. Allerdings wurde den Silbermünzen nur die Funktion von Kleinmünzen zugeteilt. Hier war die Prägung der Standardsilbermünzen mit einem Gewicht von 24,06 g oder 0,7734 Unzen nicht mehr vorgesehen, d. h. von Dollarmünzen mit einem Wert von US$ 1,2929 pro Unze. Das bedeutete die Abkehr von einem festen Gold-Silber-Verhältnis. Als Anfang 1879 die Konvertierbarkeit des Dollars wiederhergestellt wurde, führte das dazu, dass der Goldzustrom ins Land angeregt wurde und eine Preissenkung des Goldes auf dem Markt eintrat. Von diesem Moment an wurde dem Silber offiziell eine untergeordnete Rolle gegenüber dem Gold zugeschrieben. Auf diese Weise erfolgte in den USA ein tatsächlicher

Übergang des Geldsystems zum Goldmonometallismus. Im Jahr 1880 beliefen sich die Goldreserven der Vereinigten Staaten auf noch 236,3 t (Noyes 1898 S. 54–59).[2]

In den 1890er-Jahren mangelte es den USA andauernd an Gold. Da die USA keine Zentralbank hatten und als Peripherieland galten, konnten sie nicht auf die Kreditaufnahme bei Privat- oder anderen Zentralbanken zurückgreifen, weil solche Kredite als hochriskant angesehen wurden. Unter diesen Umständen verfügten die US-Währungsbehörden, vertreten durch das Finanzministerium, über das einzige Instrument zur Regulierung der Größe von Goldstaatsreserven in Form von Zinssatzänderungen. Im Jahr 1900 war in den USA der offizielle Übergang zum Goldstandard erfolgt, d. h. Gold zum monetären Hauptmetall geworden, in das andere Geldformen konvertiert werden konnten, während Silber nur in Form von Kleinwechselmünzen diente. Es wurde ein neuer Dollarwert in Gold festgelegt. Ein Dollar entsprach nun 1,5 g Gold. Auf diese Weise wurde der offizielle Preis von US$ 20,67 auf US$ 20,7357 pro Unze (= 0,048226 Unzen/Dollar) erhöht, was die offizielle Dollarabwertung bedeutete.

Seit der Mitte der 90er-Jahre des 19. Jahrhunderts und bis zum Ende des Jahres 1906 befand sich die US-Wirtschaft in einer Wachstumsphase. Zum großen Teil war dieses Wirtschaftswachstums in den USA von durchschnittlich 7,3 % pro Jahr durch die Beschaffung ausländischen Kapitals als Gold in erheblichen Mengen bedingt. Dabei sammelte sich der größte Teil des in die USA geflossenen Goldes bei einer kleinen Gruppe amerikanischer Banken: J. P. Morgan & Company, Kuhn Loeb & Company, First National Bank, National City Bank, Kidder, Peabody & Company und Lee, Higginson & Company. Bereits im Jahr 1816 war ein zweiter Versuch unternommen worden, eine Zentralbank zu gründen, die jedoch 1836 ebenfalls liquidiert worden war. Das lässt sich darauf zurückführen, dass die amerikanische Gesellschaft lange Zeit gegen die Schaffung einer Zentralbank als private Institution war, die zum Teil die Steuerungsfunktion im monetären und damit im wirtschaftlichen und sozialen Bereich des Landes übernahm. Zwischen 1814 und 1914 kam es in den USA wieder zu zahlreichen Turbulenzen auf dem Finanzmarkt. Darunter war die Wirtschaftskrise von 1907/1908, begleitet von einer Panik auf dem US-Finanzmarkt, die schwerste. Im Zuge dieser Krise wurde die Debatte über die Gründung einer Zentralbank als eine Institution, die das Finanzsystem destabilisierenden Missbrauchsversuche der Banker durch Spekulationen abwehren könnte, wieder aufgenommen. Daneben sollte die Zentralbank das Land ausreichend mit Liquidität versorgen. 1908 wurde die Nationale Monetäre Kommission (*National Monetary Commission*) mit dem Auftrag zusammengerufen, Banken- und Währungssysteme der führenden Länder der Welt zu untersuchen sowie die Ursachen und die Folgen der Instabilität des US-Bankensystems und der Finanzkrisen des 19. und des Anfangs des 20. Jahrhunderts zu erforschen. Nach zwei Jahren Arbeit wurde 1910 der Vorschlag für die Gründung einer Zentralbank mit einem Kapital von US$ 100 Mio. und mit dem Recht auf die Geldemission unterbreitet. Der Gesetzentwurf wurde zwar von den Republikanern unterstützt, doch von den Demokraten abgelehnt. Darüber hinaus war US-Präsident William Howard Taft

---

[2] Berechnet vom Autor.

gegen die Verabschiedung des Gesetzentwurfes und wollte sein Veto verhängen. Die Situation änderte sich 1913, als Woodrow Wilson zum Präsidenten gewählt wurde. Am Vorabend der Weihnachtsferien, am 23. Dezember 1913, stimmte eine Mehrheit der Republikaner im Senat für das Gesetz über die Errichtung der Zentralbank und der Präsident unterzeichnete für das Federal Reserve System, Fed. Die Vereinigten Staaten waren eines der letzten Industrieländer, in denen die permanente Zentralbank gegründet wurde. Das Institut vereinte Funktionen sowohl als private, als juristische Person als auch als staatliche Agentur. Nach der Verabschiedung des Gesetzes erhielt die Fed das Monopol auf die Ausgabe der nationalen Währung. Die Fed gewährte der US-Regierung einen Kredit gegen Staatsanleihen. Diese Anleihen wurden unter den Federal Reserve Banken verteilt, die auf sie jährlich Zinsen erhielten. Der Staat gewährleistete seinerseits die Versorgung des Haushalts mit permanentem Einkommen wegen der Einführung der Einkommensteuer. So wurde der Finanzierungsmechanismus des Staates grundsätzlich geändert, der die bisherigen Systeme anderer Länder widerspiegelte. Im Wesentlichen ermöglichte dieses System die staatliche Finanzierung durch eine breite Kreditvergabe seitens der Zentralbank. Dabei erhielt die Zentralbank Garantien in Form von Staatsanleihen und der Staat als Emittent bestätigte seine Solvenz, seine Zahlungsfähigkeit, mit dem dauerhaften Einkommen aus den Steuereinnahmen. Der Anstieg der öffentlichen Ausgaben, vor allem der Militär- und Verteidigungsausgaben, erhöhte jedoch den Bedarf an Finanzmitteln und verursachte die Expansion der Geldemission und damit der Staatsverschuldung. Mit der Golddeckung wurde allerdings die unbegrenzte Geldemission durch die Zentralbank verhindert.

4.9   Der Übergang anderer Länder zum goldenen Monometallismus

Bis in die 70er-Jahre des 19. Jahrhunderts orientierten sich die meisten Länder der Welt am Bimetallismus. Das heißt, dass Gold und Silber, zumeist in Münzform, die Hauptform des Geldes darstellten. Die daneben bestehenden, anderen Formen von Bar- und Buchgeld (Banknoten, Wechsel, Bankeinlagen) wurden in zwei Metalle konvertiert: in Gold und in Silber (Bimetall-Standard). Während Silbermünzen als das am häufigsten verwendete Zahlungsmittel in kleinen Geschäften galten, wurde Gold in großen, vor allem internationalen Handelstransaktionen verwendet.

Der Ab- und Zufluss von Gold und Silber hatte auf das Wertverhältnis dieser Metalle einen Einfluss. Der Bürgerkrieg in den USA z. B. verursachte eine Verringerung der Baumwolllieferungen aus den USA nach Europa. Unter diesen Umständen wuchs die Nachfrage nach indischer Baumwolle seitens der europäischen Länder, die diese Baumwolle mit Silber kauften. Der Silberabfluss nach Indien bremste die Zunahme der Geldmenge in den europäischen Ländern leicht und verzögerte so die durch den vermehrten Einsatz des Kreditgeldes verursachte Steigerung der Inflation. Nach dem Ende des Bürgerkriegs 1867 reduzierte sich der Silberabfluss aus Europa nach Indien. Im Ergebnis ging in Europa der Wert von Silber gegenüber dem des Goldes zurück.

1862 wurden in Italien Silbermünzen in kleinen Stückelungen mit der Probe 836 eingeführt, während in Frankreich die Silberprobe der Silbermünzen 900 betrug. In Übereinstimmung mit dem Gesetz von Gresham führte das dazu, dass die Bevölkerung Frankreichs italienische Münzen für Zahlungen und Berechnungen verwendete, während französische Münzen gehortet wurden. Folglich musste Frankreich den Silbergehalt in den Silbermünzen von 900 auf 835 reduzieren. Allerdings konnte diese Maßnahme nicht die Verdrängung der französischen Silbermünzen aus dem Umlauf verhindern. Nach Frankreich senkte auch die Schweiz den Silbergehalt der Münzen auf 800, was die Verdrängung der französischen, belgischen und italienischen Münzen zur Folge hatte. Dieser korrelative Effekt wurde bald in vielen Ländern beobachtet, weil sie den Silbergehalt in den eigenen Münzen reduzierten, um deren Verdrängung aus dem heimischen Geldmarkt durch billige ausländische Münzen zu verhindern. Um diesen Effekt zu vermeiden, trat im Jahr 1864 die internationale Konferenz in Paris zusammen, auf der auf Initiative Frankreichs die sogenannte Lateinische Währungsunion gegründet wurde, zu der Frankreich, Belgien, Italien, die Schweiz, der Vatikan und Griechenland gehörten. Sie einigten sich auf die einheitliche Prägung von Silbermünzen mit dem gleichen Silbergehalt mit 835 und auf ein festes Einheitsverhältnis zwischen Gold und Silber von 1 : 15,5. Dies bedeutete den Übergang der Währungssysteme der Lateinischen Münzunion zum einheitlichen Bimetallstandard.

Deshalb waren im letzten Viertel des 19. Jahrhunderts mit dem monometallischen Silberstandard, dem Goldstandard sowie dem Bimetallismus drei Arten von Währungssystemen vorhanden. Der Bimetallismus implizierte den gemeinsamen Umlauf von Münzen aus zwei Edelmetallen: Silber und Gold, die neben anderen Zahlungsformen als legitimes Zahlungsmittel galten. Dabei erfolgte die Prägung dieser Münzen frei. Es wurde ein festes Verhältnis zwischen Silber und Gold festgelegt. Die Ein- und Ausfuhr dieser Edelmetalle war unbegrenzt. Das System des Bimetallismus breitete sich auf die Länder der Lateinischen Münzunion sowie auf Spanien, Bulgarien, Rumänien und Finnland aus. Der Silberstandard sah überwiegend die Silbermünzverwendung als Zahlungsmittel vor sowie andere Arten von Geld, insbesondere Banknoten, gedeckt durch das Silber. Zu den Ländern des Silberstandards zählten: Österreich-Ungarn, die skandinavischen Länder Dänemark, Norwegen, Schweden; die deutschen Staaten (Preußen), die Niederländer, Russland, Mexiko, China, Indien und Japan, welche den sogenannten Silberbund bildeten. Im Vergleich zu allen übrigen Ländern der Welt wurde Gold hauptsächlich in England und seinen Dominions nachgefragt, die den Goldstandard nutzten. Außerdem kontrollierte England bereits zu diesem Zeitpunkt vorwiegend die weltweite Goldförderung. So wurde Gold angesichts der bestehenden Geldsysteme in den meisten Ländern der Welt nur eingeschränkt verwendet. Die weltweite Nachfrage nach Gold blieb begrenzt.

Diese Situation änderte ein rasanter Anstieg der weltweiten Goldförderung, die einen Preisverfall auszulösen drohte, was den Interessen Englands und seiner Finanzelite widersprach. Ein fallender Preis hätte die Stellung des Pfundes als Weltwährung gefährden und das bei den Banken gelagerte Gold abwerten können. Daher initiierte man die Idee eines weltweiten Monometallismus. Nur mit Gold als Weltwährung konnte die Nachfrage nach Gold weltweit erhöht werden. Man erhoffte damit auch, dass das bei den englischen

Banken gelagerte Gold in den weltweiten Geldkreislauf gelangen würde und dort Gewinne für die Banken erwirtschaften würde, z. B. als Zins für verliehenes Gold. Deswegen wurde eine Popularisierungskampagne über die Vorteile des Goldstandards eingeleitet, welche von den Vertretern der Finanzelite aus Politik und Wissenschaft ausging. Zunächst wurde in diesem Kontext auf der wenig bekannten Konferenz in Paris 1867 das Weltwährungssystem auf Goldbasis diskutiert. Die Konferenz von 1867 war zeitlich mit der Weltausstellung abgestimmt und von Napoleon III. initiiert. An ihr beteiligten sich Monarchen, Staats- und Finanzminister aus 20 europäischen Ländern (Katasonov 2014). Zuerst schlug Frankreich den USA und Großbritannien vor, das Gewicht und die Qualität ihrer Goldmünzen anzunähern (Scott 1916). Insgesamt wurde die Idee der Goldverwendung als Weltwährung durch die meisten Teilnehmer unterstützt, mit Ausnahme Russlands und der Niederlande. Zu einem internationalen Abkommen kam es jedoch nicht (Sharapov 1895). Es wurden indessen mutige Vorschläge zur Schaffung einer Einheitswährung auf der Basis der Goldmünzen aus Großbritannien, Frankreich und den USA gemacht. Doch gab es kein grundsätzliches Interesse daran, das System des Goldstandards anzunehmen (Eagleton und Williams 2007).

Warum stiegen andere Länder in den 70er-Jahren des 19. Jahrhunderts doch noch auf den Goldstandard um? Einige Wissenschaftler erklären die Abkehr vom Bimetallismus mit dem Verschwinden der kleinen Silbermünzen und der Goldmünzen großer Stückelung aus dem Umlauf als Folge der Erhöhung des Lebensstandards und des Wohlstandes dank dem technologischen Fortschritt und der Intensivierung des internationalen Handels. Laut F. Hayek, dem Nobelpreisträger für Wirtschaft, „sei nun jede Umrechnung der großen Einheiten in kleinere zu einem Problem geworden und niemand wäre imstande, sich an eine Recheneinheit zu halten" (von Hayek 1976). Andere Wissenschaftler bringen dies mit einem Netzwerkeffekt in Verbindung (Eichengreen und Sussman 2000). Um die Jahrhundertwende zwischen dem 19. und 20. Jahrhundert betrachteten Gelehrte wie I. Fisher, J. Laughlin und R. Giffin den Bimetallismus als leistungsunfähig, da er das Wachstum der Weltwirtschaft aufgrund nicht großer, aber doch vorhandener Transaktionskosten und der Wechselkursunsicherheit zwischen Gold und Silber zurückhielt. Währenddessen wurde der Monometallismus aufgrund des Ausbaus des internationalen Handels und der Investitionen nach ihrer Ansicht vorteilhafter. Im 20. Jahrhundert wurden die wissenschaftlichen Debatten über die Nachhaltigkeit des Bimetallismus fortgesetzt. In den 90er-Jahren des 20. Jahrhunderts beschäftigten sich unter anderem M. Friedman und M. Flandry damit. John Laughlin schlug seiner Zeit vor, das Bimetall-Geldsystem auf zwei Ebenen zu analysieren: national und international (Laughlin 1896). Allerdings hatten sich hier die Meinungen der Gelehrten geteilt: Für die einen waren die nationalen Interessen vorranging und für die anderen zwischenstaatliche Vereinbarungen (Moiseev 2001).

So sahen viele Wissenschaftler die Instabilität als Hauptursache für die Abkehr einiger Länder vom Bimetallismus an. Sie führten ihre Forschung auf zwei Fragen zurück: Ob Gold und Silber gemeinsamen im Umlauf sein könnten, ohne dass der offizielle Wechselkurs über längere Zeit geändert werden musste und ob der Übergang der meisten Länder zum Goldmonometallismus ein unvermeidlicher Schritt wäre (Moiseev 2001). Das offizielle Gold-Silber-Verhältnis stabilisierte die Marktpreise dieser Metalle und gab den Marktteilnehmern keinen Anlass, nur eines der Metalle zu bevorzugen. Dies war jedoch nur beim Gleichgewicht des Edelmetallmarktes möglich. Ein Verstoß gegen diese Balance provozierte Spekulationen. Je nachdem, ob der offizielle Wechselkurs gegenüber dem Marktkurs niedriger oder höher war, wurden aus dem Geldumlauf Gold oder Silber „ausgespült" Moiseev S. (2001). Dies ließ Anhänger des Bimetallismus die Notwendigkeit einer regelmäßigen Anpassung des offiziellen Gold-Silber-Wertverhältnisses anerkennen. Darauf wies unter anderem I. Fisher hin, der glaubte, dass eine Anpassung nicht maßgebend und nicht häufig erfolgen sollte, um den Wechselkurs zwischen den Export- und Importpunkten (die Abweichung sollte nicht ein Prozent übersteigen) einzuhalten (Fisher 1911).

Wäre beim Bimetallismus eine Preisstabilität grundsätzlich erreichbar? Theoretisch sollte die Preissteigerung eines Metalls durch den Fall des Preises eines anderen Metalls kompensiert werden (Laughlin 1896). Dies stellte einen Vorteil gegenüber dem Monometallismus dar. Allerdings wird das billigere Metall das teurere Metall aus dem Umlauf verdrängen, sodass zur Aufrechterhaltung der Geldmenge wiederum die Notwendigkeit besteht, unter hohen Kosten teure Münzen nachzuprägen. Somit ist also eine Preisstabilität zwar theoretisch erreichbar, aber nur unter entsprechend hohen Kosten (Velde und Warren 1998). Damit wurde der Bimetallismus als „instabiler und unzureichender monetärer Standard" anerkannt „mit häufigen Verschiebungen zwischen zwei alternativen monometallischen Standards" (Friedman 1990).

Die meisten Wissenschaftler sind sich darin einig, dass der Übergang zum globalen Goldstandard entweder durch Zufall erfolgt war oder aufgrund seiner Unvermeidbarkeit. Er sei das bevorzugte Währungssystem für wirtschaftlich entwickelte Länder unter den Bedingungen der industriellen Revolution gewesen. Inwieweit wäre diese Position begründet? In der Tat musste bei den Systemen des Bi- und silbernen Monometallismus in Kauf genommen werden, dass ihr Funktionieren mit Marktpreisänderungen der Edelmetalle einherging, was seinerseits eine Änderung des Mengenverhältnisses zwischen den im Umlauf befindlichen Metallen mit sich brachte und damit Anlass für Preisspekulation. Die Differenz des Gold-Silber-Wertverhältnisses zwischen den Ländern der Lateinischen Münzunion einerseits und den Ländern außerhalb der Union andererseits beflügelte diese Spekulationen. So betrug z. B. dieses Verhältnis in den USA 1 : 16, während es sich in der Lateinischen Währungsunion auf 1 : 15,5 belief. Diese Differenz konnte nur durch die Schaffung eines für alle Länder einheitlichen Verhältnisses beseitigt werden. Die Stabilisierung des Gold-Silber-Verhältnisses in der Lateinischen Münzunion hatte Frankreich mittels einer Intervention übernommen.

Der Übergang zum globalen Goldstandard begann in Deutschland. Im Gegensatz zu anderen Ländern Europas hatte Deutschland bis in die 70er-Jahre des 19. Jahrhunderts kein einheitliches Geldsystem. Dies war darauf zurückzuführen, dass bis dahin auf deutschem Boden viele Staaten und Fürstentümer existierten, deren Geldsysteme zum Silbermonometallismus zählten: exklusive der Stadt Bremen. Neben Silbermünzen gab es in ihrem Geldumlauf Banknoten und ausländische Goldmünzen (u. a. Louidors, Pistolen, Dukaten), deren Wert im Vergleich zum Silber vom Markt bestimmt wurde und sich ständig änderte. Zum einheitlichen Geldsystem kam Deutschland nach der Vereinigung der deutschen unabhängigen Staaten/Fürstentümer zum einheitlichen Bundesstaat im Königreich Preußen 1871. In seinem Bemühen, alle deutschen Länder zum Deutschen Reich unter dessen Führung zu vereinen, hatte Preußen den Norddeutschen Bund umgewandelt. Zugleich bedeutete das die Schwächung des französischen Einflusses in Europa. Daher reifte in dieser Zeit ein Konflikt zwischen Deutschland und Frankreich heran, der durch die Rivalität von Napoleon III. und Leopold, einem Verwandten des preußischen Königs Wilhelm I., um den spanischen Thron verschärft wurde. Wegen einer Zeitungsprovokation des preußischen Kanzlers Bismarck kam es am 19. Juli 1870 zum Krieg zwischen Frankreich und Deutschland, dem Deutsch-Französischen Krieg (1870–1871). Dafür hatte sich Bismarck die finanzielle Unterstützung der Rothschilds gesichert (Sharapov 1895). Nach der Niederlage Frankreichs hatte es Deutschland eine Entschädigung von 5 Mrd. Franc in Gold zu zahlen. Das verwüstete Frankreich konnte die Entschädigung nur durch die Aufnahme eines Kredits auf sich nehmen, der wiederum von den Rothschilds organisiert wurde, nachdem das Bankhaus Geld in ganz Europa gesammelt hatte (Sharapov 1895). Die Goldreserven Deutschlands waren damit unvermittelt auf 1451,61 t gestiegen.[3] Damit waren die Voraussetzungen für den Übergang Deutschlands zur Goldwährung geschaffen worden. Zu der Zeit wurde der größte Teil des deutschen Außenhandels durch London finanziert. Einige Ökonomen ihrer Zeit nannten den Wunsch Englands, der weltgrößten Finanz- und Wirtschaftsmacht, Deutschland an sein Währungssystem zu binden, als Hauptmotiv (Schmidt-Hoepke 1925, S. 79).

Der Übergang Deutschlands zum Goldmonometallismus erfolgte 1873. Der Goldgehalt der Deutschen Mark wurde auf 0,358423 g fixiert, sodass der Preis einer Unze Gold nun 2,79 Mark entsprach. In diesem Prozess wurde der Silberne Taler durch die Goldene Deutsche Mark ersetzt. Um das Land vom Goldabfluss zu schützen und die Höhe der Goldreserven und damit die Währung stabil zu halten, musste die Reichsbank zu einer Reihe von Maßnahmen greifen. Unter anderem startete sie den Umtausch der Banknoten gegen Gold nicht in den Filialen an der Grenze, sondern in ihrem Berliner Hauptbüro, was die Kosten für die Goldausfuhr erhöhte und so den Export des Goldes reduzierte. Anderseits vergab die deutsche Zentralbank Prämien oder zinslose Darlehen an Importeure des Goldes, um seine Einfuhr zu fördern. Darüber hinaus wurde 1875 die maximale Größe der von Gold ungedeckten Banknotenemission auf 250 Mio. Mark festgelegt. Diese Grenze wurde später sukzessive nach oben korrigiert. So wurde im Jahr 1911 das maximal zugelassene Volumen einer ungedeckten Banknotenausgabe auf 550 Mio. Mark erhöht, was mehr als 2-mal höher war als der Grenzwert 1875.

Unter dem Goldstandard wurden Silberreserven in Deutschland nicht gefragt. Daher mussten sie außerhalb des Landes für Gold verkauft werden. Dabei hatte Deutschland 1873 vor, einen Teil des Silbers in Frankreich zu veräußern. Frankreich wollte jedoch den Verkauf des deutschen Silbers im Land erschweren und reduzierte den Silberpreis

---

[3] Nach dem 1800 in Frankreich festgelegten Standard war der Franc 0,290322 g Gold gleich.

durch den Prägungsabbau der Silbermünzen. Am 5. September 1873 wurde die Prägung von Silbermünzen auf 280.000 Franc verringert und im November 1873 auf 150.000 Franc (Flandreau 1996, S. 886, 864). Das beförderte allerdings nach und nach den Umstieg Frankreichs auf eine Goldwährung. Im Endeffekt befand sich nun zusätzlich zum deutschen auch das französische Silber auf dem Weltmarkt, was seinen Überfluss und seine Abwertung zur Folge hatte. Dies löste wiederum den Umstieg anderer europäischer Länder auf den Goldstandard aus. Auf Deutschland folgten Norwegen, Schweden und Dänemark. Somit galt der Goldstandard 1878 z. B. in England, Deutschland, Belgien, Holland, Frankreich, der Schweiz und in den skandinavischen Ländern. Darauf folgten Österreich, Russland und Japan. Zu Beginn des 20. Jahrhunderts hatten sich Argentinien, Mexiko, Peru, Uruguay und eine Reihe anderer Länder angeschlossen. Als Folge war der Silberpreis gegenüber den 1960er-Jahren noch mehr gefallen. In den späten 1970er-Jahren betrug das Marktverhältnis von Gold zu Silber 1 : 18 und am Ende des 19. Jahrhunderts 1 : 30 (Bernstein 2012, S. 250). Gleichzeitig war die Kluft zwischen dem offiziellen Wert des Goldes und seines Marktwertes deutlich gewachsen, was das Verschwinden von Gold aus dem Geldumlauf der Länder, also eine existenzielle Bedrohung für den Goldstandard hätte verursachen können. Zum Erhalt des Goldstandards im Land wurden offizielle Beschränkungen für die Verwendung von Silbermünzen im Geldumlauf eingeführt, mit Ausnahme ihrer Verwendung als Münzen in kleiner Stückelung. Im Ergebnis hatte sogar Indien 1893 die Prägung von Silbermünzen eingestellt.

Je mehr Länder den Goldstandard übernahmen, desto mehr profitierten sie vom Übergang zu diesem System. Wie bei einem Dominoeffekt ging nun ein Land nach dem anderen zum Goldstandard über. Denn das gemeinsame Währungssystem erleichterte Finanztransaktionen und den internationalen Handel. Der Übergang der nationalen Währungssysteme zum Gold dauerte fast ein halbes Jahrhundert lang, und zu Beginn des 20. Jahrhunderts übernahmen die meisten Länder der Welt den Goldstandard. Dabei blieb China das einzige Land der Welt, das den Silberstandard bis 1935 beibehielt. Schon lange vorher hatte China keine eigenen Münzen aus Edelmetall mehr geprägt und stattdessen ausländische Münzen oder eigene Barren verwendet. Die Prägung der Silbermünze Yuan startete erst im Jahr 1835. Im Frühjahr 1933 wurde ein Gesetz „Über die Vereinheitlichung des Geldsystems" verabschiedet. Aber es führte nicht zur Etablierung einer einheitlichen Währung. Im Land wurde bis Mitte der 1940er-Jahre sowohl ausländisches als auch lokales Geld verbreitet: im Nordosten von China, der Mantschuria, der Yuan, in Tibet der Sanga, in Xinjiang und in der Inneren Mongolei der lokale Yuan, in Zentral- und Ost-China der japanische Militär-Yen, in anderen Provinzen lokales Papiergeld. Dabei war der Wert der chinesischen Währung von den Schwankungen des Silberpreises auf dem Weltmarkt abhängig. 1935 wurde eine weitere Währungsreform durchgeführt, bei der die Silbermünzen aus dem Umlauf gezogen und gegen ihr Papieräquivalent Fabi ersetzt wurden. Es erfolgten der Verzicht Chinas auf den Silberstandard und der Übergang zur Währung auf Goldbasis ohne festen Goldgehalt des Yuan. Im selben Jahr verursachte die übermäßige Ausgabe von Papiergeld die Inflation. Als 1935 ein Dollar 3,360 Yuan kostete, wurde er im Jahr 1946 auf 3350 Yuan geschätzt. Im Jahr 1948 wurde eine weitere

Währungsreform durchgeführt, bei der der Goldgehalt eines Yuan auf 0,22217 g Feingold festgelegt wurde. Darüber hinaus wurde neues Papiergeld ausgegeben, das gegen altes Papiergeld ausgetauscht wurde. Im selben Jahr wurde offiziell der Wert des Gold-Yuan gegenüber dem Dollar festgelegt: Ein US-Dollar entsprach vier goldenen Yuan. Am 12. Dezember 1948 wurde der goldene Yuan abgewertet. Nun entsprach ein Dollar 20 goldenen Yuan. Die Einheit Chinas veränderte das Geldsystem des Landes. Anfang Dezember 1948 wurde die Zentralbank Chinas geschaffen, die Volksbank von China. Aus dem Umlauf wurde das Lokalgeld gezogen und gegen Banknoten der Zentralbank, den Yuan, ersetzt. Dank eines hohen Silberbestands in den offiziellen Reserven der Zentralbank Chinas bleibt das Land bis heute seiner Silbertradition treu.

Als Folge der globalen Einführung des Goldstandards war das Vereinigte Königreich zum weltgrößten Goldmarkt geworden. Dank des englischen Kapitals begann am Ende des 19. Jahrhunderts die aktive Entwicklung der Kapitalmärkte in anderen Ländern, insbesondere in den USA. Durch die Finanzierung von Großprojekten mittels Krediten, unter anderem dem Ausbau des amerikanischen Eisenbahnsystems, drang das englische Kapital aktiv in die Volkswirtschaften anderer Länder und Regionen ein (USA, Südafrika, Lateinamerika und Asien). Andere Regierungen griffen verstärkt auf die Kreditaufnahme in Gold zurück, insbesondere Frankreich, Deutschland und Russland, wobei die meisten Mittel für den Ausbau militärischer Macht, z. B. für die Rüstungsproduktion verwendet wurden. Die hohe Abhängigkeit der Länder vom britischen Kapital hatte ihre Kehrseite. Im Jahr 1890 brach in Argentinien eine Finanzpanik infolge schlechter Ernten und einer Revolution aus, was die wichtigsten Teilnehmer des englischen Kapitalmarkts stark betraf, insbesondere das größte britische Finanzhaus der damaligen Zeit, die Barings Bank (1762–1995). Wie mächtig diese Bank war, zeigt, dass sie bereits 1802 einerseits das Vereinigte Königreich während der Französischen Revolution und während des Krieges gegen Napoleon finanzierte und andererseits die militärische Kampagne Napoleons. Sie beteiligte sich auch am Verkauf Louisianas an die Vereinigten Staaten von Amerika durch Frankreich. In den Jahren von 1843–1871 hatte die Bank das exklusive Recht, als Finanzagent der US-Regierung zu agieren. Ab den 70er-Jahre des 19. Jahrhunderts verwandelte sich die Barings Bank zur Schlüsselfigur der Entwicklungskapitalmärkte in den USA, in Kanada und Argentinien und wurde Ende der 80er-Jahre zum größten Inhaber argentinischer Wertpapiere in Höhe von 42 Mio. Pfund (Bernstein 2012, S. 254). Infolge eines Panikausbruchs 1890 auf dem argentinischen Finanzmarkt konnte die Barings Bank den größten Teil ihrer abgewerteten Wertpapiere nicht verkaufen, was sie beinahe in den Bankrott führte. Um den Konkurs zu vermeiden, musste die Barings Bank an Gold kommen. Die Konvertierung von britischen Banknoten zu Gold in der „Bank of England" sollte der Barings Bank 4,5 Mio. Pfund in Gold einbringen. Dies wiederum hätte den Bestand der staatlichen Goldreserven Englands halbieren können (Eichengreen 1992, S. 49–50). Eine solch beträchtliche Reduktion der Goldreserven hätte das Pfund zum Absturz bringen können. Unter diesen Umständen versuchte die englische Zentralbank, den Goldzufluss in ihre Reserven zu erhöhen, zunächst durch eine traditionelle Maßnahme, durch die Erhöhung des Zinssatzes auf sechs Prozent. Um die notwendige Goldmenge zu gewinnen, musste der Zinssatz deutlich erhöht werden, was sich allerdings England nicht leisten konnte. Solche Aktionen der Zentralbank wären ein Zeichen finanzieller Schwierigkeiten gewesen, das die massive Umwandlung von Pfund in Gold und die weitere Reduktion der Goldreserven der Zentralbank hätte auslösen können. Mit der Zusammenstellung eines Bankenkonsortiums unter der Vermittlung der Rothschild Bank gelang es England, den Konkurs der Barings Bank zu verhindern und den Druck auf die Goldreserven der Zentralbank abzubauen. Dieses Konsortium hatte der Bank of England einen Betrag von 3 Mio. Pfund mit 3 % Zinsen pro Jahr zur Verfügung gestellt. Das Geld stammte von den Zentralbanken Frankreichs und des Russischen Reichs (Eichengreen 1992, S. 49–50). Nach diesen Ereignissen hatte die Barings Bank ihre Position eines unabhängigen Marktführers in der internationalen Finanzwelt eingebüßt. Die Bank wurde in einer Gesellschaft mit beschränkter Haftung unter dem Namen Baring Brothers & Co. Ltd. neu organisiert. Dabei wurde das Vermögen der ehemaligen Bank unter den Mitgliedern des Konsortiums zur Teiltilgung der Schulden verteilt, die innerhalb eines Jahrzehntes zurückgezahlt werden sollten. Die Baring Brothers & Co. Ltd. beteiligten sich auch am großen Finanzgeschäft. So finanzierte sie nach dem 1. Weltkrieg Deutschland und während des 2. Weltkriegs das Vereinigte Königreich mit dem Verkauf seiner staatlichen Aktiva an andere Länder, vor allem an die Vereinigten Staaten.

Dank der finanziellen Unterstützung der Zentral- und Geschäftsbanken gelang es, die Zentralbank von Großbritannien vor dem Bankrott zu retten und damit den Sturz des englischen Pfunds zu verhindern. Zu diesem Zeitpunkt gab es bereits einige Erfahrungen bei der gegenseitigen Kreditunterstützung zwischen den Landeszentralbanken – unter der Vermittlung der größten Geschäftsbanken. So griff in der ersten Hälfte der 20er- und der späten 30er-Jahre des 19. Jahrhunderts die Bank of England auf Kredite anderer Zentralbanken zurück, vor allem Frankreichs sowie Deutschlands und Russlands, zunächst mit der Unterstützung der Barings Bank und in den 1880er-Jahren mit der Unterstützung der Rothschilds (Kindleberger 1993, S. 67). Anschließend begann die Zentralbank Englands, selbst eine solche Unterstützung zu leisten, die sie mit Hilfe von Geschäftsbanken organisierte und wurde so eine Art Kreditgeber letzter Instanz („lender of last resort") für andere Zentralbanken. Darüber hinaus wurden in den späten 80er-Jahren des 19. Jahrhunderts solche Transaktionen immer häufiger zwischen verschiedenen Zentralbanken vorgenommen. So nahm im Jahr 1882 die Zentralbank von Schweden einen Kredit bei der Zentralbank von Dänemark auf und die Bank of England zwischen 1896 und 1907 einen Kredit bei den Zentralbanken Frankreichs und Deutschlands, und 1898 lieh sich die Zentralbank Deutschlands Geld von den Zentralbanken Großbritanniens und Frankreichs (Kindleberger 1993, S. 67).

Die Krise 1890 und die Pleite der Barings Bank beeinflussten andere Länder, in denen es zur massiven Konvertierung in Gold kam, damit zum Goldabfluss und zum Abbau der Goldreserven. So stießen z. B. die nicht in den Vereinigten Staaten Ansässigen ihre Dollarwertpapiere ab und tauschten sie gegen Gold ein, was den rasanten Goldabfluss aus dem Land und die Verringerung der staatlichen Goldreserven auslöste. Auf diese Weise konnte es zur Goldknappheit bei der Einlösung von Banknoten kommen. Der Anstieg des Goldmarktwerts in den USA verursachte wiederum die Abnahme des Silbermarktwerts, was die Wirtschaft, insbesondere den Silberbergbau in den westlichen Bundesstaaten, negativ beeinflusste. Zur Unterstützung dieses Wirtschaftszweiges wurde in den USA das sogenannte Gesetz von Sherman (Sherman Act) verabschiedet, dass die jährliche Erhöhung der staatlichen Silberkäufe in Höhe von US$ 50 Mio. vorsah, die vom Finanzministerium auf monatlicher Basis gegen Banknoten getätigt werden sollten (Bernstein 2012, S. 269).

Durch Zufall gelang es den USA 1891, ihre staatlichen Goldreserven zu erhöhen. 1891 führte der Ausfall der Weizenernte bei den Hauptweltlieferanten Russland und Frankreich zum Anstieg der Preise. In dieser Situation übernahmen die USA die Rolle des wichtigsten Weizenlieferanten der Welt und erhielten einen zusätzlichen Exporterlös in Gold. Ende Mai 1892 fielen jedoch die US-Goldreserven auf US$ 114 Mio. und erreichten fast das gesetzliche Mindestniveau von US$ 100 Mio. (Noyes 1898, S. 173).

Dies ließ das US-Finanzministerium bei staatlichen Ausgaben von Gold auf Banknoten umsteigen, was den Anstieg der privaten Goldnachfrage im Land einleitete. Gleichzeitig stieg auch das Defizit der US-Handelsbilanz 1892 und belief sich 1893 auf US$ 447 Mio. (Noyes 1898, S. 173). All dies hatte negative Auswirkungen auf die Bestände der Goldreserven des Landes und auf die Nationalwährung. Außerdem wurde der Zustand der Staatskasse durch die Insolvenz der Eisenbahngesellschaft von Philadelphia (*Philadelphia & Reading Railway*) verschärft. Im Jahr 1893 beliefen sich die US-Goldreserven auf weniger als US$ 100 Mio. Also lagen sie unter der gesetzlich festgelegten Grenze (Noyes 1898, S. 188–191). Dann ging die Gesellschaft *National Cordage* bankrott, was den Zusammenbruch des gesamten US-Aktienmarktes auslöste. Dies erschwerte die Zahlungsfähigkeit vieler Banken in den USA und führte zu Massenabhebungen der Bankeinlagen. Unter diesen Umständen musste der Staat die Zinsen für kurzfristige Kredite erhöhen. Zur gleichen Zeit erreichten bei den Geschäftsbanken die Zinssätze auf kurzfristige Kredite die Höhe von 74 %, und die Vergabe langfristiger Darlehen wurde eingestellt (Noyes 1898, S. 188–191). Im Jahr 1893 gingen mehr als 500 Banken und 15.000 Unternehmen in Konkurs, einschließlich der Eisenbahnunternehmen Erie, Northern Pacific, Atchison, Topeca, Santa Fe (Bernstein 2012, S. 270–271). All dies hatte zwischen 1893 und 1898 eine hohe Arbeitslosenquote zur Folge.

Das wachsende Haushaltsdefizit wurde zuerst mit zusätzlichen Banknoten gedeckt und als diese Möglichkeit erschöpft war, durch Gold, was eine weitere Verringerung der staatlichen Goldreserven verursachte. Im Ergebnis wurde das Gesetz von 1890 „Über die Staatskäufe großer Silbermengen" aufgehoben. Im Jahr 1894 wurde beschlossen, das Defizit durch die Ausgabe von in Gold einlösbaren Staatsanleihen zu decken, welche von großen Geschäftsbanken erworben wurden und wodurch die Staatskasse US$ 59 Mio. erhalten hatte (Bernstein 2012, S. 272). 1894 beliefen sich die US-Goldreserven auf US$ 107 Mio. (Bernstein 2012, S. 272). Eine weitere Erhöhung des Defizits führte erneut zur Verringerung der Goldreserven auf US$ 52 Mio., d. h. zu ihrer doppelten Verringerung (Bernstein 2012, S. 272). Und wiederum musste die US-Regierung auf zusätzliche Mittel zurückgreifen: durch die Ausgabe von Staatsanleihen und durch deren Platzierung in den Geschäftsbanken. 1895 wurden aus den USA US$ 26 Mio. in Gold ausgeführt und US$ 45 Mio. in Gold aus der Staatskasse für die Einlösung von Banknoten verbraucht (Noyes 1898,

S. 232). Infolgedessen fielen die Goldreserven auf das Niveau von US$ 9 Mio. (Chernow 1990, S. 75). Nach dem vergeblichen Kampf gegen die Reduktion der staatlichen Goldreserven mussten sich die USA an die weltweit größten Kreditgeber, an die Geschäftsbanken, wenden. Eine der bedeutendsten war die Rothschild Bank (N. M. Rothschild & Sons). Um die Goldreserven der USA zu schützen, wurde mit der Vermittlung von Rothschild und Morgan (J. P. Morgan & Co) ein Bankenkonsortium gegründet. Im Verlauf der Verhandlungen wurde beschlossen, die Ausgabe der US-Staatsanleihen in Höhe von US$ 65 Mio. vorzunehmen und sie gegen Gold an Mitglieder des Konsortiums zu verkaufen. Um die Ausgabe der Goldreserven des Landes zu vermeiden, verpflichtete sich das Konsortium, dem US-Finanzministerium europäische Währungen für die Abwicklung von internationalen Handels- und Finanzgeschäften zur Verfügung zu stellen. Dank des Syndikats gingen in die US-Staatskasse bis 1895 monatlich US$ 5 Mio. ein, was die US-Goldreserven bis Anfang Juli auf US$ 108 Mio. aufstockte (Noyes 1898, S. 241). Im Ergebnis nahmen amerikanische Wertpapiere an Wert zu, und ihre Nachfrage vergrößerte sich, während die Konvertierungsmenge zum Gold sank. All dies verbesserte die Position des Dollars wesentlich und trug zum Wirtschaftswachstum ab 1896 bei. Jedoch waren die US-Preise am Ende der 90er-Jahre gestiegen. Im Allgemeinen hatten die Ereignisse der 90er-Jahre des 19. Jahrhunderts die Wirkungslosigkeit der Zinssatzerhöhung bei der Stabilisierung der Goldreserven des Landes gezeigt. Darüber hinaus verursachte die Kluft zwischen dem offiziellen und dem Marktpreis des Goldes eine Destabilisierung des Währungssystems. Dies ließ einige Zentralbanken die offizielle Höhe ihrer Goldreserven ändern.

4.10   Der Goldstandard in Theorie und Praxis

Die Vollendung des Übergangs von nationalen Währungssystemen der meisten Länder zum Goldstandard bedeutete ihre Vereinigung zum einzigen Weltwährungssystem auf Goldbasis, d. h. die Schaffung eines globalen Goldstandards. Die monetäre Goldnachfrage entstand danach nicht in den einzelnen Staaten, sondern global. Von nun an diente nur Gold als allgemeines globales Währungsäquivalent, d. h. es diente von nun an nicht nur als nationale Währung, sondern offiziell auch als einziges internationales Geld. Im Geldumlauf der Länder war Gold in Form von Münzen präsent, die Vorrang vor anderen Formen des Geldes, vor allem vor Kreditgeld, hatten. Aus diesem Grund wurde das Weltwährungssystem Goldmünzstandard (*gold coin standard*) genannt. Das heißt nicht, dass in einem monometallistischen System neben dem Metall, das die Rolle des allgemeinen Äquivalents erfüllt, keine Münzen aus anderen Metallen und andere Geldformen verwendet werden können. 1912 waren z. B. in Deutschland neben Goldmünzen im Wert von 2,984 Mrd. Mark solche aus anderen Metallen im Wert von 891 Mio. sowie Banknoten in Höhe von 2,638 Mrd. Mark im Umlauf (Bregel und Kaemmel 1957, Kap. 7). Im Geldumlauf Deutschlands befanden sich bis zum 1. Weltkrieg durchschnittlich 4 bis 4,5 Mrd. Mark als Goldmünzen, 1,5 bis 2 Mrd. als Banknoten und eine Milliarde Mark als Kleinwechselgeld. Der Anteil der Goldmünzen lag bei rund 60–62 % der Geldmenge (Muhs 1932,

S. 15). Die Prägung der Goldmünzen erfolgte in den staatlichen Münzstätten frei. Jede Person konnte Metallbarren für deren Umprägung zu Münzen einer staatlichen Münzstätte übergeben. Dabei erfolgte die Münzprägung entweder kostenlos, wie z. B. in England vor dem 1. Weltkrieg oder gegen eine geringe Gebühr zur Deckung der Münzprägekosten. Im zaristischen Russland lag für die Münzprägung aus einem Pfund Gold, etwa 16,3 kg versus 21.157 Rubel, die Gebühr bei 42 Rubel und 32,5 Kopeken, also einem Fünftel Prozent (Bregel und Kaemmel 1957, Kap. 7). Die private Hortung von Gold in Barren und Münzen wurde in unbegrenzter Menge erlaubt. Die Zentralbanken nahmen eine große, aber nur zum Teil durch Gold gedeckte Papiergeldemission vor. Während normalerweise das Ausmaß der ungedeckten Emissionen gesetzlich begrenzt war, gab es für die Ausgabe anderer Formen des Kreditgeldes durch Privatbanken keine Einschränkungen. Alle Geldarten, die sich vom Gold unterschieden, z. B. Banknoten, Wechsel und bargeldlose Bankeinlagen, wurden gegen Gold zu ihrem Nennwert und kostenlos umgetauscht. Der Umtausch erfolgte zu jedem Zeitpunkt für unbeschränkte Mengen und im gesetzlich festgelegten Verhältnis. Zugleich übernahmen überwiegend die Landeszentralbanken die Garantie für den Austausch. Diese Verpflichtung erforderte das Vorhandensein einer ausreichenden Goldmenge in den Reserven der Zentralbanken. Deshalb gerieten die Länder wegen ihres Umstiegs auf den Goldstandard in die Abhängigkeit von ihren Goldreserven. Weil das Ausmaß der Goldförderung begrenzt war, mussten die Staaten auf Kredite in Gold, auf Golddarlehen, zurückgreifen. Gold konnte ohne Einschränkungen importiert und exportiert werden. Seine Ein- und Ausfuhr war unbegrenzt.

Beim globalen Goldstandard wurde Gold nicht nur als universelles Zahlungsmittel verwendet, sondern für den relativen Wertvergleich der Währungen. Jedes Land im System des globalen Goldstandards bestimmte den Wert ihrer Landeswährung mit einer festen Menge an Gold. Zum Beispiel entsprachen einem Pfund Sterling 7,3 g Gold und einem US-Dollar 1,5 g. Damit waren die Wechselkurse, die sogenannten Goldparitäten, im internationalen Zahlungsverkehr fixiert und wurden durch das Verhältnis des Goldgehaltes einer Währungseinheit gegenüber dem einer anderen Währungseinheit bestimmt. Der offizielle Wechselkurs des Pfundes lag gegenüber dem Dollar bei US$ 4,87 (7,3 : 1,5). Im Gegensatz zu den offiziellen Wechselkursen schwankten die Marktwechselkurse. In der Theorie sollten Abweichungen des Marktwechselkurses vom offiziell aufgezeichneten, von der Goldparität, gering sein und etwa $\pm 1\,\%$ betragen. Somit lagen die Grenzen, Goldpunkte genannt (*points of exchange*), auf beiden Seiten der festgelegten Goldparität. Dabei war die Größe der Abweichung von einem Prozent auf die Deckung der Transport-, Verpackungs-, Versicherungskosten sowie auf die Zahlung einer Risikoprämie zurückzuführen und in einigen Fällen auf die Schatzamtsgebühr usw. des physischen Goldes, enthalten in einer Währungseinheit, das von einem Land in das andere transportiert wurde. Es wurde angenommen, dass die Überschreitung des Marktwechselkurses dieser Goldpunkte, d. h. seine Abweichung vom offiziellen Wechselkurs von mehr als einem Prozent in beide Richtungen, automatisch verhindert werden sollte: durch den Wechsel des Goldes von einem Land zum anderen. Der Mechanismus der sogenannten automatischen Selbstregulierung von Zahlungsbilanzen und des Währungskurses (*Hume's specie flow mechanism*) im Rahmen des Goldstandards wurde 1752 vom schottischen Ökonomen und Philosophen David Hume formuliert und in Forschungsschriften von David Ricardo, J. St. Mill und Alfred Marshall weiterentwickelt. David Hume sah den Ausgleich der Zahlungsbilanz als Folge einer spontanen Umverteilung des Goldes zwischen einzelnen Ländern an, was Veränderungen der Preise und der Geldmenge im Umlauf mit sich brachte. Das Zahlungsbilanzdefizit sollte mit Hilfe des Goldes schnell beseitigt werden. In Übereinstimmung mit diesem Gesetz von David Hume sollte die Geldmenge des Landes, die aus Gold und anderen gegen Gold eintauschbaren Geldern bestand, in einem Land mit einem Defizit in der Zahlungsbilanz reduziert werden und in einem Land mit einem Überschuss der Zahlungsbilanz wachsen. Dies führte zum Rückgang der Inlandspreise in einem Land mit einem Defizit und zur Zunahme in einem Land mit einem Überschuss. Der Preisrückgang beflügelte wiederum den Export, und mit der Zeit veränderte sich das Defizit der Zahlungsbilanz zum Überschuss. Zur gleichen Zeit war in einem Land mit einer positiven Zahlungsbilanz der umgekehrte Prozess im Gange.

Auf welche Weise sollte der automatische Ausgleich der Währungskurse beim klassischen Goldstandard erfolgen? Sogenannte Goldpunkte wurden zur Bestimmung des Wechselkurses eingesetzt. Sie bestimmten, wann es profitabel wurde, Gold für den Export oder für den Import zu kaufen. Der Goldexportpunkt (*gold export point*) lag unterhalb der Goldparität und der des Imports (*gold import point*) oberhalb der Goldparität. Wenn der Marktwechselkurs des Pfundes den oberen Goldpunkt, z. B. 0,208 US$/Pfund (etwas oberhalb des fixen offiziellen Wechselkurses) überstieg, so wurde es für die englischen Importeure günstiger, ihre Zahlungen in Gold statt in der notwendigen Währung (US$ getauscht aus Pfund) zu tätigen. Es kam zum Goldabfluss aus England. Wenn hingegen der Marktwechselkurs des Pfundes den unteren Goldpunkt, z. B. 0,203 US$/Pfund (knapp unterhalb des offiziellen Kurses) unterschritt, so folgte ein Goldabfluss aus den USA nach England.

In dem Land mit einer positiven Zahlungsbilanz würde die Geldmenge steigen und damit die Preise, was wiederum eine Erhöhung der Importe zur Folge hätte. So würde die Geldmenge in dem Land mit negativer Zahlungsbilanz verringert werden. Die Preise würden sinken, den Warenexport beflügeln und den Import hemmen, und somit dem Zahlungsbilanzdefizit entgegenwirken. Insgesamt käme es zu einer automatischen Regulierung der Zahlungsbilanzen und Währungskurse, sowie einer Konvergenz des Nominal- und Marktgoldwertes. Die Schwankungen der Wechselkurse sollten gering sein und das Währungsrisiko minimiert werden, das System frei von staatlicher Regulierung sein. „Der Zustand des außenwirtschaftlichen Gleichgewichts wurde als einzigartiges Phänomen betrachtet, das die Abhängigkeit der Preis- und Kostenhöhe von ähnlichen Indikatoren in anderen Ländern widerspiegelte" (Ricardo 1891), d. h. der globale Goldstandard sah den Ausgleich der Preise auf Weltniveau vor und „der Preis trat als das einzige Bindeelement zwischen den inländischen wirtschaftlichen Prozessen und der externen Zahlungsbilanz auf" (Solus 1978). Nach dem Gesetz von Hume sollte der Ausgleich der Zahlungsbilanzen durch den internationalen Fluss des Goldes vorgenommen werden, und die Bewegung von Waren im Welthandel war eine Folge der Unterschiede nationaler Preise, deren Zu- oder

Abnahme die Bewegungsrichtung und das Volumen der Waren und damit die Zahlungs-position des Landes änderte. Die Änderung zwischenstaatlicher Zahlungsbilanzen der Länder bestimmte sowohl die Bewegung des Goldes im Umlauf als auch den Zufluss des neu geförderten Goldes (Muhs 1932, S. 17).

Aber in der Praxis erfolgte der Zahlungsbilanzausgleich nicht automatisch, nicht recht-zeitig und nicht schnell genug (Moiseev 2005, S. 103–104; Lewis 1978). Tatsächlich war der Mechanismus des automatischen Ausgleichs von Zahlungsbilanzen nur durch Preis-änderungen nicht effektiv genug. Dies wird durch die Wirtschaftsforschung der 1920er-Jahre bestätigt, die die sehr geringe Abhängigkeit zwischen den Preisänderungen und der Nachfragen nach Export- und Importgüter zeigte (Solus 1978). Erstens standen diesem Mechanismus die begrenzten Mengen von Goldreserven im Weg. Zweitens setzte die Mo-nopolpreisbildung gewisse Grenzen für die freie Bewegung der Preise, deren Flexibilität einseitig war, meist nach oben (Solus 1978). Weil die Inlandspreise und Löhne nicht fle-xibel genug waren, konnten sie sich nicht schnell, rechtzeitig und vollständig korrigieren (Lewis 1978). Also schwankten beim goldenen Monometallismus nicht die Preise und Löhne, sondern die Höhe der Arbeitslosigkeit und das BIP (Lewis 1978). Stattdessen kam es aber, bedingt durch die Differenz der Zinssätze, zum kurzfristigen Ab- und Zu-fluss des Kapitals. Besonders deutlich kam dieser Mechanismus in England zur Geltung, wo das Zahlungsbilanzdefizit eine Verringerung der Geldmenge und einen Anstieg der Zinsen zur Folge hatte, was kurzfristiges Kapital nach London zog und zum Aufstieg Londons zum globalen Finanzzentrum beitrug (Moiseev 2005, S. 104). Von nun an wurde die Zahlungsbilanz nicht mehr durch Änderungen des Goldpreises, sondern durch Zinsän-derungen reguliert (Moiseev 2005, S. 104). Das System des Goldstandards wurde mittels der Zinspolitik (Diskontpolitik) aufrechterhalten, d. h. durch die Verwendung des Leit-zinssatzes. Im Allgemeinen wurde das Weltgeldangebot beim Goldstandard bis zu einem gewissen Maß durch das Weltgoldangebot bestimmt. In dieser Hinsicht verursachten die Entdeckung neuer Goldlagerstätten oder der Zustrom des Goldes aus dem Ausland, z. B. infolge eines Krieges, zunächst eine Expansion der Geldmenge und dann den Anstieg der Preise und des BIP (Moiseev 2005, S. 103).

Beim Goldstandard führte der Vertrauensschwund der Währung zwangsläufig zum Ab-bau der Goldreserven, weil jeder andere Geldformen gegen Gold eintauschen wollte. Im Falle des Abflusses von Gold versuchten die jeweiligen Währungsbehörden, dies entweder durch die Aufschläge der Zinssätze oder durch Bankkreditaufnahmen zu verhindern. Die Kreditaufnahme bei Privatbanken war in der Regel nur für entwickelte Länder möglich. Der Anstieg der Zinssätze förderte den Zufluss ausländischen Kapitals ins Land, wodurch nicht nur die Abhängigkeit der Volkswirtschaft erhöht wurde, sondern vor allem die Geld-menge, was wiederum einen Anstieg der Binnenpreise und letztendlich die Reduktion der Anzahl der Arbeitsplätze und somit der Gewinne von Unternehmen zur Folge hatte. Im Ergebnis stand eine Destabilisierung des Wirtschafts- und Soziallebens des Landes. Wenn durch die Zinserhöhung oder Kreditaufnahme bei Geschäftsbanken die Hemmung des Goldabflusses nicht zu erreichen war, mussten die Landeswährungsbehörden die äu-ßersten Maßnahmen ergreifen: die vorübergehende Aussetzung der Konvertibilität ihrer

Währung in Gold. Der Tausch von Nationalbanknoten und von allen Aktiva in der Landeswährung gegen Gold wurde gestoppt. Bis in die 70er-Jahre des 20. Jahrhunderts wurde die Möglichkeit der Konvertierung der Währungen in Gold immer wieder hergestellt. Die historische Erfahrung zeigt, dass die Länder immer wieder auf die Einstellung der Konvertierungsmöglichkeit infolge der Ausbrüche von Kriegen oder von Finanzkrisen zurückgriffen.

Im Gegensatz zu England unterlag der Goldstandard in den meisten Ländern der Welt Einschränkungen, die den Goldabfluss verhindern sollten. In diesem Zusammenhang wurde der Goldstandard in diesen Ländern als „hinkender" („limping gold standard") bezeichnet. Das erklärte sich dadurch, dass im Gegensatz zu Großbritannien in anderen Ländern, insbesondere in Deutschland und in Frankreich, Landbesitz zwischen verschiedenen Klassen verteilt wurde, einschließlich des der Bauern und der kleinen Landbesitzer (Junker), die am Preiswachstum interessiert waren. Außerdem waren diese Länder im Gegensatz zu Großbritannien weniger in den internationalen Handel einbezogen. Daher spezialisierten sich ihre Banken nicht auf die Finanzierung des internationalen Handels durch Kreditvergabe, sondern auf die Finanzierung der Binnenwirtschaft, vor allem bei der Entwicklung der nationalen Industrie, weil die Industrialisierung dieser Länder langsamer verlief als in England. Um die Goldreserven zu schützen und den Goldabfluss zu verhindern, mussten die Zentralbanken dieser Länder auf die gesetzliche Konvertibilität von Banknoten zum Gold verzichten. Silber blieb in diesen Ländern neben dem Gold ein gesetzliches Zahlungsmittel, auch wenn Silbermünzen nicht frei geprägt wurden. Ein weiteres Instrument, den Goldabfluss aus diesen Ländern zu verhindern, war die Schaffung günstiger Bedingungen für die Goldeinfuhr durch zinslose Darlehen an die Importeure. Das beeinträchtigte jedoch die Glaubwürdigkeit der Zentralbanken und reduzierte die Attraktivität der Nationalwährungen als internationale Zahlungsmittel und als Akkumulationsmittel. Um den Schutz der nationalen Währungen zu gewährleisten, versuchten diese Länder, Goldreserven anzuhäufen. Deshalb bedeutete der Übergang zum Goldstandard zugleich eine Abhängigkeit von den Goldreserven.

1913, nach der Einführung des Goldstandards in den meisten Ländern der Welt, wurden zwei Drittel der monetären weltweiten Goldreserven zwischen den Vereinigten Staaten, Großbritannien, Frankreich, Deutschland und Russland verteilt. Insbesondere Russland häufte Gold zu einem hohen Preis an: durch Bankkreditaufnahmen und den Verkauf des strategisch wichtigen Produkts Getreide auf dem Weltmarkt. Nach und nach wurde das Gold im Geldumlauf der Länder von anderen Geldformen verdrängt, vor allem durch Banknoten, wodurch die sogenannten Zinswirtschaften geschaffen wurden, während das Gold zur Reserve wurde. Nur in Großbritannien wurde zwischen 1821 und 1914 die Nationalwährung Pfund Sterling frei und ohne Einschränkungen in Gold konvertiert. Dies lag daran, dass Großbritannien den größten Teil der Goldproduktion der Welt kontrollierte. 1910 wurden in den britischen Kolonien Transvaal (Südafrika), Australien, Indien und Kanada 60 % des Goldes der Welt gewonnen. Bis zum Beginn des 1. Weltkriegs stieg der Wert auf 91 %. Damit wurde das Pfund zur gefragtesten Währung der Welt. Es fand nun eine breite Verwendung als Akkumulations- und Zahlungsmittel im internationalen

Handel. Am Anfang des 20. Jahrhunderts wurde das Pfund die wichtigste Währung im internationalen Zahlungsverkehr, zur Leitwährung im System des Goldstandards. Vor dem 1. Weltkrieg entfielen etwa 40 % der weltweiten Währungsreserven auf das Pfund Sterling, weitere 40 % auf den französischen Franc und auf die Deutsche Mark. Die restlichen 20 % der Reserven entfielen auf das belgische Franc, den Schweizer Franken, den niederländischen Gulden und den US-amerikanischen Dollar. Gleichzeitig spielte Gold weiterhin eine dominante Rolle bei der Tilgung der Auslandsverschuldungen und bei der Bereitstellung von Liquidität in Krisenzeiten. All dies ermöglichte der englischen Zentralbank viel kleinere physische Goldreserven zu unterhalten als andere Zentralbanken. Im Jahr 1913 beliefen sich die Goldreserven der englischen Zentralbank auf 248,3 t, während sie beispielsweise in den Zentralbanken von Frankreich und den USA jeweils 1020,2 t und 1956,2 t betrugen (Gallarotti 1995).[4]

4.11   Der Zerfall des internationalen Goldstandards und sein Wiederaufbau

In Folge des 1. Weltkrieges zwischen 1914 und 1918 brach das Habsburger Reich zusammen, und es kam auf dem Balkan zu politischen Umwälzungen und zur Revolution in Russland. Die betroffenen Länder standen am Rande einer wirtschaftlichen und finanziellen Katastrophe, was mit der hohen Arbeitslosigkeit bis hin zur Hungersnot ihren Ausdruck fand. Dabei hielt diese Situation in den nachfolgenden zehn Jahren an. Um den Krieg zu finanzieren, mussten die Länder einerseits auf die Ausgabe ungedeckten Papier- und Kreditgeldes zurückgreifen und anderseits auf externe Kreditaufnahmen in Gold. Wegen der übermäßigen Emission ungedeckten Geldes kam es zur Inflation, wodurch die Nationalwährungen der Länder sich deutlich abwerteten und teils mehr als die Hälfte des Wertes verloren. Darüber hinaus wurde die Situation wegen des Rückgangs der weltweiten Goldproduktion verschärft. Während des 1. Weltkriegs und in der Nachkriegszeit stiegen die Goldnachfrage und die Inflation, was eine Verringerung der Goldmenge im Geldumlauf und in den Reserven der meisten Länder verursachte. Im Verlaufe des Krieges verließ das Gold die Länder zur Zahlung für die Ausfuhren von Gütern und Lebensmitteln. Damit waren die Goldreserven der Länder praktisch aufgelöst. Zur gleichen Zeit waren die inländischen Quellen der Staatseinnahmen ausgeschöpft. Und es war nicht mehr möglich, die Steuern zu erhöhen. So erreichte z. B. 1921 die Höhe der Einkommensteuer in Deutschland den Wert von 46 %, während sie in Belgien fast 2-mal gegenüber dem Jahr 1914 stieg. Unter diesen Umständen mussten die Regeln für die Geldemissionsdeckung und den Goldaustausch geändert werden. Mit dem Ausbruch des 1. Weltkrieges hatten die meisten Länder der Welt exklusive der USA die freie Konvertibilität ihrer Banknoten in Gold suspendiert. Unter anderem griff Großbritannien im Jahr 1914 auf diese Maßnahme zurück, wobei die Goldmünzen aus dem Verkehr gezogen wurden. Um die Militärausgaben

---

[4] Berechnet vom Autor nach dem Goldpreis von US$ 20,67/Unze.

zu decken, startete die britische Regierung die Ausgabe von Staatsnoten. Das Land, das mit den wenigsten Verlusten aus dem 1. Weltkrieg hervorging, waren die USA. Darüber hinaus begann im Jahr 1914 der Dollar dem Pfund die Position als Leitwährung der Welt streitig zu machen. Das lag an der Bildung einer Dollarzone in den Ländern Nord- und Lateinamerikas. All dies bedeutete den Zusammenbruch des alten Goldstandards (Gold-münzstandard), basierend auf dem britischen Pfund.

Um weiterhin Geldmittel zu erhalten, mussten einige Länder auf neue Kredite zurück-greifen. Deutschland z. B. bekam von einem Bankenkonsortium (Stillhaltekonsortium) einen Kredit, um seine ausstehenden kurzfristigen internationalen Kredite zurückzahlen (Muhs 1932, S. 11). Frankreich griff 1922 auf die Ausgabe von Kreditscheinen zurück, auf Schatzamtszertifikate (Bons du Trésor), was die Inlandsverschuldung erhöhte und die Aus-wirkungen der Inflation verstärkte. In einigen Ländern wurde die Frage nach der Erhöhung der Kapitalsteuer aufgeworfen. Eine hohe interne und externe Verschuldung angesichts der Abwesenheit interner Finanzierungsquellen und des Wirtschaftswachstums brachte die Länder an den Rand des Bankrotts. So entsprachen die Grundlagen des Goldstandard-systems nicht mehr der Politik der Länder im Bereich des Geldumlaufs und des Kredits. Dies hinderte die Länder daran, ihre Zahlungsbilanzen, Wechselkurse, den Binnengeld-wert und die Preise auszugleichen. Die Banknoten konnten diese Funktion noch nicht übernehmen. Darüber hinaus begannen die Zentralbanken die Emissionsdeckungsgrenzen zu reduzieren und ihre Banknoten nicht gegen Gold, sondern gegen andere Währungen auszutauschen. Währung wurde nun neben Gold für die Deckung der Emission eingesetzt. Somit erfolgte de facto der Übergang vom Goldmünzstandard zum Golddevisenstandard. Gold hatte seine monetäre Funktion eingebüßt (Muhs 1932, S. 13). Dies bedeutete, dass der Wert der Währung nicht durch Goldzu- und -abflüsse bestimmt wurde, sondern durch die Geld- und Kreditpolitik der Zentralbanken. Während des Krieges konnte der Finanzbedarf der Länder nur durch die zusätzliche Ausgabe von Papiergeld gedeckt werden.

Der 1. Weltkrieg brachte einerseits eine beachtliche Verringerung der staatlichen Gold-reserven des Landes und anderseits das Wachstum der öffentlichen Verschuldung mit sich. Fast alle Länder hatten enorme Auslandskreditverschuldungen in Gold. Die Summen wa-ren so groß, dass ihre Rückzahlung in Gold nicht möglich war. Nach dem Krieg hatten die Verbündeten gegenüber den USA Schulden in Höhe von über US$ 2 Mrd. Die Schul-den Frankreichs, Italiens, Russlands gegenüber Großbritannien beliefen sich auf rund US$ 1,5 Mrd. und die Schulden Großbritanniens, vor allem den USA gegenüber, betrugen US$ 7 Mrd. Pfund (Kindleberger 1993, Tab. 16.4). Damit überstieg die Staatsverschul-dung der meisten Länder deutlich die Höhe ihrer Goldreserven. Nach dem Krieg war Frankreich in der schwierigsten Situation: vor allem Großbritannien gegenüber. Großbri-tannien seinerseits benötigte Geldmittel, um seine US-Schulden zu tilgen. All dies ließ Frankreich auf die Zahlung großer Reparationszahlungen durch Deutschland bestehen. Die Bedingungen dafür waren für Deutschland unannehmbar. Es stand vor dem Ruin. In Frankreich waren Industrie und Infrastruktur zerstört. Unter diesen Umständen verringerte sich der Marktwert des Franc gegenüber anderen Währungen und dem Gold auf US$ 1 = 5,4 Franc, 1 Pfund = 25,22 Franc (Bernstein 2012, S. 298).

Zur Stabilisierung des Wechselkurses des Franc musste die französische Regierung ein Darlehen der Morgan Bank aufnehmen. Dies beflügelte den Goldzufluss ins Land. Im März 1919, zur Zeit der Rückzahlung des Darlehens, verringerte sich der Marktwert des Franc auf elf Franc für einen Dollar und im Jahr 1920 auf 20 Franc für einen Dollar (Bernstein 2012, S. 298). Im März 1924 stieg das Haushaltsdefizit deutlich an, und es musste ein großer Teil der Staatsschulden getilgt werden. Unter diesen Umständen konnte Frankreich weder auf dem Kapitalmarkt noch bei der eigenen Zentralbank Geldmittel leihen. Dies löste eine Konvertierungswelle des Franc zu anderen Währungen und zum Gold aus. Frankreich musste von der Morgan Bank US$ 50 Mio. gegen Garantien auf Gold leihen (Bernstein 2012, S. 299). Damit erhöhte sich der Marktwert des Franc. Allerdings war dieser Kredit schnell verbraucht und der Wechselkurs des Franc begann zu fallen. Die Preise in Frankreich stiegen. Im Juli 1926 fiel der Wechselkurs des Franc so sehr, dass für einen Dollar statt der früheren 5,4 Franc 49 gezahlt wurden. Dieser Trend wurde mit Reformen durchbrochen, die von Raymond Poincaré durchgeführt wurden, der in Frankreich an die Macht gekommen war. Es gelang, mit der Verringerung der Kapitalsteuer und mit der Erhöhung der Gebühren auf Konsumgüter Kapital zu beschaffen und die Goldreserven Frankreichs zu erhöhen. Im Oktober 1926 erhöhte und stabilisierte sich der Wechselkurs des Franc, was für Frankreich die Wiederaufnahme des Goldstandards bedeutete. Beachtlich gewachsene Staatsgoldreserven ermöglichten Frankreich sogar die Zentralbank Englands in großen Mengen zu finanzieren. Im November 1926 stellte die Zentralbank Frankreichs der englischen Zentralbank einen Kredit in Höhe von 5 Mio. Pfund und im Mai 1927 160 Mio. Pfund zur Verfügung (Kindleberger 1993, S. 332). Doch in den späten 1920er-Jahren äußerte Frankreich immer wieder den Wunsch, seine britischen Aktiva in Gold zu konvertieren, was die Reduktion der Goldreserve Großbritanniens zur Folge haben konnte. Darüber hinaus hatte Frankreich im Gegensatz zu Großbritannien die Konvertierung des Franc in Gold faktisch nicht wiederhergestellt, was Spekulationen begünstigt und demzufolge den Wert des Franc gegenüber dem Pfund erhöht hätte. Nur noch die Zentralbanken Frankreichs, Englands und Schwedens gewährleisteten eine Zeit lang weiterhin den Austausch von Gold. Dennoch wurde im Jahr 1931 in England und in der Schweiz der Austausch des Goldes eingestellt (Muhs 1932, S. 13). Somit wurde der internationale Umlauf monetären Goldes aufgehoben. Die folgenden Wirtschafts- und Finanzkrisen veranlassten eine Reihe von Ländern, vor allem Großbritannien, die Goldparität eilig aufzugeben und den Goldstandard außer Kraft zu setzen.

In einigen Ländern waren die Goldreserven fast, in anderen sogar komplett erschöpft. Gold deckte das Geld im Umlauf, sowie die ausländischen und inländischen Verbindlichkeiten, z. B. in Frankreich, nicht mehr. Nur in wenigen Ländern wurden die Geldemission und alle Verbindlichkeiten vollständig durch Goldreserven gedeckt, z. B. in den USA und der Schweiz. N. N. Zworykin schreibt dazu: „Goldmengen, die in den Schatzkammern streitender Mächte angehäuft wurden und die als Finanzfond galten, der ihre Währungssysteme und Kredite für den internationalen Warenumlauf sicherten, wurden auf verschiedene neue Plätze verstreut, auf einige in kleinen Mengen und auf die anderen in recht großen" (Zworykin 1922, S. 5). Nach dem Krieg wuchsen die Goldreserven der Vereinigten Staaten weiter an. Die europäischen Staaten zahlten ihre Schulden zurück. Die US-Importe wurden mit Gold bezahlt. Hatte sich der Stand der Goldreserven 1913 weltweit auf US$ 7,8 Mio. belaufen, von denen US$ 5 Mio. auf europäische Länder zufielen und die restlichen US$ 1,9 Mio. auf die USA, waren sie nach dem Krieg auf das Zehnfache gestiegen (Schmidt-Hoepke 1925, S. 80; Zvorykin 1922, S. 6). Im Herbst 1918 betrugen die gesamten Goldreserven Deutschlands, Frankreichs und Großbritanniens US$ 2 Mio. (Hawtrey 1947, Appendix). 1921 verfügten die Vereinigten Staaten über die größten Goldreserven der Welt, was 37,5 % des Weltwährungsgoldbestands entsprach und etwa 40 % der Gesamtgoldreserven der 20 größten Länder der Welt (Zvorykin 1922, S. 32). Im Jahr 1922 hatten die Weltgoldreserven einen Wert von US$ 8,9 Mio., deren Anteil von US$ 3,9 Mio. auf die USA entfiel und US$ 3 Mio. auf die europäischen Länder (Schmidt-Hoepke 1925, S. 80). Es war offensichtlich, dass die Vereinigten Staaten an der Wiederaufnahme des internationalen Goldstandardwährungssystems interessiert waren. Im Fall einer Demonetarisierung des Goldes blieben die Vereinigten Staaten hoffnungslos auf ihrem Gold sitzen. Riesige Auslandsschulden der Länder, die am Krieg beteiligt waren, die Erschöpfung deren Goldreserven einerseits und die Anhäufung des größten Teils monetären Weltgolds in den Vereinigten Staaten andererseits, erforderten eine neue Strategie. Damit das Gold wieder Einnahmen generieren konnte, war es notwendig, es arbeiten zu lassen, es in Umlauf zu bringen. Und dies konnte nur auf einem Weg erreicht werden: mit der Kreditvergabe in Gold, was zunächst die Wiederherstellung der Goldfunktion als internationales Zahlungsmittel benötigte. Zu den Gefahren solcher Goldanhäufungen für die Vereinigten Staaten äußerte sich der Federal Reserve Board. Die amerikanische National City Bank veröffentlichte Anfang 1924 ebenfalls eine Warnung, das Gold nicht zu akkumulieren, sondern zu nutzen (Schmidt-Hoepke 1925, S. 80–81). Auf diese Weise konnte Gold wieder nützlich sein. Es könnte als Stabilisierungsfaktor für die Währungssysteme und für den Geldumlauf der europäischen Länder dienen, wenn es in Umlauf gebracht werden würde: mit der Kreditvergabe an sie oder der Investition in ihre Volkswirtschaften.

Vielleicht endete zum Teil deswegen der 1. Weltkrieg auf eine besondere Weise, nicht als Folge des Sieges, sondern wegen der Einmischung einer dritten Kraft, der Vereinigten Staaten, die die Bedingungen des Friedens diktiert hatten. Diese Bedingungen wurden im Vertrag von Versailles formuliert, der im Sommer 1919 als Ergebnis der US-Konsultationen mit den Siegermächten Frankreich und England unterzeichnet wurde. Deutschland seinerseits geschlagen, hatte diese Bedingungen zu akzeptieren. Dabei forderten die USA ausdrücklich eine Zurückzahlung der Reparationen mit Gold, was nur unter der Voraussetzung des Umstieges des deutschen Währungssystems auf Gold möglich gewesen wäre (Schmidt-Hoepke 1925, S. 79). Darüber hinaus waren die Bedingungen der Reparationen zum ersten Mal in der Weltgeschichte hart. Es ging zunächst um die Reparationen innerhalb von fast 50 Jahren in Höhe von 269 Mrd. Goldmark, was 100.000 t Gold entsprach. Es ist kein Zufall, dass einige die Bedingungen des Friedensvertrags von Brest-Litowsk als räuberisch betrachteten und der Frieden selbst als einen mittelfristigen Waffenstillstand. Bemerkenswert ist, dass der französische Marschall Ferdinand Foch mit seinen Prognosen genau richtig lag, als er sagte: „Dies ist kein Frieden. Es ist ein Waffenstillstand für 20 Jahre." Traurig war die wirtschaftliche und finanzielle Lage in Deutschland der Nachkriegszeit. Die Verwüstung der Goldreserven, der Mangel an inländischem Wachstumspotenzial, die große inländische Verschuldung und eine negative Leistungsbilanz, der Verfall der Produktion und der Preisanstieg ließen die tatsächliche Umsetzung des Reparationsplans bezweifeln. Darüber hinaus hätten einigen Berechnungen zufolge für die Zahlung dieser Entschädigung nicht einmal alle freien Goldreserven der Welt ausgereicht (Zvorykin 1922, S. 16). Und die Verfasser des Vertrags von Versailles mussten das wissen. In den 1920er-Jahren wurde der Umfang der Zahlungsverpflichtungen 2-mal überarbeitet, insbesondere im Dawes-Plan und im Young-Plan, der den Gesamtumfang der Reparationen reduzierte, je nach der wirtschaftlichen Leistungsfähigkeit Deutschlands und der Fähigkeit, Schulden zurückzuzahlen. Bis 1921 beglich die Weimarer Republik ein Drittel der Gesamtmenge der Reparationen mit der Ausfuhr von Kohle, Eisen und Holz. Allerdings war die Zahlung des Restbetrags nur mit der deutlichen Erhöhung der Steuerbelastung der Bevölkerung möglich und mit deutlichen Budgeteinsparungen, was die Regierung nicht auf sich nehmen wollte. Sie weigerte sich, die verbliebenen Reparationen zu zahlen. Das führte 1923 zum neuen militärischen Konflikt Deutschlands mit den Hauptempfängern der Reparationen, mit Frankreich und Belgien, die als Reaktion auf diese Weigerung Deutschlands das Herz der deutschen Industrie, das Ruhrgebiet, besetzten. Der Geldmangel ließ Deutschland die Druckerpresse in Gang setzen, was eine Erhöhung des Geldes im Umlauf und als Ergebnis einen Preisanstieg, die Inflation, zur Folge hatte. Die Preise stiegen in der ersten Hälfte des Jahres 1922 um das Doppelte und danach begannen sie stark zu wachsen, was zur Hyperinflation führte (Turk und Rubino 2005, S. 31). Kostete 1922 ein Laib Brot 160 Mark, erhöhte sich sein Preis bis zum Jahr darauf auf 1,5 Mio. Mark (Turk und Rubino 2005, S. 31). 1923 kam es zum Wirtschafts- und Währungszusammenbruch. Im Herbst 1923 kostete ein Dollar eine Milliarde Mark (Turk und Rubino 2005, S. 31). Um die Hyperinflation zu bekämpfen, entschied sich der Direktor der Deutschen Reichsbank, Hjalmar Schacht, die sogenannte Rentenmark in Umlauf zu bringen, die durch die Belastung des gesamten land- und forstwirtschaftlichen Bodens und des Vermögens von Industrie, Gewerbe und Handel gedeckt wurde (Jarchow 2010, S. 37). Ungeachtet dessen, dass die Rentenmark kein legitimes Geld war, blieb sie bei der Bevölkerung beliebt. Sie entsprach einer Milliarde Altmark, wodurch auf den alten Banknoten zwölf Nullen gestrichen wurden. Außerdem hatte Frankreich 1924 seine Reparationsforderungen gegenüber Deutschland etwas reduziert. All dies führte zur deutlichen Verbesserung der wirtschaftlichen Lage.

Die deutschen Reparationen in Gold waren eine glänzende Gelegenheit für die Wiederaufnahme des Goldstandards nicht nur in Deutschland, sondern auch in anderen Ländern. Die amerikanische und britische Finanzelite hatte angenommen, dass durch die Wiederaufnahme des Goldstandards in Deutschland das Gold als Reparationszahlung in anderen, vor allem in den europäischen Ländern verbreitet wird. Daher wurde nach weniger als einem Jahr des Erfolges der Rentenmark daneben am 30. August 1924 eine goldene Reichsmark eingeführt. Zur gleichen Zeit setzte der Goldstandard in Deutschland eine

Mindestmenge an Goldreserven voraus, über die das Land nicht verfügte. Darum wollten die USA und ihre Banken auf zwei Wegen einen Goldzufluss nach Deutschland schaffen: mit Investitionen und mit Krediten. Zum einen setzte die deutsche Zentralbank, die Reichsbank, nach der Hyperinflation hohe Zinssätze fest, was den Zustrom des amerikanischen Kapitals ins Land bewirkte. Die Investitionen wurden bereits unmittelbar nach dem Start des ersten Reparationsplans, dem Dawes-Plan, der die jährlichen Zahlungen in Höhe von zunächst eine Milliarde und später 2,5 Mrd. Goldmark vorsah, von denen 1,25 Mrd. aus dem eigenen Haushalt kommen sollten, getätigt. Außerdem sollten insgesamt 11 Mrd. Goldmark in Form von Anleihen der Reichsbahn und 300 Mio. Goldmark aus Zinszahlungen auf die Anleihen der deutschen Industrieunternehmen gezahlt werden (Der Spiegel 1960). Um den maximal möglichen jährlichen Zahlungsumfang aus Deutschland zu erreichen, wurde im Dawes-Plan die Ausgabe von Schuldverschreibungen, der sogenannten Dawes-Anleihen, gegen 7 % mit einer Fälligkeit nach 25 Jahren auf die Gesamtsumme von 4 Mrd. Reichsmark, vorgesehen, was 800 Mio. Goldmark entsprach (Kellerhof 2010). Die Hälfte der Anleihen in Höhe von US$ 110 Mio. wurde von den US-Banken erworben, wodurch Deutschland den Zugang zum amerikanischen Finanzmarkt bekam, was den Zustrom des amerikanischen Kapitals nach Deutschland ab 1925 und dessen Wirtschaftsaufschwung in den 1920er-Jahren gewährleistete (Schmidt-Hoepke 1925, S. 130). Die andere Hälfte der Anleihen wurde von den europäischen Ländern erworben. Ein Viertel davon entfiel auf England (Schmidt-Hoepke 1925, S. 131).

Die Goldreserven Deutschlands stiegen in der zweiten Hälfte der 1920er-Jahre infolge der vorwiegend amerikanischen Kredite und Investitionen. Beliefen sich 1914 die Goldreserven auf 1,356 Mrd. Goldmark und im Jahr 1918 auf 2,55 Mrd. Goldmark, überstiegen sie im Jahr 1920 zum ersten Mal ihr Volumen der Vorkriegszeit. 1924 fiel der Wert und belief sich auf 462,2 Mrd. Goldmark (Schmidt-Hoepke 1925, S. 135). Ende 1924 lag der Wert der deutschen Goldreserven bei US$ 181 Mio. und Ende 1928 bei US$ 569 Mio., d. h. 271,5 t und 853,5 t (Hawtrey 1947).[5] Die Abwesenheit einer Endzahlungsfrist der Reparationen sowie deren Gesamtvolumen war Anlass zur Ausarbeitung eines neuen Reparationsplans, des Young-Plans, der 1929 erschien und 1930 in Kraft trat. Er legte das Gesamtvolumen von 39 Mrd. Reichsmark fest sowie jährliche Zahlungen von 2,1 Mrd. Reichsmark. Um die termingerechte Zahlung der Schulden sicherzustellen, wurden Young-Anleihen herausgegeben: mit dem Zinssatz von 5,5 % der Gesamtsumme von 1,5 Mrd. Reichsmark, was 300 Mio. Goldmark entsprach (Kellerhof 2010). Frankreich und England, die Reparationen erhielten, nutzten die Geldmittel zur Rückzahlung ihrer Kredite an die USA. 1933, nach der Machtergreifung Hitlers, stellte Deutschland seine Reparationszahlungen ein. Dies konnte Großbritannien und Frankreich nicht unberührt lassen, die den größten Teil der erworbenen Reparationen in die USA überwiesen: zur Begleichung ihrer Kredite in Höhe von rund US$ 10 Mrd., die sie während des 1. Weltkrieges aufgenommen hatten. 1932 hatten sie US$ 2,6 Mrd. zurückgezahlt, von denen US$ 2 Mrd. deutsche Reparationen waren. Mit der Unterzeichnung des Vertrags von Lon-

---

[5] Berechnet vom Autor nach dem Goldpreis von US$ 20,7357/Unze.

don (Londoner Abkommen über Auslandsschulden Deutschlands) 1953 übernahm die Bundesrepublik Deutschland alle Auslandsschulden des Dritten Reichs und alle Reparationszahlungen. Ein Teil der Schulden wurde gestrichen. Demzufolge beliefen sich die Reparationen der Bundesrepublik Deutschland auf 459 Mio. Mark, von denen 376 Mio. zur Tilgung von Anleihen verwendet werden sollten und 90 Mio. für deren Tilgungsraten (Der Spiegel 1960). Doch der Vertrag von London nahm nur formell Zahlungen wieder auf, weil er einen 20-jährigen Aufschub der Zahlungen bis zur Wiedervereinigung Deutschlands vorsah. Gegen Ende der 1980er-Jahre waren diese Anleihen entwertet gewesen, weil niemand mit einer Wiedervereinigung Deutschlands gerechnet hatte. Daher wurden nach der Wiedervereinigung Deutschlands am 3. Oktober 1990 die Tilgung von Anleihen und die Auszahlung deren Tilgungsraten wieder aufgenommen. Die Endtilgung in Höhe von 125 Mio. € hatte Deutschland erst am 3. Oktober 2010 vorgenommen, 92 Jahre nach dem Ende des 1. Weltkriegs. Insgesamt zahlte Deutschland an ihre Anleihe-Inhaber ab 1990 ca. 200 Mio. € zurück (Die Zeit 2010).

Literatur

Anikin, A. V. (1975). *Yunost' Nauki [Youth of science]* (S. 97–115). Moscow: Izd. Polit. Lit.

Bernstein, P. L. (2012). *The power of gold: the history of an obsession* (S. 130–140–141, 158, 186, 247, 250, 254, 269–272, 298–299). New York: John Wiley & Sons.

Bregel, E. J., & Kaemmel, E. (1957). *Banken und Kredit im Kapitalismus* (S. Kapitel 7). Berlin: Verlag Die Wirtschaft.

Bruguière, M. (1991). *Pour une renaissance de l'histoire financière: XVIIIe-XXe siècles. La Documentation Française*. Paris: CHEFF.

Chernow, R. (1990). *The house of Morgan* (S. 75). New York: Atlantic Monthly Press.

Davies, G. (1995). *History of money from ancient times to the present day* (S. 242). Cardiff: University of Wales Press.

Der Spiegel 13/1960 (1960) Dawes Anleihe. Etwas Besseres gibt es nicht. https://www.google.de/url?sa=t&rct=j&q=&esrc=s&source=books&cd=1&cad=rja&uact=8&ved=0ahUKEwjimfil9YrYAhXGAJoKHaslB3oQFggnMAA&url=http%3A%2F%2Fwww.spiegel.de%2Fspiegel%2Fprint%2Fd-43065171.html&usg=AOvVaw17ytJSjWQYTKrjjkwHdE3a. Zugegriffen: 15. Dezember 2017

Die Zeit (2010). Deutschland begleicht letzte Schulden aus dem Ersten Weltkrieg. http://www.zeit.de/wissen/geschichte/2010-10/weltkrieg-schulden-deutschland. Zugegriffen: 14. Dez. 2017.

Eagleton, C., & Williams, J. (2007). *Money: a history*. New York: Firefly Books.

Eichengreen, B. (1992). *Golden fetters* (S. 49–50). New York: Oxford University Press.

Emmerich, A. (1965). *Sweat of the sun and tears of the moon: Gold and silver in Pre-Columbian art* (S. 43, 48). Seattle: University of Washington Press.

Feavearyear, A. E. (1963). *The pound sterling* (S. 51–52, 115, 119–121, 130, 249–250). Oxford: Clarendon Press.

Fisher, I. (1911). *Purchasing power of money: Its determination and relation to credit interest and crises*. New York: MacMillan.

Flandreau, M. (1996). The French crime of 1873: an essay on the emergence of the international gold standard. *The Journal of Economic History*, 56(4), 886, 864.

Friedman, M. (1990). Bimetallism revisited. *The Journal of Economic Perspectives*, 4(4), 85–104.

Gallarotti, G. M. (1995). *The anatomy of an international monetary regime: the classical gold standard, 1880–1914* (S. 135). New York: Oxford University Press.

Gornij Journal 3 (1825) [Geological magazine]. Tipografia Glasunova, St. Petersburg

Hawtrey, R. (1947). *The gold standard. Theory and practice*. London, Appendix: Longmans, Green & Co.

von Hayek, F. A. (1976). *Denationalising money*. London: IEA.

Hume, D. (1875). *Of the balance of trade. The gold standard in theory and history, 1752 // essays, moral, political and literary*. Bd. 1 (S. 334–335). London: Longmans, Green & Co.

Jarchow, H. J. (2010). *Grundriss der Geldpolitik* (S. 37). Stuttgart: UTB Lucius & Lucius.

Jurovskij, V. E. (1998). Bumažnie dengi Velikoi franzuskoi revolizii [Paper money of the Great French Revolution]. *Journal Studies in History, 8*, 152–153,155,157.

Katasonov, V. Y. (2013). *Mirovaya kabbalah. [World bondage]*. Moscow: Algorithm.

Katasonov, V. Y. (2014). *Bretton-Woods: kluchevoe sobitie noveishei finansovoi istorii [Bretton Woods: a key event in the latest financial history]*. Mosow: Kislorod.

Katasonov, V. Y. (2017). *O prozente: ssudnom, podsudnom, bezrassudnom. Denejnaja zivilisazija i sovremennij krisis. [Loan interest, money civilization and the current crisis]*. Moscow: Litres.

Kellerhof, S. F. (2010). Deutschlands Reparationszahlungen laufen aus. Die Welt N24. https://www.google.de/url?sa=t&rct=j&q=&esrc=s&source=web&cd=1&cad=rja&uact=8& ved=0ahUKEwiCtZnZ9orYAhXFBZoKHbTBBQAQFggnMAA&url=https%3A%2F %2Fwww.welt.de%2Fwirtschaft%2Farticle9923669%2FDeutschlands-Reparationszahlungen-laufen-aus.html&usg=AOvVaw2R4EutkWuFeut21j3kxyUM. Zugegriffen: 15. Dez. 2017.

Kindleberger, C. P. (1986). *The world in depression, 1929–1939*. Bd. 4 (S. 18). Berkeley: University of California Press.

Kindleberger, C. P. (1989). *Spenders and hoarders: the world distribution of Spanish American silver, 1550–1750* (S. 15–18). Singapore: Institute of Southeast Asian Studies.

Kindleberger, C. P. (1993). *A financial history of Western Europe*. New York: Oxford University Press. Table 16.4, p 67, 332

Kravschenko, P. P. (2008). Istoria mirovich finansovich krisisov: John Low I krach ego sistemi, Franzia 1716–1720 [The history of the world financial crises: John Lowe and the collapse of his system, France 1716–1720]. *Jurnal Portfelnij Investor, 4*, 119–126.

Kulischer, J. (1928). *Allgemeine Wirtschaftsgeschichte des Mittelalters und der Neuzeit*. Bd. 2 (S. 329). München, Berlin: Duncker & Humblot.

Laughlin, J. L. (1896). *The history of bimetallism in the United States*. New York: D. Appleton.

Law, J. (1750). *Money and trade considered with a proposal for supplying the nation with money*. Edinburgh: R. & A. Foulis.

Lewis, W. A. (1978). *Growth and fluctuations, 1870–1913*. London: Blackwell.

Li, M.-H. (1963). *The great recoinage of 1696 to 1699* (S. 56, 138, 161). London: Weidenfeld & Nicolson.

Mackay, C. (1841). *Extraordinary popular delusions and the madness of crowds* (S. 1–45, 10). London: Richard Bentley.

Maksimov, M. M. (1977). *Očerk o zolote [Notes on gold]*. Moscow: Nedra.

Malyshev, N. (1827). *Kratkoe opisanie obretenia platini v Sibiri [A brief description of the extraction of platinum in Siberia]. Gornij Journal 1* [Geological magazine]. St. Petersburg: Tipografia Glasunova.

Marx K. (1853) New York Daily Tribune 3881, 24 September

Mathiez, A. (1928). *Borba s dorogovižnoi d epochu terrora [The fight against high prices in the era of terror]* (S. 45, 84, 110–117). Moscow, St. Petersburg: Gosudarstvennoe Izdatelstvo.

von Mises, L. (1953). *The theory of money and credit* (S. 369). New Haven: Yale University Press.

Moiseev, S. (2001). Bimetallizm: vshera, segodna i zavtra? [bimetalizm: yesterday, today and tomorrow?]. Jurnal Valutnij Spekulant [Currency trader Magazine], November. http://www.r-5.org/files/books/trading/c-spc/gold/Sergey_Moiseev-Bimetallism-RU.pdf. Zugegriffen: 15. Dez. 2017.

Moiseev, S. R. (2005). *Denejno-kreditnaya politika: teoriya i praktika [Monetary policy: theory and practice]* (S. 103–104). Moscow: Economist.

Moshenskyi, S. Z. (2015). *Mejdu Londonom in Parijem. Rinok zennich bumag industrialnoi epochi [Between London and Paris. Stock market of industrial age]* (S. 133). Hampton: Mindstir Media.

Muhs, K. (1932). *Die Entthronung des Goldes: Betrachtungen zur internationalen Krisis der Goldwährung* (S. 11, 13, 15, 17). Berlin: Junker und Dünnhaupt.

Mun, T. (1621). *A discourse of trade, from England unto the East Indies.* London: Nicholas Okes for John Piper.

Narron, J., & Skeie, D. (2014). Crisis Chronicles: The Mississippi Bubble of 1720 and the European Debt Crisis. Liberty street economics, 10. January. Federal Reserve Bank of New York. http://libertystreeteconomics.newyorkfed.org/2014/01/crisis-chronicles-the-mississippi-bubble-of-1720-and-the-european-debt-crisis.html. Zugegriffen: 14. Dez. 2017.

Noyes, A. D. (1898). *Forty years of American finance: a short financial history of the government and people of the United States since the civil war, 1865–1907* (S. 54–59, 173, 188–191, 232, 241). New York: Putnam.

Officer, L. H. (1996). *The monetary standards in history* (S. 54–55). London: Routledge. Table 5.2, p 36

Potin, I. M. (1972). *Vengerskij zolotoi Ivana III. [Hungarian gold of Ivan III]. In: Feodal'naja Rossija vo vsemirno istoričeskom processe [Feudal Russia in the World History Process]* (S. 282–293). Moscow: Nauka.

Prescott, W. H. (1957). *History of the conquest of Mexico and history of the conquest of Perú* (S. 199–213). New York: The Heritage Press.

Ricardo, D. (1891). *Principles of political economy and taxation.* London: G. Bell & Sons.

Rudakov, V. V., & Smirnov, A. P. (2006). *Zoloto Rossii [Gold of Russia]* (S. 21, 23, 26–27, 36, 60, 61). Moskau: Krugozor-Nauka.

Schmidt-Hoepke, A. (1925). *Die Grundlagen des neuen deutschen Geldwesens* (S. 79, 80–81, 130, 131, 135). Stuttgart: Verlag für Wirtschaft und Verkehr.

Schultze, E. (1940). *Gold: Romantik und Fluch des gelben Metalls* (S. 21–25, 152–153, 204–208). Leipzig: Goten-Verlag H. Eisentraut.

Scott, W. A. (1916). *Money and banking.* New York: H. Holt & Co.

Sharapov, S. F. (1895). *Bumazhnyi Rubel [The Paper Ruble].* St. Petersburg: Obshestvennaja polza.

Shlatter, I. A. (1760). *Obstojatelnoe nastavlenie rudnomu delu [Important recommendations for the ore business].* St. Petersburg: The Russian Academy of Sciences.

Skousen, M. (1996). *Economics of a pure gold standard* (S. 9, 95–98, 119, 138). New York: Foundation for Economic Education.

Smirnov, A. M. (1921). *Krizis deneznoi sistemi frantsuzskoi revoljutsii [Crisis of the monetary system of the French Revolution]* (S. 103–104, 124–125). Petrograd: Pravo.

Soetbeer, A. (1879). *Edelmetall- Produktion und Wertverhältnis zwischen Gold und Silber seit der Entdeckung Amerikas bis Gegenwart* (S. 105–113). Gotha: Justus Perthes.

Solus, G. P. (1978). *Kritika sovremennyh burzhuaznyh teorij finansov, deneg i kredita [Criticism of Modern theories of Finance, Money and Credit].* Moscow: Finansi.

Spamer, F. O. (1868). *Das Buch berühmter Kaufleute oder Der Kaufmann zu allen Zeiten* (S. 290). Leipzig, Berlin: Verlag von Otto Spamer.

Stresemann, G. (1915). Englands Wirtschaftskrieg gegen Deutschland. In E. Jäckh (Hrsg.), *Der Deutsche Krieg*. Heft 36. (S. 11). Stuttgart: Deutsche Verlags-Anstalt.

Sussman, N., & Eichengreen, B. J. (2000). *The international monetary system in the (very) long run*. International Monetary Fund, Working Paper 43.

Turk, J., & Rubino, J. (2005). *Der Kollaps des Dollars: der Untergang einer Weltwährung* (S. 28, 29, 31). München: FinanzBuch Verlag.

U.S. Bureau of the Census (1975). *Historical statistics of the United States, colonial times to 1970* (S. 994–995). Washington: U.S. Department of Commerce. Bureau of the Census.

Velde, F. R., & Warren, E. W. (1998). *A model of bimetallism*. Journal of Political Economy. Federal Reserve Bank of Chicago, Working Paper 8.

Venturini, C., & Bredow, G. G. (1834). *Chronik des neunzehnten Jahrhunderts. Weltgegebenheiten in pragmatischen Zusammenhängen*. Bd. 7 (S. 61). Leipzig.

Vilar, P. (1976). *A History of Gold and Money, 1450–1920* (S. 55, 91, 94, 149). London: New Left Books.

Zvorykin, N. N. (1922). *Krušenie zoloto-valjutnoj monetnoj sistemy [The collapse of the gold monetary monetary system]* (S. 5, 6, 16). Berlin: Pressa.

Die Bedeutung des Goldes in der Gegenwart

5

5.1 Probleme des Goldstandards

Der Goldmünzstandard existierte bis zum Beginn des 1. Weltkrieges. Mit dem Beginn des Krieges hatten alle Beteiligten mit Ausnahme der USA die freie Konvertierung in Gold aufgehoben. In Folge des Krieges und wegen der großen Menge ungedeckten Geldes im Umlauf stiegen in allen Ländern die Preise, in manchen entstand gar eine galoppierende Inflation. Dabei war der niedrigste Preisanstieg in den Vereinigten Staaten, eine höhere Inflation in Deutschland und Großbritannien, wo sie sich im Vergleich zur Vorkriegszeit verdoppelt hatte (Jastram 1977, S. 32, 146), zu verzeichnen. Hohe Preise machten die englischen Waren weniger wettbewerbsfähig gegenüber den USA und anderen europäischen Ländern. Das hatte den Anstieg der Abhängigkeit Großbritanniens von Importen und den Rückgang der Exporte zur Folge, was den Zustand der Zahlungsbilanz verschlechterte. All dies setzte die Goldreserven des Vereinigten Königreichs und den Pfund unter Druck, sodass dessen Kaufkraft sank. 1920 wich der Marktwert des Pfundes deutlich von dem zuvor festgelegten offiziellen Wert ab und belief sich statt auf US$ 4,86 nur noch auf US$ 3,4. Gleichzeitig verschlimmerten die Kapitalflucht und die vermehrte Nutzung anderer Geldformen die Lage.

Einen Ausweg sah Großbritannien in der Wiederherstellung des Goldstandards. Der Chef der Bank of England, Montagu Norman, äußerte 1918 diese Idee. Es ging um die Festlegung eines bestimmten offiziellen Wertes des Pfunds gegenüber dem Gold. Die Annahme des Marktwerts als offizieller Wert wäre einer offiziellen Abwertung des Pfunds gleichgekommen, was den Verlust des Status Londons als wichtigstes Finanzzentrum der Welt bedeutet hätte. Norman empfahl, den Wert des Pfunds aufs Vorkriegsniveau zu bringen, d. h. schrittweise die Vorkriegsparität wiederherzustellen, als ein Pfund US$ 4,86 wert gewesen war. Die Inflation sollte durch die Festlegung hoher Zinssätze, dass heißt des Diskontsatzes, sowie durch Steuererhöhungen, Haushaltskürzungen und einer Verringerung der Geldemission gedämpft und die Zahlungsbilanz verbessert werden. In Großbritannien wurden 1920 folglich die Zinssätze erhöht. Obwohl diese Maßnahme einerseits den

© Springer Fachmedien Wiesbaden GmbH, ein Teil von Springer Nature 2018
O. Kaskaldo, *Gold: Geld, Kredit, Ware*, https://doi.org/10.1007/978-3-658-21728-0_5

Preisanstieg verhinderte, den Wechselkurs des Pfunds stärkte und den Goldzustrom begünstigte, führte sie andererseits zum Rückgang der wirtschaftlichen Aktivitäten im Land, zum Anstieg der Arbeitslosigkeit und zur Eindämmung der Lohnzuwächse.

Um die Rückkehr der Länder zum Goldstandard ging es 1922 auf der internationalen Konferenz von Genua, die dem wirtschaftlichen Wiederaufbau Europas gewidmet war. Dort wurden zwar keine Abkommen über Währungsfragen unterzeichnet, sondern Empfehlungen bezüglich der externen sowie internen Währungsstabilität der Länder ausgearbeitet. Dort ging es auch um die Wiederaufnahme der externen und internen Konvertibilität der Währungen in Gold, was wiederum die Rückkehr der nationalen Geldsysteme zum Goldstandard bedeutet hätte. Daher standen die 1920er-Jahre unter dem Motto der Stabilisierung der Währungen, die nach dem Krieg jede Verbindung zum Gold verloren hatten. Statt fester Goldparitäten galten Marktwechselkurse. Außerdem wurde seit dem 1. Weltkrieg anstelle von Gold immer häufiger der US-Dollar verwendet. Es entstand eine Dollarzone in den Ländern Nord- und Südamerikas. Der Wert der Währungen wurde nicht mehr wie zuvor durchs Gold bestimmt, sondern durch den Dollar, der zur einzigen Währung in der Welt wurde, die eine 100-prozentige Golddeckung hatte. Zuerst wurde eine Stabilisierung der entwerteten Währungen zum festen Dollarkurs gegenüber dem Gold vorgesehen. Dabei ließen die unterzeichneten Vereinbarungen die Verwendung des Golddevisenstandards zu, um Goldreserven zu sparen. Es wurde für jedes Land möglich, eine Art Goldstandard einzuführen, indem es für die Goldreserven statt physischen Goldes nur ein Forderungsrecht auf Gold hinterlegte, das allerdings in den Beständen anderer Länder gehalten wurde. So diente das Gold zur Deckung und als Basis einer Geldemission gleichzeitig in zwei Ländern. Auf der anderen Seite sicherte die physische Konzentration eines wesentlichen Teils des monetären Weltgoldbestandes in den USA deren Kreditwirtschaft. Dabei wurde der Preis des Goldes, des US-Dollars und aller anderen Währungen der Welt von der Fed-Politik bestimmt, vom Federal Reserve Board (Machlup 1927, S. 24, 26).

1923 gelang es vier europäischen Ländern, ihre Währungen zu stabilisieren, den Goldstandard wieder herzustellen. 1924 schlossen sich Polen und Russland an. 1926 waren 16 Staaten und Regionen beteiligt: Lettland, Litauen, Österreich, die Tschechoslowakei, Danzig, Deutschland, Finnland, Schweden, Bulgarien, Ungarn, die Schweiz, Estland, die Niederlande, England, Jugoslawien und Belgien. Danzig stand seit 1929 als teilsouveräner, selbstständiger Freistaat mit polnischen Hafenrechten unter dem Schutz des Völkerbundes. Das endete 1939. Die Länder erreichten die Stabilisierung ihrer Währungen verschiedenartig. Sie erfolgte entweder auf dem Niveau, das der Vorkriegsparität entsprach (Schweden, die Schweiz, die Niederlande, England), oder auf dem Niveau des damals gegenwärtigen Wechselkurses (Österreich, die Tschechoslowakei, Finnland, Bulgarien Jugoslawien und Belgien) oder auf Ähnlichem (Lettland, Deutschland Ungarn, Estland). Die Festlegung der neuen Goldparitäten bedeutete die Abwertung der Währungen dieser Länder.

Im Dezember 1924 einigten sich Fed und die Bank of England darauf, dass die Vereinigten Staaten die Deflation nicht vornehmen und die Zinssätze nicht erhöhen sollten und somit auf die Expansionspolitik. Darüber hinaus wurde 1925 die Goldreserve Großbritanniens von 153 Mio. Pfund auf etwa 214,7 Mio. (1565,36 t) aufgestockt. Das wurde durch einen Kredit der Fed in Höhe von US$ 200 Mio. und einen Kredit der Morgan Bank in Höhe von US$ 100 Mio. möglich (Bernstein 2012).[1] Dies verwandelte Großbritannien von einem Schuldner in einen Kreditgeber der USA. Anfang April 1925 wurde der Wechselkurs des Pfunds auf das Vorkriegsniveau von US$ 4,86 gebracht, was dem Parlament Großbritanniens ermöglichte, am 14. Mai 1925 die Wiederaufnahme der Konvertierung des Pfundes in Gold auf Basis der Vorkriegsgoldparität zu beschließen. Somit entschied sich England trotz des erheblichen Kaufkraftverlustes nicht für die Abwertung seiner Währung, sondern nahm deren Aufwertung vor und stellte den Vorkriegsgoldgehalt wieder her. Allerdings wurde die Umwandlung der Banknoten in Gold in eine verkürzte Form wiederhergestellt. Erstens wurde die freie Goldmünzprägung aufgehoben. Dies bedeutete, dass die Bank of England die Prägung von Goldmünzen aus Privatgold nicht mehr durchführte. Zweitens erfolgte durch die Bank of England der freie Eintausch von Banknoten gegen Goldbarren mit einem Gewicht von 400 Unzen (12,4 kg) zum Preis von 3 Pfund 17 Schilling und 10,5 Pence pro Unze, also 3,75 Pfund/Unze (Bonar 1923, S. 281–304). So blieb die Nachfrage nach Gold seitens der meisten Bürger aus. 12,5 kg Gold kosteten 1500 Pfund (400 Unzen á 3,75 Pfund), was unermesslich viel war. In diesem Zusammenhang wurde die gekürzte Form des Goldstandards, der Goldbarrenstandard („gold exchange standard"), genannt.

Damit war im Weltwährungssystem der Goldstandard, allerdings nirgends in seiner Vorkriegsform, wieder aufgenommen worden. Im Unterschied nämlich zum Goldstandard der Vorkriegszeit, der die Verwendung von Devisen und anderen Formen ausländischer Aktiva zur Deckung untersagte, gestattete die Nachkriegsform ein vollständiges oder partielles Ausbleiben der physischen Metalldeckung. Dies war darauf zurückzuführen, dass der Mangel an Goldreserven in den europäischen Ländern in der Nachkriegszeit diese gesetzlichen Beschränkungen ungültig machte. In den frühen 1920er-Jahren besaßen nur vier aus den 16 oben genannten Ländern Währungen mit einer 100-prozentigen physischen Metalldeckung, nämlich England, Holland, die Schweiz und Schweden. Weitere vier Länder nutzten eine partielle Deckung: die Tschechoslowakei (37,5 %), Estland (66,7 %), Belgien (75 %) und Deutschland (75 %) (Machlup 1927, S. 24, 26). Die verbliebenen Staaten, darunter Lettland, Österreich, Litauen, Danzig, Finnland, Bulgarien, Ungarn und Jugoslawien, verzichteten auf eine gesetzliche Verpflichtung, physisches Gold in ihren Reserven zur Deckung der Geldemissionen vorzusehen. Das Besondere an diesem Goldbarrenstandard lag darin, dass er im Deviseneintauschgeschäft die sogenannten Reservewährungen („reserve currencies") dem Gold gleichsetzte. Der Goldbarrenstandard bedeutete, dass neben dem Dollar auch Pfund und Franc den Status einer Weltwährung erhielten, weil die zugehörigen Länder eine freie Konvertierbarkeit ihrer Währungen gegen Gold gewährleisteten. Diese Währungen durften neben dem Gold die Goldreserven der übrigen Länder zur Deckung der Emission nationaler Währungen bilden. Seitdem wurden die Reserven nicht mehr nur auf Gold beschränkt, sondern es waren auch andere

---

[1] Berechnet vom Autor nach dem Goldpreis von US$ 20,7/Unze.

gegen Gold konvertierbare Währungen inbegriffen. Die Währungen außer Dollar, Pfund und Franc wurden nicht direkt gegen Gold eingetauscht, sondern indirekt durch den Eintausch gegen eine dieser drei Währungen. Im Gegensatz zum Gold konnten Währungen jedoch viel stärker an Kaufkraft verlieren.

Mit dem neu aufgelegten Goldstandard wurde Gold nun wieder im internationalen Geldumlauf eingesetzt. Formal blieben die Banknoten der meisten Länder nach wie vor ein Zahlungsmittel mit Golddeckung, und deswegen bestand keine Notwendigkeit für ihren Eintausch gegen Gold. Die Folge war, dass das Gold aus dem nationalen Geldumlauf verschwand, und es wurde vorwiegend als Zahlungsmittel im internationalen Handel und als Reserve verwendet. Während der Golddevisenstandard nur auf der internationalen Ebene galt, wurde das Gold in den nationalen Währungssystemen demonetarisiert. Es verlor teilweise die Funktion des Geldes: als Währungskursbestimmungsmaß und als Umlauf- und Zahlungsmittel wegen des Verbots der freien Goldprägung. So funktionierte der Golddevisenstandard nicht als ein einheitliches Weltwährungssystem im Gegensatz zum Goldmünzstandard.

Gleichzeitig war weltweit ein deutlicher Preisrückgang, eine Deflation, festzustellen. Dabei fielen die Preise in anderen Ländern, darunter in den USA, viel schneller als im Vereinigten Königreich, was den Verlust der Wettbewerbsfähigkeit der Exportwirtschaft in Großbritannien, die Verringerung von Goldreserven des Landes und Streiks zur Folge hatte. In den 1920er-Jahren schwankten die Goldreserven Großbritanniens zwischen US$ 700 und US$ 800 Mio. (umgerechnet 144 und 165 Mio. Pfund) (Hawtrey 1947, Appendix). Zu Beginn der 1930er-Jahre reduzierten sie sich weiter. So erhöhte sich in den späten 1920er-Jahren der Druck aufs Pfund wieder. Daher wurde im Ergebnis der Reformen von 1925–1928 der Bank of England das Recht zur Banknotenausgabe ohne Golddeckung (Fiatgeld) über die bereits früher festgelegte Grenze von 260 Mio. Pfund hinaus gewährt. Jedoch konnte Großbritannien das Pfund nicht durch die Erhöhung der Zinssätze stärken: wegen der hohen Arbeitslosigkeit. Den Druck auf den Pfund zu senken halfen wiederum die USA, indem sie Frankreich eine Menge Pfund gegen Gold abkauften. Sie kamen damit einem französischen Verkauf von Pfund an die Bank of England zuvor. Darüber hinaus hatte sich die Fed nach wie vor verpflichtet, die Zinssätze in den USA nicht zu erhöhen. Die Eindämmung der Zinssätze in den USA führte zu Spekulationen und zu einem deutlichen Wachstum des US-Finanzmarktes, vor allem des Aktienmarktes. Das war darauf zurückzuführen, dass der Erwerb von Aktien in den Vereinigten Staaten vor allem auf Kredit erfolgte. Allmählich schlossen sich auch die Banken diesen Spekulationen an, weil die Rendite des Finanzmarktes viel höher war, als es die Erträge aus traditionellen Bankengeschäften waren, wie aus der Depositenannahme und Kreditvergabe. Infolgedessen musste die Fed den Zinssatz zulasten der Zentralbank des Vereinigten Königreichs erhöhen. Lag 1925 der Zinssatz der Fed für die Geschäftsbanken bei drei Prozent, wurde er 1928 auf fünf Prozent erhöht, im Jahr 1929 auf sechs. Dies führte zum Kapitalzustrom aus Europa in die USA. Die Erhöhung des Diskontsatzes in den USA beeinflusste negativ die Geschäftstätigkeit im Land, vor allem den Umfang der Industrieproduktion. Außerdem hatte diese Maßnahme nicht den gewünschten Effekt, weil die

Zinssätze der Banken nach wie vor höher waren als der Zinssatz der Fed, was für weitere Spekulationen auf dem US-Finanzmarkt sorgte. Zur gleichen Zeit erhöhte die Zinssatzsteigerung in den USA den Druck auf die Goldreserven der europäischen Länder, darunter Großbritanniens. Großbritannien musste die Erhöhung der Zinssätze vornehmen, um den Kapitalabfluss zurückzuhalten. All dies sorgte für eine weitere Deflation und hatte einen deutlichen Rückgang der Produktions- und Exportmengen, einen Anstieg der Arbeitslosigkeit und Konkurse von Banken und Unternehmen in den europäischen Ländern, vor allem in Großbritannien, Deutschland, Italien und Österreich zur Folge. In den USA fielen die Preise ebenfalls weiter. Die Arbeitslosigkeit wuchs. Bankenpleiten erfolgten auch dort. Unter diesen Umständen wollte die Fed das Problem des Bargeldmangels im Umlauf durch Staatsanleihenkäufe gegen Geld bei den einheimischen Banken lösen, durch die sogenannte Offenmarktpolitik. Allerdings fand diese Idee keine ausreichende Unterstützung, und die Fed musste den traditionellen Weg gehen, nämlich den neuen Anstieg der Zinsen vorzunehmen.

Im Jahr 1930 ging die Bank Caldwell & Co pleite, was weitere Insolvenzen von Banken, Versicherungen und Unternehmen verursachte, nicht nur in den USA, sondern auch in anderen Ländern. In Österreich ging die Bank „Kreditanstalt" in Konkurs, in der mehr als die Hälfte der Bankeinlagen des Landes gehalten wurden. Der Massenrückzug von Einlagen aus der Bank löste die Insolvenz anderer Banken und Unternehmen aus und führte zum Sturz des Wechselkurses des österreichischen Schillings. Unter diesen Umständen musste die Zentralbank Österreichs auf die Kreditaufnahme bei den Zentralbanken anderer Länder zurückgreifen, unter anderem bei der englischen Zentralbank. Etwas Ähnliches ging in anderen europäischen Ländern vor sich, vor allem in Ungarn, Rumänien, in der Tschechoslowakei und in Polen. Auch in Großbritannien gab es massive Abhebungen von Bankeinlagen, was zum Mangel an Gold in den Reserven der Zentralbanken führte. Die Preise sanken weiter. Das Landeshandelsdefizit stieg. Aufgrund des Rückgangs des Wechselkurses des Pfunds forderten die französischen Banken die Rückzahlung der Kredite von 750 Mio. Pfund, die zuvor britische Banken in Frankreich zu günstigen Konditionen aufgenommen und den deutschen Banken gewährt hatten (Boyle 1967, S. 264). Die Zentralbank Großbritanniens musste andere Zentralbanken um Hilfe bitten. Anfang der 1930er-Jahre hatte die Zentralbank Frankreichs über die größten Goldreserven in Europa verfügt. Die Höhe der Bestände hatte den Wert von US\$ 539 Mio. für 811 t (Kindleberger 1986, S. 128).[2] Bei der Kreditvergabe hatte die Zentralbank Frankreichs hohe Garantien verlangt, die Großbritannien nicht leisten konnte. Die Unfähigkeit, zusätzliche Geldmittel zu beschaffen, verschlechterte die wirtschaftliche und soziale Lage im Vereinigten Königreich, erhöhte das Haushaltsdefizit, die Arbeitslosigkeit, drückte die Inlandspreise, die Goldreserven und den Wechselkurs des Pfund. Diesmal versuchte die britische Regierung, die Situation zu verbessern: mit der Kürzung der Staatsausgaben, der Erhöhung von Steuern und Zinssätzen von 2,5 auf 6 % (Bernstein 2012, S. 314). Diese Maßnahmen erwiesen sich nicht als wirksam, und die Situation verschlechterte sich weiter. Nach der Panik 1931

---

[2] Berechnet vom Autor nach dem Goldpreis von US\$ 20,67/Unze.

an der Londoner Börse entschied sich Großbritannien zu einer extremen Maßnahme, nämlich zur kompletten Einstellung der Umwandlung von Pfund zu Gold. Der Tausch des Pfundes sollte von nun an gegen andere Währungen zu Marktpreisen erfolgen. Ein Pfund auf dem Markt kostete zunächst US$ 3,75 und dann US$ 3,25. So entwertete sich das Pfund auf dem Markt gegenüber seinem früheren offiziellen Wechselkurs von US$ 4,86 pro Unze. Damit etablierte sich in Großbritannien faktisch ein monetäres System, in dem Papier- und Kreditgeld nicht mehr in Gold konvertiert wurde. Nach der Krise von 1929–1931 war die Position Großbritanniens auf den ausländischen Märkten geschwächt und die britische Währung verlor ihre führende Position. So fiel der Anteil des Pfundes in den offiziellen Devisenreserven der Welt 1910–1930 von etwa 7 auf 3 %.

Die Aufhebung der Umwandlung von Pfund in Gold löste eine Welle von Umwandlungen in Gold in anderen Ländern aus, was in der ersten Hälfte der 1930er-Jahre den Wertsturz der nationalen Währungen verursachte sowie die Abnahme der staatlichen Goldreserven, den Preisverfall, die Senkung des nationalen Einkommens, die höhere Arbeitslosigkeit und andere wirtschaftliche Probleme. In den Vereinigten Staaten kam es 1931 zum Massenumschlag vom Dollar in Gold, vorgenommen von den Zentralbanken der europäischen Länder, vorwiegend von der Zentralbank Frankreichs. Infolgedessen schrumpften die Goldreserven der USA in nur zwei Monaten auf US$ 755 Mio. (Kindleberger 1993, S. 370–371) von 6750 t auf 1132,5 t.[3] Der Wert belief sich 1930 auf US$ 4,5 Mrd., was 40 % des Währungsgoldbestandes weltweit entsprach (Hawtrey 1947, Appendix). Die Reduktion der US-Goldreserven löste den Massenentzug von Depositen, der Banknoten und des Goldes aus den Geschäftsbanken aus, was häufig zu deren Konkurs führte. Das verursachte seinerseits einen weiteren Preisabstieg und ein weiteres Wachstum der Arbeitslosigkeit im Land. Von 1929–1932 sank der industrielle US-Index Dow Jones (Dow Jones Industrial Average) um 90 % jener der Immobilien um 80 % (Lips 2007, S. 70). Ein nicht weniger deutlicher Rückgang des Werts war in diesem Zeitraum bei Konsumgütern und Rohstoffen zu verzeichnen. Um dem Goldabfluss entgegenzuwirken, erhöhte die Fed den Diskontsatz von 1,5 auf 3,5 % (Bernstein 2012, S. 316), was die wirtschaftliche Lage weiter verschärfte. Die Preise und die Industrieproduktion sanken weiter und die Arbeitslosigkeit stieg. Im Frühjahr 1932 hatte die Fed die sogenannten Offenmarktgeschäfte vorgenommen, indem sie Staatspapiere in Höhe von US$ 1 Mrd. bei den einheimischen Banken gegen Gold einkaufte (Hawtrey 1947, S. 188). Doch diese Maßnahme erwies sich als wirkungslos, und die Situation verschlechterte sich. Im Hinblick auf das steigende Haushaltsdefizit, auf die Verringerung der Steuereinnahmen und auf den Goldabfluss musste der Staat auf einen harten Sparkurs umsteigen, in dem Staatsausgaben gekürzt und die Steuern erhöht wurden. Allerdings führten diese Maßnahmen nicht zum gewünschten Ergebnis. Das Haushaltsdefizit wuchs weiter. Die Preise fielen nach wie vor. Die Depositenentziehungen aus Geschäftsbanken und der Goldabfluss aus der Fed ließen sich nicht aufhalten. Infolgedessen gingen im Jahr 1933 mehr als ein Drittel der Banken in den USA

---

[3] Berechnet vom Autor nach dem Goldpreis von US$ 20,7357/Unze.

in Konkurs. Bekanntermaßen wurde die Stagnation der US-Wirtschaft in den frühen 30er-Jahren *The Great Depression* genannt.

Da das Pfund den Status einer Reservewährung eingebüßt hatte, führte das einerseits zum Zusammenbruch des Goldbarrenstandardsystems. Anderseits erhielt der Dollar die Chance, die einzige Reservewährung der Welt zu werden. Um das im Rahmen eines auf goldbasierten globalen Währungssystems zu erreichen, brauchten die USA erhebliche nationale Bestände an Bargold, über die sie noch nicht verfügten. Um die US-Wirtschaft aus der wirtschaftlichen Depression herauskommen zu lassen, wurde am 09.03.1933 ein Bankengesetz verabschiedet, der *Banking Act/Glass-Steagall Act*, das dem US-Präsidenten breite Befugnisse in Fragen von Exportregulierung und Edelmetallakkumulation erteilte. Am 18. April desselben Jahres wurde ein Gesetz beschlossen, das den US-Präsidenten mit dem Recht versah, den Goldgehalt des Dollars zu reduzieren. Es ermöglichte die Abwertung der nationalen Währung um 50–60 % des Preises von US$ 20,67 pro Unze. Darüber hinaus verabschiedete der Kongress im Juni 1933 eine Resolution, wonach die Einlösung aller Verbindlichkeiten der in den Vereinigten Staaten Ansässigen in Gold untersagt wurde, einschließlich der Regierung, was dem Ende der Umwandlung von Dollaraktiva in Gold gleichkam. Dem Präsidenten und dem Finanzminister oblag es, den Preis des Goldes und damit den Wert des Dollars teils auf täglicher Basis anzupassen. Die Hoffnung war, den Preisanstieg auch anderer Waren zu erreichen. Bald machte US-Präsident Roosevelt von seinem Recht Gebrauch und verpflichtete die Bürger, Gold in Form von Münzen, Barren und Zertifikaten in den Geschäftsbanken gegen Papiergeld und Einlagen einzutauschen. 1933 begann der Staat, vertreten durch das US-Finanzministerium, den Bürgern ihr Gold zum Preis von US$ 22,66 US/Unze abzukaufen. Die Abweichung vom offiziellen Goldpreis betrug etwa US$ 2. Diese Differenz wurde zu einer Art Mindestentschädigung für Private. Die Mindestdifferenz bedeutete, dass das Gold vom Staat praktisch beschlagnahmt wurde. Dabei fielen Schmuck und Kunstwerke nicht unter dieses Verbot. Ein System harter Sanktionen für die Nichteinhaltung des Gesetzes bewirkte einen maximal möglichen Goldankauf. Verstöße wurden mit Geldbußen in Höhe von US$ 10.000 und bis zu zehn Jahren Haft geahndet. Die Geschäftsbanken mussten ihr Gold ebenfalls an die Fed abgeben. Diese Verstaatlichung wurde 1934 vollendet und am 30. Januar 1934 wurde der offizielle Goldpreis auf US$ 35/Unze festgelegt. Also erhöhte sich der offizielle Goldpreis von US$ 20,67 pro Unze auf US$ 35, d. h. um 70 %, was eine Abwertung des Dollars um etwa 40 % bedeutete. Es erfolgte die Neubewertung der staatlichen Goldreserven, wodurch deren Wert erhöht wurde. Die Verstaatlichung von Gold und die Erhöhung seines Preises brachte die Verbesserung der US-Wirtschaftsindikatoren mit sich. Die Preise und das Volumen der Produktion stiegen, die Arbeitslosigkeit sank, die Lage auf dem Aktienmarkt verbesserte sich. Mit der Nationalisierung des Goldes erhielt die Fed etwa US$ 400 Mio. (Hoover 1952, S. 390–395). Goldmünzen wurden aus dem Umlauf gezogen und Goldzertifikate und Goldeinlagen aufgelöst. Das US-Münzamt produzierte keine Goldmünzen mehr und tauschte keine Zertifikate gegen Gold ein. Darüber hinaus wurden die US-Staatsschulden nicht mehr in Gold zurückgezahlt, was die Verpflichtung der US-Regierung nach dem Gesetz von 1869 aufhob.

Im Anschluss an die Goldeinziehung wurde gegen die US-Bürger ein Verbot für den Privatbesitz von Gold in Barren und Münzen verhängt, mit Ausnahme von Sammlermünzen. Somit war die Hortung von Gold rechtswidrig geworden. Darüber hinaus wurde in den USA untersagt, Gold ohne Lizenz des US-Schatzamtes zu kaufen und zu verkaufen. Zur gleichen Zeit wurde der US-Regierung erlaubt, Gold an ausländische Zentralbanken und Regierungsträger zu veräußern. Der Staat wurde somit zum Monopolisten bei der Goldhortung und der Durchführung von Goldtransaktionen. Bis 1971 mussten alle Goldmünzen, die sich in den USA im Umlauf befanden oder ins Land eingeführt wurden, an den Staat übergeben werden: zur Konvertierung für Dollareinlagen oder Banknoten. Die private Goldhortung wurde in den USA erst 1974 offiziell wieder erlaubt. Gleichzeitig war bis 1961 für US-Ansässige die Möglichkeit, Goldtransaktionen im Ausland zu tätigen, geblieben. Angesichts dessen, dass das beachtliche Volumen des verstaatlichten Goldes ein neues sicheres Depot (*United States Bullion Depository*) erforderte, dessen Bau im Herzen des US-Militärstützpunktes Fort Knox im US-Bundesstaat Kentucky begann und 1936 abgeschlossen wurde, traf dort das erste Gold im Januar 1937 ein.

So gaben in der zweiten Hälfte der 1930er-Jahre Großbritannien und mehr als 40 andere Länder, darunter die USA und Frankreich, die Konvertibilität ihrer Währungen in Gold auf und werteten ihre Landeswährungen ab. Der Goldpreis wurde zum Marktpreis und begann zu steigen. Während sich der Goldmarktpreis erhöhte, fielen die Preise für andere Waren und Dienstleistungen. Von nun an konnten für eine Unze Gold mehr Waren als zuvor erworben werden. Diese Situation begünstigte das Wachstum der Goldproduktion, weil die Produktionskosten niedriger waren und der Gewinn stieg. Dies wiederum nützte Südafrika, das zum weltweit größten Goldproduzenten wurde. Darüber hinaus zeichnete sich zu Beginn der 30er-Jahre erstmals in der Geschichte der Goldabfluss aus dem Osten ab. Das brachte den raschen Goldzustrom in die Staatsreserven anderer Länder. Hatten sich 1929 die monetären Goldreserven der Welt auf US$ 10 Mrd. belaufen (zum Preis von US$ 20,67/Unze), erreichten sie 1939 die Höhe von US$ 25 Mrd. (zum Preis von US$ 35/Unze) für 15.047,6 und 22.216,7 t (Graham und Whittlesey 1939, S. 9). Allein in den Jahren 1934–1939 wurde in die USA Gold im Wert von rund US$ 9,6 Mrd. eingeführt, etwa 8531,2 t (Graham und Whittlesey 1939, S. 23).[4] 1939 betrugen die US-Goldreserven US$ 20 Mrd. oder 17.773,4 t (Graham und Whittlesey 1939, S. 20).[5] Auf diese Weise hatten die USA etwa 60 % des weltweiten monetären Goldbestandes gelagert.

5.2 Bildung von internationalen Goldbeständen: BIZ und IMF

Lange Zeit konzentrierte sich das Gold in den Kommerz- und Zentralbanken, aber seit den 1930er-Jahren verlagerte es sich nach und nach in die Bestände einer Reihe internationaler Finanzorganisationen. Der Gründungprozess solcher internationaleren Finanzinstitutio-

---

[4] Berechnet vom Autor nach dem Goldpreis von US$ 35/Unze.
[5] Berechnet vom Autor nach dem Goldpreis von US$ 35/Unze.

nen, die die Aufbewahrung und Verwaltung von Goldreserven der Länder vornahmen, startete 1930 mit der Gründung der Bank für Internationalen Zahlungsausgleich (BIZ) in der Schweizer Stadt Basel. Die Initiative, die BIZ zu schaffen, ging von Deutschland aus, von Hjalmar Schacht, der die Reichsbank leitete und später im Nazideutschland Wirtschaftsminister wurde. Die Bank für den Internationalen Zahlungsausgleich wurde als Aktiengesellschaft mit einem Grundkapital von 500 Mio. Goldfranken gegründet, was 107,8 t Gold entsprach.[6] BIZ-Gründer wurden die Zentralbanken einer Reihe entwickelter Länder wie Deutschland, Großbritannien, Frankreich, Belgien, Italien, der Schweiz und der Niederlande, private japanische Banken und drei private amerikanische Banken (J.P. Morgan & Co., National Bank of New York und National Bank of Chicago), von denen zwei die Fed vertraten. Vier Jahre nach der Gründung der BIZ wurde in der Schweiz das Bankgeheimnis, das bis dato informell bereits galt, auch gesetzlich verankert. Das gewährleistete die Vertraulichkeit der laufenden BIZ-Operationen. Darüber hinaus enthielt die BIZ-Satzung einen Artikel, der ihr Immunität und Legitimität bei internationalen Konflikten garantierte (Higham 1983, S. 2). Dies bedeutete, dass unter den Bedingungen eines Krieges die BIZ keiner Liquidation unterlag und ihrem Kapital keine Einziehung und Kontrolle drohte.

Ursprünglich sollte die BIZ die Rolle eines Geschäftsagenten übernehmen, der die Erhebung der Reparationen aus Deutschland gewährleistete, die nach dem 1. Weltkrieg nach dem Dawes-Plan auferlegt waren. Dabei mussten die Zahlungen in Gold erfolgen. Bald wurde der Dawes-Plan durch den Young-Reparationsplan ersetzt, der von einem internationalen Finanzexpertenausschuss ausgearbeitet wurde, geleitet vom amerikanischen Bankier O. Young. Mit einigen Änderungen wurde dieser Plan zwischen 1929 und 1930 auf der Haager Konferenz angenommen. Die Entstehung des Young-Plans wurde weitgehend von den privaten, vorwiegend amerikanischen Gläubigern Deutschlands beeinflusst, die nicht an der weiteren Unterminierung der Zahlungsfähigkeit Deutschlands wegen enormer Reparationszahlungen interessiert waren. Der neue Reparationsplan, der Young-Plan, sah die Verringerung der jährlichen Reparationszahlungen vor sowie die Abschaffung der Zahlung der Reparationssteuer durch die Industrie, die Transportsteuerermäßigungen usw. Außerdem war der Young-Plan für einen Zeitraum von vielen Jahren vorgesehen. In der Praxis galt er nur bis Juli 1931, 1932 wurde er offiziell abgeschafft. Die Aufhebung der Zahlungsverpflichtungen für die Reparationen änderte den Aufgabenbereich der BIZ-Operationen.

Ab 1931 zählten zu den neuen Aufgaben des Instituts: die Aufbewahrung des Goldes der Zentralbanken, Kauf/Verkauf von Gold und Devisen sowie die Bereitstellung der Kredite an die Zentralbanken und die Aufnahme der Kredite von den Zentralbanken unter Verpfändung entweder von Gold oder von hochliquiden Staatsanleihen. Da die BIZ das Gold ihrer Aktionäre aufbewahrte, konnte sie Goldtransaktionen nur durch die Änderung ihrer Konten (Depositen) vornehmen. In den 1930er-Jahren finanzierte die BIZ die

---

[6] Berechnet vom Autor nach dem offiziellen Goldpreis von 144,293088 Franken/Unze für die Buchung der offiziellen Goldreserven im Jahr 1937.

deutsche Wirtschaft, indem sie die Geldmittelzuflüsse aus den USA und Großbritannien gewährleistete (Higham 1983, S. 2). Mit diesen Geldmitteln sollten Deutschland sowie Japan auch militärisch gestärkt werden und somit als Bollwerk gegen die kommunistische UdSSR dienen (Higham 1983, S. 2). Während des 2. Weltkriegs setzte die BIZ ihre Tätigkeit fort. Der Großteil der BIZ-Operationen entfiel auf die Zentralbanken Deutschlands, auf die Schweiz, auf die USA und auf Großbritannien. In dieser Periode nahm die BIZ das physische Gold zum Lagern auf, vor allem das Gold aus Nazi-Deutschland und tauschte es gegen ausländische Devisen. Weil die BIZ während der Kriegsjahre unter der Kontrolle Deutschlands stand, floss gerade dorthin das physische Gold Nazi-Deutschlands. Auf der einen Seite enthielt es die von Deutschland konfiszierten Goldreserven der Zentralbanken einiger europäischer Länder, unter anderem der Niederlande, Belgiens, der Tschechischen Republik und Österreichs, die seit 1938 in die BIZ flossen, demnach nach dem Anschluss Österreichs. Die tschechischen Staatsgoldreserven wurden auf US$ 48 Mio. geschätzt, auf 43 t (Higham 1983, S. 5–7). Auf der anderen Seite waren im Bestand Goldbarren mit einem Gewicht von je 20 kg, die aus Goldgegenständen wie Zahnkronen, Brillenfassungen, Ringen, Zigarettenetuis etc. deportierter Juden gegossen wurden (Higham 1983, S. 1, 17). Während des Krieges verfügte die BIZ über Nazigold in Höhe von US$ 37 Mio., etwa 336 t (Higham 1983, S. 16).

Einige Jahre später stellte die BIZ offiziell ihre Aktivitäten mit dem Nazigold ein. Unter diesen Umständen erklärte sich die Schweizer Zentralbank (SNB) bereit, das Gold aus Deutschland aufzunehmen, buchte es aber auf ihrem eigenen BIZ-Konto. Manchmal tauschte die Zentralbank der Schweiz dieses Gold gegen ausländische Devisen ein, die Deutschland brauchte, besonders gegen Schweizer Franken, die in der Kriegszeit die stabilste Währung der Welt waren. Weil die Zentralbank der Schweiz mit den USA durch eine Vereinbarung über die Offenlegung der Informationen bezüglich des Nazigoldes verbunden war, musste sie diese Transaktionen als Zahlungen an das amerikanische Rote Kreuz und an die deutschen diplomatischen Vertretungen in der Schweiz tarnen (Higham 1983, S. 18). Somit war das Schweizer Bankensystem während des 2. Weltkrieges der einzige mögliche Kanal für die Aufnahme und Verteilung des Nazigoldes.

Auf der anderen Seite führte die BIZ im 2. Weltkrieg neben der Wahrung der deutschen Interessen Operationen gemäß dem Lend-Lease-Programm durch: Lieferungen von Technik, von Waffen, der Verpflegung und strategischer Rohstoffe einschließlich Erdölprodukte aus den USA an die Alliierten, vor allem an die UdSSR, Großbritannien, Frankreich und China gegen Gold. Der Gesamtwert der Lieferungen für das Lend-Lease-Programm wurde auf US$ 50,1 Mrd. geschätzt, was 44.522,4 t Gold entsprach (Crowley 1947, S. 858–860). Dabei verteilte sich der Wert der Lieferungen wie folgt:

- Großbritannien: US$ 31,4 Mrd. (27.094 t)
- UdSSR: US$ 11,3 Mrd. (10.042 t)
- Frankreich: US$ 3,2 Mrd. (2843,7 t)
- China: US$ 1,6 Mrd. (1421,9 t)

In Anbetracht dessen, dass sich das Lend Lease der Verbündeten an die USA auf US\$ 7,8 Mrd. belief, was 6931,6 t Gold entsprach, mussten sie an die USA US\$ 42,3 für 37.590,8 t Gold abführen (Crowley 1947, S. 858–860). Die UdSSR zahlten ihre Lend-Lease-Schulden bis in die frühen 1970er-Jahre mit Gold.

Gegen Ende des Krieges 1944 wurde auf einer Konferenz in der amerikanischen Stadt Bretton-Woods der Beschluss gefasst, die BIZ aufzulösen. Die BIZ wurde trotzdem aufrechterhalten und deren Aufgabenfeld nach 1944 sogar noch erweitert. So wurde die BIZ im Jahr 1947 bei der Ausführung des Marshallplans eingesetzt, indem sie multilaterale Clearinggeschäfte in Europa koordinierte, und ab 1950 übernahm sie ähnliche Aufgabenbereiche im Rahmen der Europäischen Zahlungsunion. 1948 übergab die BIZ einen Teil des deutschen Goldfonds in Höhe von US\$ 4 Mio., was 3,6 t Metall entsprach, an die Alliierten (Higham 1983, S. 18).

Im Juli 1944 wurde auf der Konferenz von Bretton-Woods neben der Entscheidung über die weitere Existenz des BIZ auch der Beschluss über die Gründung eines neuen internationalen Finanzinstituts, des Internationalen Währungsfonds (*International Monetary Fund – IMF*), gefällt. Am 27. Dezember 1945 wurde das Bretton-Woods-Abkommen (*Bretton Woods Agreement*) von 28 UN-Staaten, mit Ausnahme der UdSSR, ratifiziert, und es kam zur Gründung des Internationalen Währungsfonds, der als Währungspool dienen sollte und zu dessen Funktion die Gesundung des internationalen Handels durch die Aufrechterhaltung der Stabilität von Wechselkursen gehörte. Der IWF entstand mit dem Ziel, kurzfristige Kredithilfen an die Regierungen und Landeszentralbanken zu gewähren, falls sie über keine anderen Finanzierungsquellen verfügten. 75 % der Mitgliedsstaaten zahlten die Geldmittel mit den eigenen Nationalwährungen ein und die restlichen 25 % in Gold. Dabei mussten IWF-Kredite in Gold zurückgezahlt werden. Der IWF kann als gemeinsames Projekt der USA und Großbritanniens betrachtet werden, weil die Idee der Gründung dem Chefberater des britischen Finanzministeriums, John Maynard Keynes, gehörte, während die Umsetzung dieses Projekts das US-Finanzministerium, vertreten durch Harry Dexter White, übernahm. Im Mai 1946 startete der IWF mit seiner Arbeit in Washington.

5.3   Die erneute Rückkehr des globalen Währungssystems zum Goldstandard

Nach dem 2. Weltkrieg waren die meisten Länder wirtschaftlich praktisch ruiniert und hatten hohe Schulden bei den USA. Die Währungen der meisten Länder waren abgewertet worden. In Deutschland wurden beispielsweise Zigaretten und Nylonstrümpfe als Zahlungsmittel auf dem Schwarzmarkt verwendet. In der Nachkriegszeit tauschten alle Länder ihr Gold verstärkt in Dollar um, weil die USA das einzige Land waren, das seine Dollars in Gold zum festen Preis von US\$ 35/Unze konvertierte. Der Vorteil des Dollars lag darin, dass die Vereinigten Staaten am Ende des Krieges den größten Teil der monetären Goldreserven der Welt besaßen. Sie beliefen sich auf US\$ 20 Mrd., auf etwa 60 % der gesamten offiziellen Reserven (Coombs 1976, S. 3). In der Nachkriegszeit verringerten sich die offiziellen US-Goldreserven: 1945 lag deren Wert bei US$ 25 Mrd. (22.216,8 t); zuvor, 1965, nur bei US$ 15 Mrd. (Bernstein 2012, S. 329)[7] Zur gleichen Zeit verringerte sich der US-Anteil am weltweit monetären Goldbestand von 75 % auf 50 % und bis zum Ende der 1960er-Jahre auf 30 % (Bernstein 2012, S. 329). Darüber hinaus waren die USA und die Grundlagen ihrer Wirtschaft auf ihrem Territorium weitgehend von kriegerischen Handlungen verschont worden. So konnte die Wirtschaft schneller wachsen als im zerstörten Europa. Die Dollarpräferenz führte dazu, dass die Länder begannen, den Wert ihrer Währung nicht in Gold, sondern in Dollar, der bei einem Wert von US$ 35/Unze fest an das Gold gebunden war, anzugeben. Laut den Vereinbarungen von Bretton-Woods verpflichteten sich die Vereinigten Staaten, das Gold in unbegrenzten Mengen zum festen Preis von US$ 35/Unze zu kaufen und zu verkaufen. Zur gleichen Zeit blieben in den USA Goldtransaktionen für private und zum Teil für juristische Personen mit Ausnahme einzelner Lizenzen und zur kommerziellen Nutzung bis 1975 verboten.

Die Teilnehmer der Konferenz waren sich einig, dass die Welt für die Nachkriegsentwicklung der Länder, für die Bildung eines einheitlichen Binnenmarktes und für die Einrichtung und Organisation des internationalen Handels eine Währungsstabilität braucht: in Form fester Wechselkurse, die lediglich einen stabilen Goldpreis erforderten, den nur die USA gewährleisten konnten. Um Deflation und Arbeitslosigkeit aufzuhalten, wurden die Wechselwährungskurse offiziell festgelegt. Die Länder mussten ihre Wechselkurse durch solche Maßnahmen sichern, die ihre Zahlungsbilanzen stabilisierten, z. B. mit Devisenmarktinterventionen (Katasonov 2014). Dabei waren die USA an dem überbewerteten Dollarkurs gegenüber anderen Währungen interessiert, und vor allem den europäischen, weil die USA in dieser Zeit den Kurs auf Deindustrialisierung nahmen. Sie spezialisierten sich nicht mehr auf Warenexporte, sondern auf Kapitalexporte. Infolgedessen floss das amerikanische Kapital auf der Suche nach maximalen Profiten nach außerhalb der USA, vor allem nach Europa, wozu auch die unterbewertete europäische Währungen beitrugen. Der überbewertete Dollarwechselkurs gegenüber den europäischen Währungen begünstigte den Prozess und gab den amerikanischen transnationalen Konzernen und Banken die Möglichkeit, Aktiva im Ausland und vor allem in Europa günstig aufzukaufen, da die europäischen Währungen gegenüber dem Dollar unterbewertet waren.

Im Gegensatz zu früheren internationalen militärischen Konflikten wurden am Ende des 2. Weltkrieges vom Verlierer Deutschland zum ersten Mal in der Geschichte keine Reparationszahlungen verlangt. Im Rahmen von Sonderprogrammen wie dem Marshallplan wurden sogar Geldmittel zur Verfügung gestellt: für den schnellen wirtschaftlichen Wiederaufbau. Gleichzeitig mit dem Bretton-Woods-Abkommen wurde die Internationale Bank für Wiederaufbau und Entwicklung geschaffen, die in ihren Funktionen mehr eine Entwicklungsagentur als eine Bank war. So wurde der Grundstein zur Bildung weiterer internationaler Institutionen gelegt, die mit Hilfe von Kreditmechanismen einen Einfluss auf die nationalen Wirtschaftssysteme nahmen. Heute zählen folgende internationalen

---

[7] Berechnet vom Autor nach dem Goldpreis von US$ 35/Unze.

Finanzinstitutionen dazu: Internationaler Währungsfond (IWF), Internationale Bank für Wiederaufbau und Entwicklung (IBRD), Internationale Finance Corporation (MFR), Internationale Entwicklungsorganisation (IDA), die die Weltbank bilden, sowie die Multilaterale Investitions-Garantie-Agentur (MIGA) und eine Reihe weiterer internationaler und regionaler Finanzinstitutionen.

In der Nachkriegszeit erfolgte ein Geldabfluss aus den Vereinigten Staaten infolge der Verwirklichung von Programmen der Wirtschaftshilfe für einige Länder, der wachsenden US-Militärausgaben für den Bau von Militärbasen sowie für militärische Operationen in Asien und wegen Kapitalanlagen z. B. in Unternehmen Westeuropas und Japans. Zur gleichen Zeit brauchten die USA Geldmittel für die Umsetzung von Sozialprogrammen. All dies hatte eine Reduktion der Goldreserven des Staates zur Folge. Im Jahr 1945 beliefen sich die US-Goldreserven auf US\$ 25 Mrd. (22.216,8 t), 1950–1958 auf US\$ 22 Mrd., 1959–1960 auf US\$ 19 Mrd., im Jahr 1965 auf US\$ 15 Mrd. (Bernstein 2012, S. 329, 334).[8] Vor diesem Hintergrund erhöhte sich der Wert kurzfristiger US-Staatsanleihen und ausländischer Einlagen in den US-Banken auf US\$ 20 Mrd. (Triffin 1960, S. 5, Tab. 2). Die Dollaraktiva überstiegen die Goldreserven. Es bestand die Gefahr der vollständigen Erschöpfung der Goldreserven im Fall der Umwandlung aller Verbindlichkeiten in Gold. Hingegen erholten sich die Volkswirtschaften Europas und Japans, was zum Wachstum der Exporte in die USA führte und was die US-Handelsbilanz verschlechterte. In den späten 1950er-Jahren war in den USA der Rückgang der wirtschaftlichen Aktivitäten zu verzeichnen, was zur höheren Inflation und zur steigenden Arbeitslosigkeit führte. Zum ersten Mal in der Weltgeschichte stiegen beim wirtschaftlichen Rückgang die Preise. Unter diesen Umständen versuchte die Fed, die bekannten Methoden anzuwenden, indem sie die Erhöhung der Zinssätze von 1,5 % auf bis zu vier Prozent vornahm (Bernstein 2012, S. 336). Zur Lösung dieses Problems griffen die USA zur US-Dollarexportpolitik, die Dollarisierung genannt wurde, aktiv unterstützt durch die Gewährung von Finanz- und Kredithilfen seitens des IWF und anderer an die Entwicklungsländer. Außerdem erfolgte ein Dollarexport durch US-Importe von Waren und Dienstleistungen. Ein bis heute andauerndes Zahlungsbilanzdefizit war die Folge.

Der Dollarpreis fürs Gold wurde von den USA alleine bestimmt. Andere Länder waren gezwungen, ihre Währungen gegenüber dem Dollar ab- oder aufzuwerten. Großbritannien musste sein Pfund zweimal, andere Länder ihre Währungen noch häufiger abwerten. Der Dollarwert wurde im internationalen Zahlungsverkehr mehr und mehr als Richtgröße angesehen. Finanzinstrumente in Dollar erhielten die Liquidität des US-Dollars aufrecht. Dabei wurde der Wert des Dollars vom Volumen der Dollaraktiva bestimmt, weniger durch das Volumen der US-Goldreserven. So wurde Gold durch den Dollar ersetzt, der Golddevisenstandard durch den Golddollarstandard. Basierte vorher das Weltwährungssystem auf einigen Kernwährungen wie dem Dollar und dem Pfund, wurde es vom Dollar abhängig und verwandelte sich vom multipolaren Währungssystem zum Einheitswährungssystem. Die USA selbst betrachteten das neue Währungssystem als eine Fortsetzung

---

[8] Berechnet vom Autor nach dem Goldpreis in 1945 von US\$ 35/Unze.

der Lend-Lease-Vereinbarungen von 1941 (von Mises 1949, S. 478). Nach dem 2. Welt-krieg verlangte der IWF von seinen Mitgliedsländern, die Parität ihrer Währungen in Gold oder in US-Dollar festzulegen und die Schwankungen ihrer Währungen innerhalb von ei-nem Prozent Abweichung von dieser Parität zu begrenzen. Um den Mitgliedsländern Zeit zu geben und die Möglichkeit, den Ausgleich ihrer internationalen Zahlungsbilanzen vor-zunehmen, gewährte der IWF ihnen Kredite in Devisen. So verlor das Gold die Funktion, den Zahlungsbilanzausgleich der Länder zu regeln. Das erlaubte jedem Land, seine Zah-lungsbilanz nur durch die Änderung seiner Währungsparität auszugleichen.

Dieses Weltwährungssystem bedeutete, dass sich im Fall des US-Leistungsbilanzdefi-zits die US-Dollar in den Reserven der Zentralbanken anderer Länder niederließen, welche sofort für diese US-Dollar US-Anleihen ankauften, z. B. US-Staatsanleihen (*U.S. Treasu-ry Bills*) oder Einlagenzertifikate der amerikanischen Banken. Auf diesem Weg kehrten die US-Dollars in Form von Krediten in die USA zurück (Rueff 1972, S. 75). Anfang der 1960er-Jahre formulierte Robert Triffin den grundlegenden Widerspruch des Währungs-systems von Bretton-Woods, später Dilemma von Triffin genannt: „Um den Zentralbanken anderer Länder erforderliche Mengen an Dollar zur Verfügung zu stellen, für die Formie-rung ihrer nationalen Devisenreserven, ist es notwendig, dass die USA fortwährend ein Zahlungsbilanzdefizit haben, das entweder infolge des Handelsbilanzdefizits oder infol-ge einer negativen Kapitalbilanz entsteht. Doch auf der anderen Seite untergrub das US-Zahlungsbilanzdefizit das Vertrauen in den Dollar und beeinträchtigte ihn im Wert als Re-servemittel." Nach den Voraussetzungen des globalen Goldstandards musste die Emission der Kernwährung, in diesem Fall des Dollars, proportional zur Änderung der Goldmenge in den staatlichen Reserven erfolgen. Eine zu hohe Emission von Dollars ohne Gold-deckung hätte seine Goldkonvertierbarkeit erschüttern und eine Vertrauenskrise seitens der Währungsbehörden anderer Länder auslösen können. Andererseits sollte der Dollar die Versorgung der wachsenden Anzahl internationaler Transaktionen sichern sowie die Durchführung von Reformen der Nationalwirtschaft, vor allem während der Amtszeit von John F. Kennedy 1961–1963, was die Fed die Dollaremission von den Goldbeständen loslösen ließ. Dies eröffnete den USA unbegrenzte Möglichkeiten, Waren einzukaufen, Investitionen zu tätigen, Kredite zu vergeben und zu spenden, weil die US-Finanzmärkte diesen Kapitalabfluss absolut nicht spürten (Rueff 1972, S. 75). In den anderen Län-dern jedoch führte der Anstieg der Dollarreserven zur Geldmengenerhöhung (Rueff 1972, S. 75).

Zum Ende des 2. Weltkriegs beliefen sich die US-Goldreserven auf US$ 20 Mrd., was 60 % der monetären Gesamtreserven der Welt entsprach (Coombs 1976, S. 3). Im Jahr 1957 standen die US-Goldreserven im Verhältnis zu den Dollargesamtreserven in den ausländischen Zentralbanken bei 3 : 1, was die rasche Expansion der Dollars ins Ausland förderte (Coombs 1976, S. 3). In den späten 1960er-Jahren sanken die US-Goldreserven von US$ 25 Mrd. auf US$ 18 Mrd. Das hatte folgende Gründe: Erstens war der Gold-preis auf US$ 35/Unze fixiert. Zweitens stiegen die Reserven der europäischen Länder. Der Hauptgrund war jedoch das US-Zahlungsbilanzdefizit, das in den späten 1950er-Jahren entstand. Zur Dollarexpansion ins Ausland trugen verschiedene US-Hilfs- und

Militärprogramme bei. Ein weiterer Grund war, dass es neben dem Goldmarkt der Währungsbehörden einen privaten Goldmarkt gab. Weil Probleme der Dollarkonvertibilität in Gold absehbar waren, wurden der private Goldmarkt und die Nachfrage nach Gold belebt, ungeachtet des in den USA und Großbritannien herrschenden Verbots für Private, Dollar oder Pfund in Gold zu tauschen. Am 20. Oktober 1960 erreichte in London der Goldpreis die Marke von US\$ 40/Unze.

5.4   Der Goldpool als Instrument der Kontrolle über den internationalen Goldpreis

In den späten 1950er-Jahren startete die Fed eine inflationäre Kreditpolitik. Aus diesem Grund stieg von 1952–1958 die Dollarmenge im Ausland von US\$ 12 auf US\$ 17,632 Mrd. Das Volumen der Dollarwertpapiere im Ausland belief sich auf US\$ 1,5 Mio. Alleine 1958 musste die Fed an ausländische Zentralbanken Gold in Höhe von US\$ 2,25 Mrd. liefern (Lips 2007, S. 76). Die US-Goldreserven verringerten sich in dieser Zeit von US\$ 23 auf US\$ 20,582 Mrd. und erreichten das Nachkriegsniveau (Hoppe 1972, S. 47). Damit gerieten die USA in eine gefährliche Situation, weil das Volumen von Dollar und von Dollarvermögen im Ausland nahezu dem Volumen der nationalen Goldreserven entsprach, was die USA bei einer Massenumwandlung in Gold vollständig ihrer Goldreserven berauben konnte. Dazu verlangten die Länder, mit denen die Vereinigten Staaten ein Handelsdefizit hatten (Großbritannien, Belgien, die Schweiz und Italien), in ihrem internationalen Zahlungsverkehr Gold statt Dollar. Alles dies führte zur Unterminierung des Vertrauens in den Dollar seitens der internationalen Gemeinschaft und konnte den Verlust des Status als Weltgeld bedeuten. Es folgte das Wachstum der weltweiten Goldnachfrage mit der Steigerung der Aktienpreise von Goldminenunternehmen. Vielen Experten war klar, dass die USA nicht in der Lage waren, den Weltmarktpreis von Gold auf US\$ 35/Unze zu halten (Lips 2007, S. 80). Am Ende des Jahres 1960 fiel der Wert der US-Goldreserven bis zur Marke von US\$ 18 Mrd. (Lips 2007, S. 89). All dies peitschte sowohl die private inländische als auch die globale Marktnachfrage nach Gold auf: exklusive jener der USA und Großbritanniens.

In den späten 1950er-Jahren war die weltweit industrielle Nachfrage nach Gold wieder gestiegen, was die Gefahr der Erhöhung der Goldpreise auf dem Weltmarkt, der Verringerung des Dollarwerts und der staatlichen Goldreserven der USA verstärkte. Ende Oktober 1960 stieg in London der Weltmarktpreis und erreichte den Wert von US\$ 40/Unze wegen der Goldankäufe vorwiegend Schweizer Banken. Diese befürchteten die steigende Inflation in den USA und ein weiteres Wachstum des US-Zahlungsbilanzdefizits wegen des Präsidentschaftsantritts von John F. Kennedy sowie eine Verschärfung der geopolitischen Konfrontation zwischen den USA und der UdSSR, besonders nach der Errichtung der Berliner Mauer am 13. August 1961.

Die USA mussten neue Wege suchen, um den Goldpreis zu reduzieren und die Inflation im Land einzudämmen. Um den Goldpreis auf dem Londoner Markt zu stabilisieren,

gelang es dem US-Finanzministerium, den Druck auf den Dollar mit der vorübergehen-
den Übertragung der formalen Rechte an die Bank of England, Goldkäufe in London zu
tätigen, kurzfristig zu verringern. Darüber hinaus konnte der Preis stabilisiert und auf das
Niveau von US$ 35/Unze gebracht werden: dank der öffentlichen Erklärung Kennedys
vom 6. Februar 1961 über die weitere Aufrechterhaltung des Goldpreises. Allerdings verringerte sich die US-Zahlungsbilanz nicht, und der Dollar ließ sich nach wie vor in den
Reserven der Zentral- und Geschäftsbanken anderer Länder nieder, was die private Goldnachfrage auf dem Weltmarkt deutlich erhöhte. Die US-Goldreserven schmolzen. Waren
in den 1950er-Jahren 4110 t aus den Reserven geflossen, verkauften die USA am Ende
1960 14.174,7 t in Höhe von US$ 17,5 Mrd. (Lips 2007, S. 91). Dafür mussten die USA
dringend neue Ansätze zur Beibehaltung des offiziellen Preises ausarbeiten, die eine ver-
längerte positive Wirkung haben konnten. Vorläufig wurde mit einem Dekret von US-
Präsident Eisenhower vom 14. Januar 1961 die Goldhortung von US-Ansässigen im Ausland verboten.

Als neues Werkzeug wurde der Goldpool (*International Gold Pool*) gegründet, und
zwar als Ergebnis langer Verhandlungen zwischen den Vertretern der Zentralbanken im
Rahmen des sogenannten Basler-Treffens in der BIZ. Die Gründung des Goldpools war
von den USA im November 1961 initiiert worden, weil sie am meisten daran interessiert
waren. Der Goldpool setzte ein Gentlemen's Agreement auf Treu und Glauben voraus:
zwischen der Fed und einer Reihe von Zentralbanken entwickelter Länder. Dazu gehörten
die USA, Großbritannien, Deutschland, Frankreich, die Schweiz, Italien, die Niederlande und Belgien. Zugrunde lag ein mündliches Geheimabkommen über die gemeinsame
Durchführung von Goldinterventionen auf dem Londoner Goldmarkt, um den weiteren
Anstieg des Weltgoldpreises sowie Abwertungen und zu starke Schwankungen des Dollars
zu verhindern. Somit verlagerten die USA die Verpflichtungen für die Aufrechterhaltung
des offiziellen Weltgoldpreises stärker hin zu anderen Ländern. Ein weiteres Ziel war
die Rückkehr des Weltmarktgoldpreises auf das Niveau von maximal US$ 35,20/Unze.
Das Gesamtvolumen des Goldpools belief sich auf US$ 270 Mio. (100 %), von denen
US$ 30 Mio. (11,1 %) auf Deutschland entfielen, auf Großbritannien, Italien, Frankreich
je US$ 25 Mio. (9,2 %), auf die Schweiz, die Niederlande, Belgien je US$ 10 Mio. (3,7 %)
und auf die USA US$ 135 Mio. (50 %) (Lips 2007, S. 93).

Die Interventionen des Goldpools wurden von der Zentralbank des Vereinigten König-
reichs vorgenommen, die zum Operationsagenten wurde. Somit wurde die Zentralbank
Großbritanniens in der Zeit des Goldpools (1961–1968) zur zentralen Institution für die
Erstellung des Angebots auf dem internationalen Goldmarkt. Die Bank of England führte den Verkauf von Gold auf dem Londoner Markt auf eigene Kosten durch, nutzte ihre
Goldreserven, und am Ende jedes Monats mussten die Poolteilnehmer das von der Bank of
England verwendete Gold je nach Anteil zurückzahlen. Dollars aus dem Verkauf von Gold
konnten jederzeit sofort in Gold in New York umgetauscht werden. Die USA waren natürlich daran interessiert, dass sich die Zentralbanken von so einem Austausch fernhielten.

Im ersten Monat der Operationen, im November 1961, wurde von der Bank of England Gold in Höhe von US$ 17,4 Mio. verkauft, was 6,4 % des gesamten Poolvolumens

entsprach. Sehr bald wurde der Goldpool auf Initiative der USA in ein Konsortium umgewandelt, das nicht nur Verkäufe, sondern auch Käufe auf dem Weltmarkt tätigte. Musste
die Gesamtmenge im Pool erhöht werden, stellten die Teilnehmer das Metall aus deren
Reserven bereit. Kaufte der Pool mehr ein als er verkaufte, wurde die Differenz nach deren Anteilen am Pool verteilt. Die Operationen im Goldpool verliefen streng geheim. Es
ist schwierig, das genaue Bild der Operationen zu rekonstruieren. In inoffiziellen Quellen
heißt es, der Goldpool verkaufte und kaufte vom Herbst 1961 bis Ende 1962 fast glei-
che Mengen an Gold. Im Frühjahr 1962 musste der Pool das Gold angesichts der großen
Verkäufe der Sowjetunion auf dem Weltmarkt kaufen, sodass er Ende Mai 1961 einen
Überschuss in Höhe von US$ 80 hatte (Coombs 1976, S. 62–68). Aufgrund erheblicher
Spekulationen auf dem Londoner Goldmarkt im Mai 1962 infolge des US-Börsenein-
bruchs und der Spekulationen gegen den kanadischen Dollar musste der Pool den vorher
kumulierten Goldüberschuss Mitte Juli wieder veräußern (Coombs 1976, S. 62–68). Dazu
erhöhte sich im Oktober 1962 die spekulative Nachfrage nach Gold infolge der Kubakri-
se deutlich. Der Goldpreisanstieg wurde durch weitere Goldverkäufe durch die UdSSR
gebremst. Allerdings musste die Bank of England vom 22. bis 24. Oktober das Gold verkaufen: in Höhe von US$ 60 Mio., sodass das Pooldefizit den Wert von US$ 80 Mio.
überschritt (Coombs 1976, S. 62–68). Nach der Bewältigung der Kuba-Krise und wegen
der weiter andauernden Verkäufe des sowjetischen Goldes hatte der Goldpool in kurzer
Zeit Gold im Wert von US$ 70 Mio. aufgekauft und damit sein Defizit auf US$ 12 Mio.
reduziert (Coombs 1976, S. 62–68). Im Jahr 1963 kam es zum deutlichen Rückgang der
weltweit privaten Goldnachfrage bei gleichzeitiger Erhöhung des Angebots seitens Süd-
afrikas, was dem Pool den regelmäßigen Kauf in kleinen Mengen ermöglichte. Im Herbst
1963 musste die UdSSR aufgrund der Missernten auf die Getreideeinfuhr aus Kanada
und aus anderen Ländern zurückgreifen, was durch beachtliche Goldverkäufe finanziert
wurde. So warf die Sowjetunion im letzten Quartal des Jahres 1963 Gold im Wert von
US$ 470 Mio. auf den Markt (Coombs 1976, S. 62–68). Als Reaktion darauf intensivier-
te der Pool den Goldkauf und vergrößerte das Kaufvolumen auf US$ 639 Mio. (Coombs
1976, S. 62–68). In der ersten Hälfte des Jahres 1964 verkaufte die Sowjetunion Gold im
Wert von US$ 438 Mio. Die Lieferung des in Südafrika geschürften Golds erhöhte sich um
25 % (Coombs 1976, S. 62–68). Infolgedessen erwarb der Pool bis Ende September 1963
Gold für die Summe von US$ 656 Mio. (Coombs 1976, S. 62–68). In 21 Monaten ver-
größerte der Pool seine Goldreserven auf US$ 1,3 Mrd., von denen US$ 560 Mio. auf die
USA entfielen (Coombs 1976, S. 62–68). Das kam den Amerikanern entgegen. Wegen einer weiterhin während Dollarschwäche und des Nachfrageanstieges nach Gold musste
der Pool in den nachfolgenden Jahren Gold auch wieder verkaufen.

In den Zeiten des Goldpools (1961–1968) gab es zweierlei Goldpreise: den Marktpreis
und den offiziellen Preis der Fed, den schwankenden und den fixierten Goldpreis. Dabei
wurde durch den Fed-Preis von US$ 35/Unze die Untergrenze des Marktpreises festge-
legt, während der Marktpreis keine Obergrenze hatte. Weil die Differenz zwischen dem
Fed- und Marktgoldpreis nur ein paar Dutzend Cent betrug, mussten die Marktteilnehmer
keine erheblichen Verluste tragen, während der mögliche Gewinn durch einen höheren

Marktgoldpreis ohne Weiteres steigen konnte. Die privaten Geschäftsbanken waren an der Steigerung des Goldmarktpreises interessiert. Hingegen strebte der öffentliche Sektor, vertreten durch die Zentralbanken, danach, den Goldpreis durch Verkäufe des Goldpools zu drücken, wenn die Nachfrage nach Gold wuchs. Daher schrumpften die nationalen Goldreserven, was zugleich eine Abwertung der nationalen Währungen bedeutete. Am meisten war mit so einer Situation Frankreich unzufrieden, was die Beziehungen zu den USA verschlechterte, insbesondere während der Präsidentschaft von Charles de Gaulle. Nach dem 2. Weltkrieg war Frankreich das einzige Land, das Gold weiterhin für ein Wertmaß hielt, und Finanzminister *Valéry Giscard d' Estaing* rief dazu auf, zur Verwendung von Gold bei der Tilgung der internationalen Schulden zurückzukehren und den Weltgoldmarktpreis auf US$ 70/Unze zu erhöhen. Im Gegensatz zu den Vereinigten Staaten wollte Frankreich den klassischen Goldstandard wiederherstellen, der vor dem 1. Weltkrieg gegolten hatte, bei dem der Wert der Landeswährung durch den Umfang nationaler Goldreserven bestimmt wurde. Allerdings konnte ein solches Szenario die USA nicht zufriedenstellen. Im Hinblick auf den Krieg in Vietnam und den sich abzeichnenden Karibikkonflikt benötigten die USA zusätzliche Geldmittel, die in der erforderlichen Menge nur durch die Ausgabe ungedeckter Dollars zu erhalten waren. Die Position Frankreichs war darauf zurückzuführen, dass es nach den Vereinigten Staaten der zweitgrößte Besitzer weltweiter Goldreserven war. Zugleich glaubte Frankreich, dass dem Dollar der Status der globalen Währung nur durch die Verringerung der US-Goldreserven entzogen werden konnte. Das sei mit der Konvertierung von Dollar zu Gold erreichbar. Die Expansion des US-Dollars trug zur Steigerung der Finanz- und geopolitischen Stellung der USA in der Nachkriegsweltordnung bei, was in Frankreich Besorgnis verursachte. Unter anderem war Frankreich wegen der zunehmenden Abhängigkeit seiner Volkswirtschaft vom amerikanischen Kapital verärgert. Während die USA ihre internationalen Schulden mit eigener nationaler Währung zahlten, mussten andere Länder ihre internationalen Verpflichtungen mit dem Dollar tilgen, die sie mit dem Verkauf ihrer Waren und Dienstleistungen auf dem Weltmarkt verdienten. Darüber hinaus kam es bei der Vergrößerung der Dollarmenge im internationalen Umlauf zur Inflationsgefahr. Fortan wollte Frankreich die USA zwingen, ihre Auslandsschulden nicht mit dem eigenen Dollarbestand zu tilgen, sondern mit Gold. In diesem Vorhaben wurde Frankreich von den größten Goldproduzentenstaaten Sowjetunion und Südafrika unterstützt, die nicht am niedrigen, von den USA fixierten Weltmarktpreis interessiert waren. Daraufhin wurde 1959 für Charles de Gaulle vom Ökonomen Robert Triffen und Jacques Rueff ein Bericht verfasst, wonach Frankreich im Goldpool seinen nationalen Goldbestand reduzierte, was im Widerspruch zu den nationalen Interessen des Landes stand. Die Beziehungen zwischen den ehemaligen Verbündeten USA und Frankreich konnten sich nach dem 2. Weltkrieg nicht positiv entwickeln. Sie wurden schwieriger, weil Frankreich in den frühen 1960er-Jahren die Entwicklung eines eigenen Atomwaffenprogramms, ohne den Vorschlag der USA vom Januar 1963, sich an der Gruppe der multilateralen Atomstreitkräfte zu beteiligen, startete. Frankreich wollte die nationalen Nuklearstreitkräfte unabhängig machen und beschränkte 1966 seine Zusammenarbeit mit der NATO.

1965 schlug Präsident de Gaulle den USA unter Präsident Lyndon B. Johnson vor, US$ 1,5 Mrd. aus den Währungsreserven Frankreichs gegen Gold umzutauschen. Die USA betrachteten das als inakzeptabel. Frankreich zog seinerseits seine Atlantikflotte fast vollständig zurück, wobei in der NATO nur zwei von 14 Divisionen blieben. Im Frühjahr 1965 bot Frankreich der Fed eine beachtliche Menge Dollar für die sofortige Umwandlung in Gold an. Der Betrag, beansprucht von Frankreich, wurde in zwei Tranchen aufgeteilt. Die Größe jeder dieser Tranchen belief sich auf US$ 750 Mio., was 666,5 t Gold entsprach. Es folgten weitere Länder, darunter Deutschland, Kanada und Japan. Ungeachtet der US-Verpflichtung von Bretton Woods, Dollar in Gold für die Zentralbanken anderer Länder zu konvertieren, versuchten die USA, mit allen Kräften solchen Konvertierungen mit starkem diplomatischem Druck entgegenzuwirken. Präsident Johnson (1963–1969) verhinderte in der zweiten Hälfte der 1960er-Jahre den Tausch von Dollar gegen Gold durch Deutschland, indem er auf die Stationierung amerikanischer Soldaten auf deutschem Boden aufmerksam machte, was als Garant für den Nichtangriff Russlands betrachtet wurde (Dines 1977, S. 47). Im Juli 1967 entschied sich Frankreich, den Goldpool zu verlassen. Dies bedeutete, dass der Goldpool nicht mehr mit der Verwendung eines der größten offiziellen Goldbestände rechnen konnte, der Goldreserven Frankreichs, um die Steigerung des Weltgoldpreises aufzuhalten. Die übrigen Mitglieder des Goldpools waren nicht in der Lage, der Erhöhung des Weltgoldpreises entgegenzuwirken. Deshalb stellten sie am 17. März 1968 ihre Aktivitäten auf dem Weltgoldmarkt im Rahmen des Goldpools ein, was dessen Zusammenbruch bedeutete. Der Weltmarktpreis des Goldes begann stark und unkontrolliert zu steigen.

Nach der Auflösung des Goldpools überschritt der Goldpreis die Marke von US$ 40/Unze und erreichte 1969 den Wert von US$ 43/Unze (Bernstein 2012, S. 341). Die Massenflucht aus der US-Währung führte dazu, dass es zur Abschmelzung der weltgrößten Goldreserven, der US-Goldreserven, kam, die innerhalb mehrerer Jahrzehnte formiert worden waren. Dabei kamen die USA um einen erheblichen Teil ihrer Goldreserven und mussten unverzüglich handeln. Im November 1967 musste Großbritannien das Pfund abwerten, infolgedessen die Vereinigten Staaten Gold in Höhe von US$ 2,5 Mrd. verkaufen mussten (Bernstein 2012, S. 340). Es folgte Panik an den Goldmärkten. Die USA ließen im März 1968 nach 30 Jahren den freien Austausch von Dollar in Gold beschränken. Um die ehemaligen Mitglieder des Goldpools von Marktspekulationen abzuhalten, bestanden die USA auf der Verabschiedung einer gemeinsamen Vereinbarung über eine Zurückhaltung bezüglich der Umwandlungen von Dollar in Gold, zumindest bis zum Ende des Vietnamkrieges. Danach sollte sich, so die Spekulation, die US-Zahlungsbilanz verbessern. Sonst hätte die Einbeziehung der Zentralbanken des Goldpools in den Prozess des Goldkaufs zu Marktpreisen einen starken Preisanstieg bedeutet. Somit beteiligten sich die Staaten, vertreten durch die Zentralbanken, vorübergehend nicht unmittelbar an der Bildung des Goldmarktpreises. Von nun an wurde der globale Goldmarktpreis vom privaten Sektor des Weltgoldmarkts bestimmt. In diesem Fall erfolgten die Goldtransaktionen zwischen den Zentralbanken weiter, aber zum alten, festen Preis. Die Durchführung der Goldtransaktionen zu unterschiedlichen Preisen im privaten und öffentlichen Sektor bedeutete die Spaltung des Weltgoldmarktes („two-tier gold market"). Zur gleichen Zeit versuchten die Vereinigten Staaten im März 1968, den Weltmarktpreis des Goldes zu Fall zu bringen – mit dem Verkauf von Gold im Wert von US$ 950 Mio. auf dem Londoner Markt (Bernstein 2012, S. 340). Die anschließende Einhaltung des Abkommens mit den Vereinigten Staaten seitens der Zentralbanken, die Einhaltung der Preiskonditionen des Zwei-Klassen-Markts sowie eine Regulierung der Primärgoldlieferungen aus Südafrika hatten die lang erwartete Verringerung des Goldmarktpreises bei US$ 35/Unze auf dem Londoner Markt zum Ende des Jahres 1969 zur Folge.

Die Antigoldpolitik der USA hatte negative Folgen für andere Volkswirtschaften. Es kam zu einem Rückgang der Goldproduktion in Südafrika und Kanada. Im Mai 1968 wurde Frankreich von Arbeitsniederlegungen überwältigt, die die Wirtschaft des Landes stark betrafen. Die Wahrscheinlichkeit der Abwertung des Franc löste den Kapitalabfluss aus und wirkte sich negativ auf andere europäische Währungen aus, insbesondere auf die Deutsche Mark und den Schweizer Franken. In europäischen Ländern kam es zur Inflation. Die Erhöhung der Staatsausgaben trug wiederum zum Wachstum der Nachfrage auf dem Binnenmarkt bei, was zur Inflation, der Arbeitslosigkeit und der Importe führte sowie zur Reduzierung nationaler Goldreserven. Zur gleichen Zeit schränkte das Bretton-Woods-Weltwährungssystem fester Wechselkurse die Finanzierung wachsender Staatsausgaben ein. In der zweiten Hälfte der 1960er-Jahre stiegen die Inflation und das Haushaltsdefizit in den USA. Das Wachstum der Inlandspreise musste gebremst werden. Die USA entschieden sich für eine strenge Haushaltsdisziplin und zur Einschränkung eigener Investitionen im Ausland mit der Erhöhung von Steuern und Zinssätzen für kurzfristige Kredite. Hinzu kamen mehrere Abkommen, die den USA die Möglichkeit gaben, ihre internationalen Schuldverpflichtungen nicht mit Gold, sondern mit ausländischen Devisen zu tilgen. Obwohl das zur Volumenverringerung der Dollarverpflichtungen im Ausland geführt hatte, beliefen sie sich auf US$ 60 Mrd., was die US-Goldreserven deutlich überstieg (U.S. Treasury Department 1982, S. 84). Zur gleichen Zeit sanken 1968 die US-Goldbestände auf US$ 12 Mrd. und 1971 auf US$ 10 Mrd. (U.S. Treasury Department 1982, S. 84). Der Abfluss des Bargoldes erfolgte nicht. Es bewegte sich nur im US-Inland aus den Lagerräumen der nationalen Goldreserven in die Lagerräume der ausländischen Staatsbestände. Diese Maßnahmen hatten nicht den gewünschten Effekt. Sie führten nicht zu niedrigeren Preisen, und die Dollaraktiva waren immer noch viel höher als der Umfang der nationalen Goldreserven, mit wachsender Diskrepanz.

In der Situation, in der der Dollarkurs fiel und sich die staatlichen Goldreserven reduzierten, sich die Konjunktur abschwächte und die Inflation wuchs, konnten sich die USA nur von bewährten Instrumenten leiten lassen: entweder die Zinssätze zu erhöhen oder eine Kontrolle über die Preise und Löhne einzuführen, die sogenannte Übereinkommenssteuerpolitik durchzuführen und die öffentlichen Ausgaben zu reduzieren, Importe zu besteuern usw. Eine weitere Erhöhung der Zinssätze hätte zur größeren wirtschaftlichen Rezession und Arbeitslosigkeit führen können. Deshalb wurde in den 70er-Jahren eine zweite Option gewählt: die Kontrolle über Preise und Löhne. Jedoch zeigten diese Maßnahmen nicht die gewünschte Wirkung. Um den Wechselkurs des Dollars zu halten und die Goldreserven vor der weiteren Reduktion zu bewahren, griffen die USA zur äußersten Maßnahme. Die Konvertierung von Dollar zu Gold wurde ausgesetzt und anderen Staaten, vertreten durch deren Zentralbanken, die Möglichkeit genommen, Gold gegen Dollar bei der Fed zu tauschen. Damit schlossen die USA das sogenannte „Goldene Fenster" („golden window"). Die entsprechende Erklärung wurde von US-Präsidenten Richard Nixon am 15. August 1971 abgegeben, die die internationale Gemeinschaft über die Einstellung der externen Umwandlung des Dollars informieren sollte.[9] Mit der einseitigen Abkehr von ihren internationalen Vereinbarungen hoben die USA 1971 die Konvertibilität des Dollars in Gold auf, was tatsächlich die Auflösung der Vereinbarungen von Bretton-Woods zur Folge hatte und den endgültigen Zusammenbruch des globalen Goldstandards im Allgemeinen und des Golddevisenstandards im Besonderen bedeutete. Auf diese Weise war die Verbindung zwischen dem Dollar und dem Gold verlorengegangen, was den Emissionsmechanismus der Fed änderte und zum deutlichen Anstieg der Schulden führte. Offiziell kündigte der IWF erst im Januar 1978, sieben Jahre später, die vollständige Abschaffung des Bretton-Woods-Abkommens an. Somit war der Übergang zum Goldstandard, mit dem Frankreich rechnete, nicht zustande gekommen. Wegen der beispiellosen Aktionen der Vereinigten Staaten wurde das Gold endgültig aus dem internationalen Zahlungsverkehr verdrängt und verwandelte sich offiziell in eine Ware. An seine Stelle trat als allgemeines Austauschäquivalent der Dollar. Die 1971 von Präsidenten Nixon vorgenommene Aufhebung des Gesetzes über die Goldreserven (Federal *Reserve* Act), unterzeichnet bereits 1934 von Präsident Roosevelt, ermöglichte es nun wieder Privatpersonen, das Edelmetall als Eigentum zu erwerben.

Die Abkehr von Goldstandard hatte einige weitreichende Konsequenzen. Wurde zuvor der Wert der Währungen durch die Goldmenge in den staatlichen Reserven bestimmt, war das Gold nun aus dem Prozess der Wertbildung von Währungen und deren Wechselkursen ausgeschlossen, was den Verlust einer relativ reellen Grundlage für die Währungsbewertung bedeutete. Der Wert des Dollars sowie anderer Währungen wurde nun durch ihr Angebot und ihre Nachfrage auf dem Markt bestimmt. Weil die Kopplung an das Gold nun weggefallen war, unterlagen die Währungen bedeutend stärkeren Volatilitäten und wurden anfälliger für Schwankungen. Die Währungskurse wurden flexibel. Der Verkauf einer großen Menge an Währung hatte eine Reduktion ihres Wertes zur Folge und ein Kauf größerer Mengen einen Anstieg. Der Zusammenbruch des Bretton-Woods-Systems legte den Grundstein für die Ära völlig ungedeckter und praktisch grenzenloser Geldemission, also der Ausgabe von reinem Fiat-Geld. Die vollständige Abschaffung des Goldstandards bedeutete nichts anderes als den Start der unbegrenzten Emission der weltweiten Hauptwährung US-Dollar. Die staatliche Finanzierung erfolgte nicht so sehr durch Steuern, sondern durch Emissionen von Fiatgeld, gegen Deckung entweder mit Staatsanleihen oder Devisenreserven (Währungsreserven). Diese Finanzierungsoption kam den Staaten entgegen, weil sie ihnen praktisch unbegrenzte Möglichkeiten an die Hand gab, an Geldmittel zu gelangen und die notwendigen Mittel um die Teile der Bevölkerung zu versorgen, die

---

[9] Bekannt auch als Nixon-Schock von 1971.

eine finanzielle Unterstützung durch den Staat benötigten. Allerdings führte diese Option zu schwereren, aber weniger sichtbaren Folgen für die Bevölkerung. Die Staatsverschuldung und die Inflation stiegen und der Wert der Nationalwährung sank.

Dabei erhielten die USA die Möglichkeit zur umfassenden Staatsfinanzierung durch praktisch unbegrenzte Geldemission. Die Dollaremission erfolgte nun mit Deckung vor allem durch Staatsanleihen. Im Gegensatz dazu wurde die Geldemission in anderen Ländern mit der Deckung meist durch die Währungsreserven vorgenommen, deren Großteil wiederum aus Dollars bestand. In dieser Hinsicht waren andere Länder an der Aufrechterhaltung des Wechselkurses des Dollars interessiert, an der Aufrechterhaltung der Nachfrage nach dieser Währung. Aus diesem Grund mussten die Zentralbanken Dollars erwerben und ihren Anteil in den Devisenbeständen erhöhen. Den USA gelang es trotz der Schließung des Goldfensters, die Führung im monetären Bereich zu behalten. Im Gegensatz zu den USA hatten andere Länder begrenzte Finanzierungsmöglichkeiten, da sie Dollars durch den Verkauf eigener Güter auf dem internationalen Markt zunächst verdienen mussten.

Doch die Schließung des Goldfensters bedeutete auch die Abwertung des Dollars, die den starken Rückgang des Wertes von Dollaraktiva im Ausland und die Schließung der Devisenmärkte in einigen Ländern verursachte. Selbst nach der Wiedereröffnung der Märkte verbesserte sich die Situation nicht. In der Absicht, die Märkte zu regeln, beschlossen die Regierungen einiger Länder, zunächst zu den festen Wechselkursen zurückzukehren. In diesem Zusammenhang wurde im Dezember 1971 das Abkommen von Smithsonian (*Smithsonian Agreement*) geschlossen, das die Abwertung des Dollars berücksichtigte und den Goldpreis fixierte, aber auf dem Niveau von US$ 38/Unze. Somit betrug die Differenz gegenüber dem alten Preis von US$ 35/Unze nun US$ 3, was die offizielle Abwertung des Dollars um ca. 8 % bedeutete. Dabei war der marktbewertete Goldpreis viel höher und betrug z. B. in London US$ 44/Unze. Doch die neuen Vereinbarungen stellten feste Wechselkurse der Papierwährungen ohne jegliche Deckungen fest, die die Länder aufrechterhalten mussten. Diese Vereinbarungen ließen Währungsschwankungen gegenüber dem Dollar bis zu einem Prozent zu, was als Währungskorridor bezeichnet wurde. Es war jedoch nicht möglich, die Währungskurse in diesen Grenzen zu halten, da es kein gemeinsames Tauschmittel gab. Außerdem schränkten diese Vereinbarungen nicht die Inflation des Dollars ein und sahen weder einen Rückgang seines Wechselkurses noch eine Verbesserung der US-Außenhandelsbilanz vor. Ein riesiges Angebot an Dollars in Übersee, die Eurodollar (US-Dollar, die vor allem auf den Konten in den europäischen Banken lagen), die Inflation und das Ausbleiben eines einheitlichen Tauschmittels trugen zum Anstieg des Goldweltmarktpreises bei. Dies führte dazu, dass der Goldpreis, der im Smithsonian-Abkommen festgelegt wurde, erhöht werden musste: von US$ 38/Unze auf US$ 42,22/Unze. Dabei war es offensichtlich, dass der Dollar überbewertet war und die Währungen der europäischen Länder unterbewertet.

In den 1970er-Jahren wurden die meisten Länder der Welt mit Inflationen und dem Rohstoffmangel konfrontiert. Und die USA waren in den 1950er-Jahren auf Ölimporte angewiesen. Unter diesen Bedingungen wollten einige Erdöl exportierende Länder mit der Erhöhung der Preise in US-Dollar höhere Gewinne erzielen. Lange vor diesen Ereignissen im September 1960 wurde die „Organisation erdölexportierender Länder" (*The Organiza-tion of the Petroleum Exporting Countries/OPEC*) gegründet. Das passierte mit dem Ziel, gemeinsame Interessen zu vertreten. Zwischen 1960–1975 waren der OPEC der Iran, Irak, Kuwait, Saudi-Arabien, Venezuela, Katar, Indonesien, Libyen, die Vereinigten Arabischen Emirate, Algerien, Nigeria, Ecuador und Gabun beigetreten. Diese Länder produzierten etwa 40 % des Öls, verfügten über fast 80 % der nachgewiesenen Ölvorkommen, während andere Öl produzierende Länder wie die USA, wie Russland, Kanada, China, Großbri-tannien, Norwegen und Mexiko ihre Ölreserven aufzehrten. Der Ausbruch des Territori-alkrieges von Oktober bis November 1973 zwischen Ägypten/Syrien gegen Israel ließ die OPEC gegen die USA auftreten, indem sie ein Embargo für Öllieferungen beschloss. Dies führte zum Anstieg der Marktpreise für Öl von US$ 3/Barrel auf US$ 5,11/Barrel und lös-te im Februar 1973 Panik auf den Finanzmärkten aus, die den Wechselkurs des Dollars deutlich reduzierte. Im Endeffekt stellten die meisten Länder die Käufe des Dollars ein und damit die Aufrechterhaltung seines überbewerteten Wechselkurses. Im Januar 1974 erhöhte die OPEC den Ölpreis bis zu US$ 11/Barrel. Obwohl das Embargo im März 1974 aufgehoben wurde, traf es die Volkswirtschaften der westlichen Länder hart, in denen es zum wirtschaftlichen Abschwung kam. Steigende Ölpreise verursachten zunächst den An-stieg der Preise für Buntmetalle, Baumwolle, und dann kam es zum weltweiten Anstieg der Preise für andere Waren und Dienstleistungen. Im Bezug auf die Inflation konnten die Vereinigten Staaten nicht weiterhin die Preis- und Lohnkontrolle aufrechterhalten.

Gleichzeig ging ein Teil des Goldes aus den nationalen in die internationalen Bestände der BIZ über. Ende der 1960er-Jahre vergrößerte sich die Zahl der Mitgliedsländer der BIZ deutlich. So wurden 1969 die Zentralbanken aller kapitalistischen und einiger so-zialistischer Länder mit Ausnahme der UdSSR und der DDR in die BIZ aufgenommen. Zwischen 1968 und 1969 beteiligte sich die BIZ an der Kreditvergabe an Frankreich, an Zentralbanken Großbritanniens und an die US-Fed mittels der Swap-Operationen. Im De-zember 1969 wurde das Aktienkapital der BIZ von ursprünglich 500 Mio. Goldfranken auf 1,5 Mrd. Goldfranken aufgestockt, von 145 auf 435 t Gold.[10] Im selben Jahr belief sich das eingezahlte Kapital auf 125 Mio. Goldfranken oder auf 36,25 t. Die Bilanz der Bank wies insgesamt 14,6 Mrd. Goldfranken oder 4234 t Gold auf: einschließlich der Einlagen der Zentralbanken in Gold im Wert von 4,8 Mrd. Goldfranken oder 1392 t, in einer Fremd-währung 6,6 Mrd. Goldfranken oder 1914 t, in Aktiva Goldbarren im Wert von 4,0 Mrd. Franken oder 1160 t und schließlich kurzfristige Darlehen in Höhe von 9 Mrd. Franken (Bortnik 1969). Im Jahr 1970 wurden Japan und Kanada weitere Angehörige der BIZ.

Im November 1973 schlossen sich die Zentralbanken den Goldkäufen an: zum Preis von mehr als US$ 42,22/Unze. Frankreich ging 1973 zur Bewertung ihrer offiziellen Goldreserven zu Marktpreisen über. Unter diesen Bedingungen mussten die Vereinigten Staaten in der zweiten Hälfte der 70er-Jahre das Inflationsfeuer löschen, indem sie den Goldpreis senkten: mittels US-Treasury-Auktionen der Goldverkäufe aus den staatlichen Reserven. Diese Auktionen fanden innerhalb von fünf Jahren zwischen 1976 und 1980

---

[10] 1 Franken entsprach 0,29 g feinem Gold.

statt, auf denen das Gold zu Dumpingpreisen unter dem Marktwert verkauft wurde. Dann schloss sich diesen Auktionen der IWF an. Der Erlös aus den Goldverkäufen wurde an die IWF-Mitglieder je nach ihren ursprünglichen Beiträgen in Gold zurückgezahlt. Ein anderer Teil der Erlöse kam als Hilfe den Entwicklungsländern zugute. Selbst die Auktionen konnten die Inflation in den entwickelten Ländern nicht dämmen, die in der zweiten Hälfte der 1970er-Jahre besonders stark in den USA, in Großbritannien, Deutschland und Frankreich war. Die Inflation erhöhte in erster Linie die private Nachfrage nach Gold, was dessen Preisanstieg und zugleich die Abwertung des Dollars zur Folge hatte. Im Jahr 1978 erhöhte die OPEC den Ölpreis erneut. Das trieb die Inflation voran und den Goldpreis hoch. Im Ergebnis erreichte die Inflation 1972 in den Vereinigten Staaten jährlich den Wert von zwölf Prozent (Bernstein 2012, S. 356).

Andererseits begünstigten die Eröffnung des neuen offiziellen Goldmarktes in der Schweiz und der Zugang der UdSSR, dem größten Goldproduzenten der Welt, zum Markt einen Goldpreisanstieg (Krotov 2007). Während der Stalinzeit (1922–1953) hatte die UdSSR ihre Goldreserven aufgestockt. Innerhalb von zwölf Jahren nach seinem Tod hatte die UdSSR auf den ausländischen Märkten über die Mosnarbank mehr als 3000 t Gold verkauft, den größten Teil davon, 1244 t, in den Jahren 1963/1964 bei einer durchschnittlich jährlichen Goldproduktion von etwa 200–300 t. Wegen des staatlichen Währungs- und Außenhandelsmonopols in der UdSSR wurde im Juni 1966 in Zürich die erste sowjetische Bank eröffnet, die Wozkhod Handelsbank als ausländische Filiale der Staatsbank für Internationalen Zahlungsausgleich sowie außenwirtschaftliche und andere Beziehungen der UdSSR, Vneshtorgbank. 1992 wurde diese Bank in Russische Kommerzial Bank AG umbenannt. Das Grundkapital der Wozkhod Handelsbank belief sich auf US$ 10 Mio. Schweizer Franken. Die Aktionäre waren staatliche Institutionen (Staatsbank der UdSSR, Vneshtorgbank, einige Außenhandelsverbände). Formal sollte die Bank zur Entwicklung der Handelsbeziehungen der UdSSR und anderer sozialistischer Länder mit westlichen Staaten verhelfen. Tatsächlich verkaufte diese Bank das sowjetische physische Gold auf dem Schweizer Markt. Im Jahr 1971 wollte die UdSSR durch die Wozkhod Handelsbank einen kurzfristigen Kredit bei den Schweizer Banken unter Verpfändung von 80 t Gold aufnehmen. Sie erhielt ihn nicht, weil die Schweizer Banken an langfristiger Finanzierung interessiert waren (Krotov 2007). Allerdings machten die Schweizer Banken ein Gegenangebot, sowjetisches Gold zu kaufen. Und die UdSSR nahm dieses Angebot an. Das physische Gold wurde zum Marktpreis verkauft, der eine Höhe von US$ 40/Unze erreicht hatte: über den Goldpool der Schweizer Banken, geleitet von der *United Bank of Switzerland* (UBS). Das sowjetische Gold war reiner als das südafrikanische: 999 gegen 995, sodass es mit einem Aufschlag verkauft wurde.

Nachdem die Wozkhod Handelsbank die Besonderheiten des Goldmarktes und die Bildung seiner Preise studiert hatte, startete sie 1972 den eigenen Verkauf des sowjetischen Golds, das aus der UdSSR nach Zürich im Gesamtvolumen von sieben Tonnen in Form von Standardbarren mit einem Gewicht von je 12,5 kg in sowjetischen Passagierflugzeugen unter den Sitzen transportiert wurde (Krotov 2007). Zuerst nahm sie einen Probeverkauf von zwei Tonnen Gold vor und erzielte dabei einen größeren Gewinn als erwartet. Dann wurde eine weitere kleine Lieferung an Gold verkauft. Letztendlich wurde die Wozkhod Handelsbank beauftragt, alles Gold zu verkaufen, das im sowjetischen Währungsplan stand. Mit einer verbalen Garantie wurde der Bank erlaubt, die Operationen in Höhe von bis zu zehn bis zwölf Tonnen zu tätigen (Krotov 2007). Dabei erfolgte die Zahlung lange vor der unmittelbaren Metalllieferung. Nach dem Kauf von Gold schmolzen die Schweizer Banken in ihren Goldraffinerien die sowjetischen Goldbarren um, versahen sie mit eigenen Markenzeichen. Nach und nach nahm diese Bank auf dem Schweizer Goldmarkt ihre Arbeit auf und studierte die Marktkonjunktur unter Verwendung einiger Strategien: Sie verkaufte Gold in kleinen Mengen, kaufte Gold, wenn dessen Preis fiel. Darüber hinaus, im Gegensatz zur südafrikanischen Zentralbank, die ihr Gold auf wöchentlicher Basis verkaufte, war die Wozkhod Handelsbank ständig auf dem Markt präsent. Einer der führenden Experten auf dem Goldmarkt, Timothy Green, bewertete die Aktivitäten der Wozkhod Handelsbank so: „In den letzten fünf Jahren wurde Wozkhod zum aktiven Teilnehmer des Goldmarktes, vor allem als Verkäufer, aber von Zeit zu Zeit auch als Käufer, um ihre Gewinne konstant zu halten. Darin besteht ein wesentlicher Unterschied dieser Bank zur südafrikanischen. Die südafrikanische Zentralbank verkauft bloß die Goldproduktion des Landes. Doch dies ist eine Einbahnstraße. Die ‚Wozkhod‘ handelt in beiden Richtungen. Und in der Regel verkauft sie sehr clever. Sie verkauft das Metall immer bei höheren Preisen und nie bei sinkenden. In den Momenten, in denen der Preis den tiefsten Punkt erreicht, zieht sie sich einfach vom Markt zurück und wartet ab, bis sich der Preis auf einem neuen Niveau stabilisiert" (Green 1978). Bei Bedarf bildete die Bank Allianzen mit anderen Marktteilnehmern. Ende der 1970er-Jahre kooperierte die Wozkhod Handelsbank z. B. auch mit der *Bank Austria*, die seit 2005 der italienischen UniCredit Group angehört. Einerseits platzierte die sowjetische Bank das österreichische Gold illegal bei sich, andererseits lieh sie selbst bei Bedarf bei der österreichischen Bank Gold. Darüber hinaus kooperierte die sowjetische Bank mit Vietnam und veräußerte zwölf Tonnen Gold, das von den Nordvietnamesen in Saigon erbeutet wurde.

Mitte der 1970er-Jahre wollte die Dresdner Bank, die heute zur deutschen Commerzbank gehört, das sowjetische Gold anonym kaufen. Weil sie einst der sowjetischen Vneshtorgbank Kredite gewährt hatte, waren ihr die Tilgungsfristen bekannt. Der Führungsspitze der Dresdner Bank war bewusst, dass die Sowjetunion wegen schlechter Ernten und wegen des Mangels an Devisen aus dem Weizenexport Gold auf ausländischen Märkten verkaufen musste. Die Bank wollte den Goldpreis nach unten drücken. Zu diesem Zweck nahm sie 50–60 t Gold für drei Monate als Kredit an und begann es zu verkaufen (Krotov 2007). Der Goldpreis fiel tatsächlich, da niemand über das Volumen des von der Bank geliehenen Goldes Bescheid wusste. Die Dresdner Bank rechnete auch mit weiteren Goldverkäufen der UdSSR und daraus resultierendem Preisverfall. Allerdings zögerte die Sowjetunion, und die Dresdner Bank musste Gold zurückkaufen, um ihren Kredit in Gold zu tilgen. Der Goldpreis begann wieder zu steigen. In der Regel verkaufte die Sowjetunion ihr Gold nicht zum niedrigeren Preis als auf dem Markt. Sie drückte nie den Goldpreis, um dringend Devisen zu bekommen, die sie benötigte, z. B. für den Getreideeinkauf im Ausland. Hingegen verkaufte die Sowjetunion das Gold lange, bevor sie über den Zustand der Ernten informiert wurde. So wurde z. B. die Missernte von 1978 erst Ende Oktober bekannt, während die Sowjetunion den Verkauf ihres Goldes im Juli startete. Sie veräußerte problemlos 256 t Gold Anfang November (Green 1984). Der Anstieg des Weltmarktpreises für Gold war für die UdSSR günstig. 1977 verkaufte sie 330 t, 1980 nur 100 t.

In der Zeit waren die Sowjetunion und Südafrika die Hauptlieferanten des Goldes auf dem Weltmarkt und hatten damit teilweise die Kontrolle über den Weltgoldpreis, indem sie jährlich etwa 1,1–1,2 t veräußerten. Dabei entfielen auf die Republik Südafrika rund 700 t und auf die Sowjetunion 200–300 t, also 58–64 % und 18–25 % ihres Jahresumsatzes. Im Jahr 1973 stieß der Goldpreis an die Marke von US$ 50/Unze und wuchs weiter, bis er 1977 das Niveau von US$ 194/Unze erreicht hatte. Insgesamt stieg der Weltmarktpreis für Gold in zehn Jahren zu Beginn der 1980er-Jahre von US$ 35/Unze bis zum Wert von US$ 850/Unze. So ein schwindelerregender Anstieg des Goldmarktpreises führte zur starken Abwertung des Dollars. Die USA verloren die Kontrolle über den Goldpreis. Die Aktivitäten der europäischen und asiatischen Banken waren einerseits Zeichen ihrer Unabhängigkeit von der Politik der USA, was die kollektive Unterstützung des offiziellen Goldpreises unmöglich machte. All dies ließ die Vereinigten Staaten dringend zu Maßnahmen auf dem Goldmarkt greifen, um den fallenden Weltgoldpreis zu zügeln und den Wert des Dollars aufrechtzuerhalten. Aus diesem Grund wurde 1975 in den USA Kauf- und Verkauf von Gold für Private wieder erlaubt. Darüber hinaus starteten das US-Schatzamt und der Internationale Währungsfond (IWF) zunächst getrennt und später gemeinsam Verkäufe in Form öffentlicher Versteigerungen. Sie wurden von Januar 1975 bis Mai 1980 monatlich durchgeführt. In dieser Zeit organisierte der IWF 66 Auktionen und verkaufte 731,6 t Gold. Das US-Schatzamt hingegen hielt 21 Auktionen ab und verkaufte 530,4 t. An diesen Versteigerungen konnten sich alle Käufer beteiligen – mit Ausnahme der Zentralbanken. Vor der Auktion verkauften die Bieter zunächst kleine Mengen an Gold (0,5–1 t) und schufen die sogenannten Short Positions, und dann kauften sie während der Versteigerung das Gold zu einem niedrigeren Preis zurück (Krotov 2007). Manchmal konnte das zu versteigernde Gold nur ein einzelner Bieter kaufen. Zum Beispiel erwarb bei der Auktion am 02.08.1979 die deutsche Dresdner Bank 22,4 von 23,3 t Gold (Krotov 2007). Die sowjetische Bank Wozkhod nahm an diesen Auktionen ebenfalls teil. In diesem Zusammenhang äußerte sich Timothy Green: „Die ‚Woschod' gibt sich anscheinend Mühe, den Markt durch große Einkäufe zu unterstützen. Schon so oft kauften die Russen Gold in einer Menge, die ausreichte, um einen deutlichen Rückgang der Metallpreise zu verhindern" (Green 1978). Insgesamt wurden über Auktionen 1262 t Gold veräußert (Krotov 2007). So erwiesen sich diese Goldenen Auktionen aus der Sicht der USA als ineffektiv, denn der starke Anstieg des Goldpreises in den späten 1970er- und frühen 1980er-Jahre spiegelte den Grad des Dollarverfalls wider. Im Hinblick auf die Finanz- und Energiekrise in den Vereinigten Staaten wurde „die Explosion des Goldpreises von europäischen Bankern als massives Misstrauensvotum gegen die Wirtschaftspolitik von Carter angesehen" (United States News and World Report 1979). In dieser Zeit befürchteten die USA gemeinsame Aktionen von Südafrika und der Sowjetunion auf dem Goldmarkt, d. h. die Bildung der sogenannten Goldenen

OPEC. Dafür verkaufte die Sowjetunion 1981 4-mal so viel Gold wie zuvor (Schweizer 1994, S. 63). Indessen wollten die USA die Kooperation zwischen Moskau und Pretoria auf dem globalen Goldmarkt verhindern (Schweizer 1994, S. 63). Trotz der Tatsache, dass Südafrika, vertreten durch den Chef der Bergwerkskammer (*Chamber of Mines*), Thomas Mayne, nach einem Kontakt unter Vermittlung der Schweizer Banken mit der Sowjetunion suchte, kam es aus ideologischen Gründen wegen der sowjetischen Ablehnung der Apartheitspolitik nicht dazu. Dessen ungeachtet kam es dank der Aufhebung des Verbots der privaten Hortung in den USA zur schnellen Entwicklung des inländischen privaten Goldmarkts und insbesondere des Terminhandels an der New Yorker Börse CO-MEX. 1980 betrug dort der Jahresumsatz etwa 100.000 t unbaren Goldes, was der 46-fachen Menge der tatsächlichen Produktion des Metalls entsprach (Krotov 2007). Heute spielt der Goldterminmarkt eine entscheidende Rolle bei der Preisbildung des Weltgoldpreises.

5.5   Die Bedeutung des Goldes im gegenwärtigen Weltwährungssystem

Die offizielle Demonetarisierung des Goldes, d. h. der offizielle Verlust fast aller seiner Geldfunktionen und seine Verwandlung zu einer gewöhnlichen Ware brachte Mitte der 1970er-Jahre Impulse für eine intensive Entwicklung des Weltgoldmarktes. Auf der einen Seite diente das Gold weiterhin als Hortungsmittel, insbesondere bei Turbulenzen auf den Finanzmärkten. Auf der anderen Seite wurde es neben Wertpapieren und Währungen zum Gegenstand kurzfristiger Investitionen. Nach der endgültigen Abschaffung des offiziell fixierten Weltgoldpreises 1971 erlebte der Preis des gelben Metalls schwindelerregende Höhen und Tiefen. Zugleich muss der starke Anstieg des Goldpreises zwischen 1971 und 1980 vermerkt werden, der Ende Januar 1980 ein Maximum von US$ 850 erreichte. Dabei beliefen sich die täglichen Kursschwankungen auf US$ 10, US$ 20, US$ 30 oder sogar auf US$ 100. Diese Preisdynamik war auf folgende Faktoren zurückzuführen: auf die Währungsturbulenzen der Zeit, auf die hohe Inflation in der Welt, auf die negativen Realzinsen in den USA und in anderen Ländern, auf die Stagflation, den Ölschock, den Krisenausbruch in Polen und auf erste Anzeichen einer Schuldenkrise. Die Kombination dieser Faktoren löste eine nie dagewesene Welle von Goldkäufen und den Anstieg des Goldpreises aus. Bei der Preisanalyse darf nicht der Einfluss anderer Faktoren wie die geopolitischen Lagen in der Welt ignoriert werden. Einige Experten, z. B. der Schweizer Autor Theo Stadhelmann, führen die rasche Zunahme der Weltgoldpreise nicht nur auf wirtschaftliche, sondern auch auf außenpolitische Faktoren zurück, zu denen militärische Konflikte in Afghanistan, im Iran und Irak gehörten.

Wegen des deutlichen Anstiegs des Goldpreises stellten die Zentralbanken, darunter die Fed, den Verkauf ein. Gold nahm erneut die Funktion des monetären Anlagemittels ein, was in der Erhöhung des Volumens staatlicher Goldreserven seinen Ausdruck fand. Darüber hinaus überstieg der Wert der weltweit monetären Goldreserven mehr als 3-mal den der Devisenreserven (Bernstein 2012, S. 357). 1981 beliefen sich die US-Goldreserven auf ca. US$ 140 Mrd. (8000 t), während die externen Schulden der USA signifikant hoch blieben, bei US$ 300 Mrd. (U.S. Treasury Department 1982, S. 84, 199, 205).[11]

Mitte der 1980er-Jahre ließ die Inflation in den meisten Ländern der Welt nach, auch in den USA. Je höher die Rentabilität der Wertpapiere und deren Wert waren, umso mehr verlor Gold an Liquidität. Es erwarb informell den Status eines illiquiden Vermögens, dessen Besitz mit Kosten verbunden war. Bald folgte der Rückgang des Weltmarktpreises des Goldes. In den 1990er-Jahren fiel der Goldpreis, während die Preise der Waren und Dienstleistungen stiegen. Es erhöhte sich die Nachfrage nach Gold deutlich: als leicht erhältliches Produkt für den industriellen Gebrauch, vor allem in der Elektronik und in der Schmuckindustrie. Um sich gegen den fallenden Goldpreis abzusichern, mussten die Goldminenunternehmen mehr Gold verkaufen, als sie abbauten. Dies war möglich dank des Abschlusses von Terminverträgen. Dabei liehen die Goldminenunternehmen das Gold bei den Zentralbanken zum niedrigen Prozentsatz und tilgten diesen Kredit mit Gold und Devisen. Später wuchs die weltweite Goldproduktion langsam an, während die industrielle Nachfrage besonders in Asien stieg. Dies hätte zum Anstieg des Weltmarktpreises führen müssen, er fiel jedoch. Dies geschah, weil das IMF und die Zentralbanken, unter anderem die Fed, Goldverkäufe aus ihren Reserven wieder aufgenommen hatten. Zwischen 1992 und 1999 veräußerten sie 3300 t, davon 500 t 1992 und in den nachfolgenden Jahren jeweils durchschnittlich 400 t (IMF, Yearbook 2000). In den späten 1990er-Jahren wurde Gold ausgiebig durch die Zentralbanken Großbritanniens und der Schweiz verkauft.

Ab den 1980er-Jahren bis zum Anfang des neuen Jahrtausends zeigte die US-Wirtschaft ihre intensive Entwicklung aufgrund der Dominanz des Dollars im globalen Währungssystem: mit dem Beschäftigungswachstum, der Entwicklung neuer Technologien, der Wohlstandserhöhung der Bevölkerung. Die US-Aktien stiegen in ihrem Wert in dieser Zeit um das Zwanzigfache. Dies gab Ländern wie China und Argentinien den Anlass, ihre Nationalwährungen für einen bestimmten Zeitraum an den Dollar zu koppeln, um eine gewisse wirtschaftliche Stabilität zu erreichen. Unter diesen Umständen akkumulierten die ausländischen Zentralbanken den Dollar in ihren Devisenreserven weiterhin als deren Hauptbestandteil.

Zu Anfang des 21. Jahrhunderts verschlechterte sich die wirtschaftliche Lage in den USA. Um soziale Programme und militärische Aktionen in Afghanistan, im Irak, in Somalia und auf Haiti zu finanzieren, griffen die USA auf zusätzliche Geldemissionen zurück, die durch Staatsanleihen gedeckt wurden. Dies führte zur steigenden Staatsverschuldung. Um die Wirtschaft zum Wachstum zu bringen, mussten die kurzfristigen Zinssätze reduziert werden. Der Wert des Dollars sank gegenüber anderen Währungen. Dies hätte einen Goldpreisanstieg zur Folge haben und den Dollar um sein Ansehen im Weltwährungssystem bringen können. In diesem Zusammenhang hatten die Zentralbanken einiger Länder die sogenannten Washingtoner Abkommen (Central Bank Gold Agreements/CBGA) geschlossen, die eine kontrollierte Aufrechterhaltung des unterbewerteten Goldpreises vor-

---

[11] Vom Autor berechnet nach dem Goldpreis von US$ 459,71 pro Unze.

sahen. Die Goldverkäufe sollten innerhalb von fünf Jahren durchgeführt werden – mit der Möglichkeit, diese Frist zu verlängern. Dabei wurde das jährliche Verkaufsvolumen auf 400 t begrenzt.

Das erste Abkommen von Washington wurde am 26. September 1999 von der Europäischen Zentralbank (EZB) und den Zentralbanken Englands, Deutschlands und der Schweiz, der Niederlande, Schwedens, Belgiens, Irlands, Österreichs, Spaniens, Frankreichs, Italiens, Portugals, Finnlands und Luxemburgs unterzeichnet. Auf diese Weise wurden etwa 85 % der staatlichen Goldreserven zusammengeführt. Dem ersten Abkommen von Washington schlossen sich informell auch die wichtigsten Goldproduzenten der Welt an: Südafrika und Australien. Die Quoten der Länder wurden folgenderweise verteilt: auf die Schweiz entfielen 1300 t, auf Großbritannien 365 t, auf alle übrigen Länder 335 t. Darüber hinaus wurde durch dieses Abkommen das Volumen von Krediten in Gold eingeschränkt, das die Zentralbanken an die Goldminen-Unternehmen bereitstellten. Dies führte dazu, dass Goldminenunternehmen als eigenständige Verkäufer an den Markt kommen konnten.

Das zweite Washingtoner Abkommen wurde im März 2004 unterzeichnet und trat Ende September 2004 in Kraft. Dabei trat die Bank of England vom Abkommen zurück. Griechenland schloss sich dem Vertrag an. Das jährliche Volumen der Goldverkäufe sollte für jedes Land 500 t pro Jahr und 2500 t innerhalb von fünf Jahren nicht übersteigen. Im August 2009 trat das dritte Abkommen in Kraft, unterzeichnet von 19 Zentralbanken. Der IMF trat von dem Abkommen zurück. In Übereinstimmung wurde die Gesamtmenge jährlicher Goldverkäufe auf 400 t begrenzt. Das galt bis September 2014. Im Mai 2014 wurde von der Europäischen Zentralbank und 20 anderen europäischen Zentralbanken die Unterzeichnung des vierten Abkommens angekündigt, das am 27. September 2014 in Kraft trat und fünf Jahre lang bis 2019 gelten sollte. Zu den Unterzeichnern des Abkommens zählen die EZB und die Zentralbanken Deutschlands, Belgiens, Estlands, Irlands, Griechenlands, Spaniens, Frankreichs, Italiens, Zyperns, Lettlands, Luxemburgs, Maltas, der Niederlande, von Österreich, Portugal, Slowenien, der Slowakei, Finnland, Schweden und der Schweiz. Sie verpflichteten sich, ihre Transaktionen zu koordinieren und dabei keine großen Mengen des Metalls zu verkaufen. In diesem Abkommen wurde Gold wurde zum ersten mal nach der offiziellen Demonetarisierung wieder zum bedeutsamen Element der globalen Währungsreserven erklärt.

5.6   Die Bedeutung des Dollars im gegenwärtigen Weltwährungssystem

Gegenwärtige Währungen im Gegensatz zu Gold haben keinen inneren Wert und sind Zahlungsversprechen. Ihr Wert wird nur durch den Vertrauensgrad in das Ausgeberland der Währung bestimmt. Aber wie hoch ist der Vertrauensgrund in die wichtigste Währung der Welt, den US-Dollar? Der Stellenwert des Dollars sowie anderer Reservewährungen kann nach dem Ausmaß ihrer Verwendung im globalen Handels- und Finanzsystem beurteilt werden, was der Korb von Sonderziehungsrechten (SDR) bezeugen kann. Das Gewicht der Währungen wird in Tab. 5.1 dargestellt. Dieser Index wird alle fünf Jahre vom IWF neu berechnet (IMF 2017). Heute zeigt die SDR-Struktur an, dass der US-Dollar noch immer Leitwährung der Welt ist, dessen Anteil im internationalen Handel und an den Reserven 41,7 % beträgt (Tab. 5.1). Dabei hat sich der Anteil des Dollars im SDR-Korb seit Anfang der 1970er-Jahre bis 2016 nicht wesentlich verändert, sogar ungeachtet der Einführung des Euros. Anfang 2016 wurde dem SDR-Korb eine neue fünfte Währung hinzugefügt, der chinesische Yuan („chinese renminbi"), dem der Anteil von 10,92 % verliehen wurde. Der chinesische Yuan bekam offiziell den Status einer weltweiten Reservewährung. Dabei drängt er stark alle Reservewährungen im SDR-Korb zusammen, insbesondere den Euro und das Pfund. Aber die Position des Dollars bleibt nahezu unerschütterlich.

Der Dollaranteil an den weltweiten Finanzmarktoperationen ist gewichtig. Ende 2011 entfielen auf den US-Finanzmarkt US$ 64,2 Bio., was ungefähr einem Viertel des gesamten Weltfinanzmarktes entsprach. Auf den Dollar entfielen etwa 87 % aller Transaktionen des Weltdevisenmarktes. Was den Dollaranteil im internationalen Zahlungsverkehr angeht, erhöhte er sich zwischen April 2010 und April 2013 von 84,9 % auf 87 %. Abb. 5.1 beantwortet die Frage nach der Höhe des Dollareinsatzes als internationales Reservemittel. Laut offiziellen Angaben belief sich 2014 der Dollaranteil in den Weltwährungsreserven auf 62,9 %, im Vergleich zu den 1990er-Jahren ein niedriger Wert. Im Jahr 1995 z. B. erreichte der Dollaranteil an den weltweiten Reserven einen Stand von 59 %. Zugleich wurde das Wachstum dieses Indikators sowohl in den 1970er-Jahren als auch während der Jahrtausendwende beobachtet, als er bei etwa 78 % und 71 % lag.

Tab. 5.1 Gewicht der Währungen im SDR-Korb. (Sauder School of Business. The University of British Columbia. Pacific Exchange Rate Service 2016; International Monetary Fund 2017)

Gewicht der Währungen im SDR-Korb					
Zeitraum	*Dollar*	*Pfund*	*Yen*	*Französischer Franc*	*Deutsche Mark*	
1981-1985	42%	13%	13%	13%	19%	
1986-1990	42%	12%	15%	12%	19%	
1991-1995	40%	11%	17%	11%	21%	
1996-1998	39%	11%	18%	11%	21%	
				Euro		
1999-2000	39%	11%	18%	32%		
2001-2005	44%	11%	14%	31%		
2006-2010	44%	11%	11%	34%		
2011-2015	41,9%	11,3%	9,4%	37,4		
					Chinesischer Renminbi	
2016-2020	41,73%	8,09%	8,33%	30,93%		10,92%

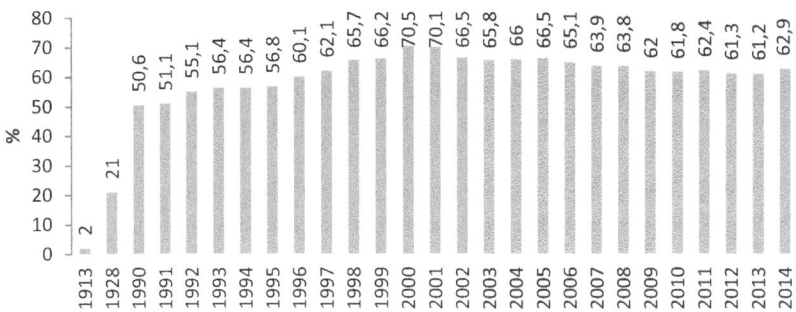

Abb. 5.1 Der Dollaranteil in den offiziellen Weltwährungsreserven, 1913, 1928, 1990–2014, in Prozent. (1913, 1928: Officer 1996; 1990–1999: IMF 2000; 2000–2005: European Central Bank 2006; 2006–2013: IMF 2014; 2014: IMF 2015)

Wie sind die Aussichten des Dollars als das wichtigste internationale Zahlungs- und Reservemittel? Es müssen eine Reihe von Fundamentaldaten herangezogen werden. Abb. 5.2 zeigt: Das US-Haushaltsdefizit stieg nach der Aufhebung des Bretton-Woods-Abkommens in der Mitte der 1970er-Jahre dramatisch an. Nach dem Defizitabbau zwischen 1993 und 1997 war zwischen 1998 und 2001 für eine kurze Zeit ein Überschuss zu verzeichnen, bevor es 2002 wieder ein Defizit gab. Während der Krise von 2008–2011 stieg dieses Defizit dann deutlich. Die Antikrisenmaßnahmen der US-Regierung waren beispiellos in ihrem Umfang, was auf den Haushalt des Landes ungünstige Auswirkungen hatte. Daher war das Haushaltsdefizit zwischen 2009 und 2013 deutlich höher als vorher. Wenn im Jahr 2007 das US-Haushaltsdefizit US\$ 160,8 Mrd. betrug, erhöhte es sich 2008 um fast das Dreifache und erreichte damit US\$ 468 Mrd. Im Jahr 2009 erreichte es den historischen Höchstwert mit US\$ 1,412 Bio. Von 2009–2010 blieben seine Werte nach wie vor sehr hoch und beliefen sich auf ca. US\$ 1,290 Bio. Erst im Jahr 2013 konnten die USA ihr Defizit fast um das Doppelte reduzieren. Insgesamt ging das US-Haushaltsdefizit im Zeitraum von 2012–2015 drastisch hinunter. So verringerte es sich 2014 um 63 % gegen-

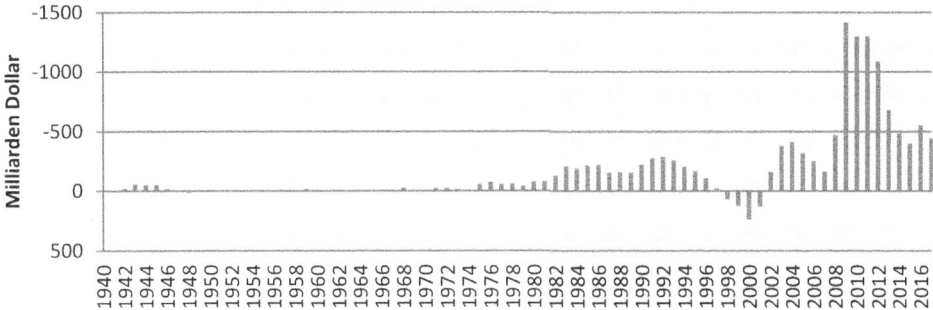

Abb. 5.2 Defizit und Profizit des US-Budgets 1940–2017, in Milliarden Dollar. (U.S. Government research site 2017)

über seinem Höhepunkt 2011 mit US$ 1,299 Bio. auf US$ 484 Mrd. und entsprach 2,8 %
des BIP. Diese dramatische Veränderung erfolgte durch eine 50-prozentige Erhöhung der
Haushaltseinnahmen, insbesondere durch Steuern auf Einkommen von Bürgern und Unternehmen sowie durch soziale Beiträge, während die Ausgaben des Haushalts auf dem
Niveau von 2010/2011 stehen blieben. Zur gleichen Zeit wurde der Rückgang der Ausgaben für die Verteidigung durch die Erhöhung der Sozialausgaben ausgeglichen: mit Renten, Beihilfen für Veteranen, der Gesundheitsfürsorge und medizinischen Versorgung. Damit bleibt der soziale Teil des Budgets sein größter und liegt etwa bei 66 %. In den 1950er-
Jahren belief sich diese Zahl nur auf 12 %. In Anbetracht der Alterung der amerikanischen Gesellschaft und sinkender Geburtenraten wird erwartet, dass sich in Zukunft dieser
Haushaltsposten erhöht. Trotz der Tatsache, dass sich in den Jahren zwischen 2013 und
2015 das US-Haushaltsdefizit auf dem Niveau von US$ 500 Mrd. stabilisiert hatte, soll es
künftig weiterwachsen, weil der Anstieg der Budgetausgaben viel schneller erfolgt als die
Erhöhung seiner Einnahmen. Im Jahr 2018 belief sich dieser Wert bereits auf US$ 1 Bio.

Als eine der Bedrohungen für den Dollar als die wichtigste globale Währung nennen die Experten die beachtlichen US-Staatsschulden und deren Wachstum. Wie die
Abb. 5.3 und 5.4 aufzeigen, beliefen sich im Jahr 2014 die gesamten US-Staatsschulden
auf US$ 18,350 Bio., was 109,2 % des US-BIP (US$ 16,8 Bio.) entsprach. Zwar ist dies
sicherlich ein großer Wert, es handelt sich aber nicht um ein Alleinstellungsmerkmal
der US-Wirtschaft. Neben den USA gibt es eine Reihe anderer entwickelter Länder, die
ähnliche Werte aufweisen, einschließlich vieler europäischer Länder und Japan. Im Übrigen handelt es sich bei der Überschreitung der 100 %-BIP-Grenze für die USA nicht
um eine Einmaligkeit, bereits von 1946–1948 überschritten die Schulden das BIP. Zum
Wachstum der US-Staatsverschuldung sowie zu dem des Staatshaushaltdefizits kam es
Mitte der 1970er-Jahre nach dem endgültigen Zusammenbruch des Goldstandards. Zwischen 2000–2010 stieg die US-Staatsverschuldung viel schneller als im Zeitraum von
1940–2000 an. Allein zwischen 2000 und 2014 war dieser Wert von US$ 5,2 Mrd. auf
US$ 18,350 Mrd. gewachsen, mehr als um das Dreifache.

Das Haushaltsdefizit und seine Erhöhung gleichen die USA durch die Betätigung der
Gelddruckmaschine aus. Die Dollaremissionen der Fed erfolgen im Austausch gegen

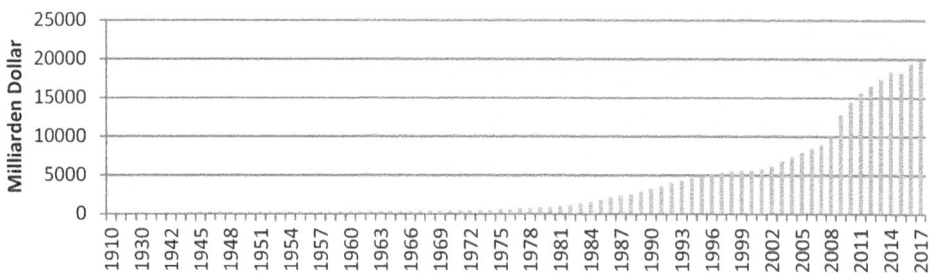

Abb. 5.3 Gesamte US-Staatsschulden 1910–2017, in Milliarden Dollar. (U.S. Department of the
Treasury o.J.)

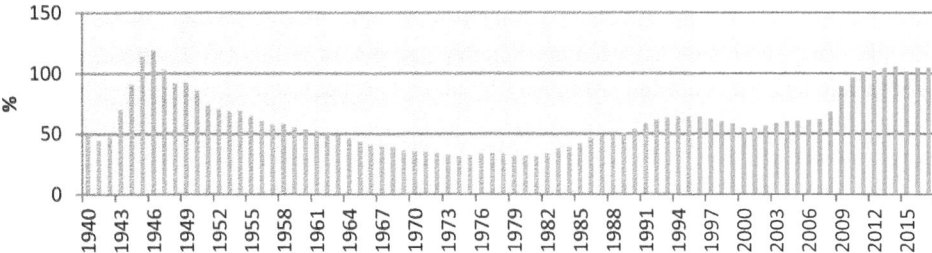

Abb. 5.4 Der Anteil der US-Staatsschulden am GDP in 1910–2017, in Prozent. (1940–2017: U.S. Department of the Treasury o.J.; GDP 1940–2016: Bureau of the Economic Analysis. U.S. Department of Commerce o.J.; GDP 2017: Economic Research Federal Reserve Bank of St. Louis o.J.)

Staatsanleihen, die bei den Banken platziert werden. Dies erhöht jedoch die Staatsschulden. Formal schränkt das Parlament die in Form von Anleihen kumulierten Staatsschulden ein. Die Regierung kann sich nicht über einen bestimmten Gesamtbetrag verschulden. In den letzten Jahren wollte der US-Kongress der Erhöhung dieser Grenze mehrfach nicht zustimmen. Letztendlich gab das Parlament seine Erlaubnis. Durch die Platzierung der Anleihen erhält der Staat die notwendigen Geldmittel von Investoren unter der Bedingung der späteren Tilgung. Diese Geldmittel kommen in die Staatskasse. Allerdings übernimmt der Staat durch die Anleiheemission die Verpflichtung, nicht nur die ausgeliehen Summen zu bestimmten Terminen zu tilgen, sondern auch die entsprechenden Zinsen darauf zu zahlen. So wurde das Volumen der US-Staatsanleihen in den Händen der Investoren Ende 2007 auf US$ 5,099 Bio. geschätzt, und Ende 2008 stieg es auf US$ 6,338 Bio. an. Anfang 2010 erreichte es die Marke von US$ 8,259 Bio. (Board of Governors of the Federal Reserve System 2010, S. 89). Wenn also in der Vorkrisenzeit die Jahreszunahme des Volumens von US-Staatsanleihen bei etwa US$ 200 bis 300 Mrd. lag, schwankte dieser Wert in der akuten Phase der Krise 2008/2010 von US$ 1,239 bis zu 1,921 Bio. Das Wachstum des Emissionsvolumens von Staatsanleihen entsprach dem Wachstum des Landeshaushaltsdefizits. Es ist jedoch bemerkenswert, dass die groß angelegten Emissionen von Staatsanleihen in den USA nicht zu einem deutlichen Anstieg der Binnenpreise führten. Im Gegenteil, die Preissteigerungsrate in den Vereinigten Staaten zählt zu den niedrigsten in der Welt, was sich auch dadurch erklärt, dass die größte Menge an Dollar im Inland durch den Finanzmarkt absorbiert wird.

Fast ein Drittel der US-Gesamtschulden entfielen 2014 auf Staatsschulden, die somit den größten Posten ausmachen. Die Bedienung der Staatsschulden durch die Tilgung der Staatsanleihen gehört zu einem der Ausgabenposten in jedem Landeshaushalt. Trotz der deutlichen Zunahme der Staatsschulden kostet ihre Bedienung die USA nicht viel. So gibt die US-Regierung für die Rückzahlung langfristiger Staatsanleihen jährlich etwa US$ 1,4 bis US$ 1,5 Bio. aus. Außerdem bleibt dieser Ausgabenposten trotz der erheblichen Zunahme der Verschuldung innerhalb einiger Jahre konstant. Der effektive Zinssatz für diese Wertpapiere war extrem niedrig. So lag in den vergangenen Jahren der effektive durchschnittlich gewichtete Zinssatz für alle Arten von US-Staatsanleihen bei etwa zwei Prozent. Ein Teil der US-Staatsschuldverschreibungen in Form von US-Staatsanleihen (Treasury) und anderen Arten der Schuldpapiere wird in den USA verteilt, aber der größte Teil davon im Ausland (Abb. 5.5). Unter den ausländischen Investoren gehören zu den wichtigsten Inhabern dieser Wertpapiere staatliche monetäre Institute: Zentralbanken, Finanzministerien usw. Dabei zählen zu den wichtigsten Inhabern von US-Staatsanleihen in Höhe von US$ 1,2 Bio. China und Japan. Warum kaufen die monetären Institute anderer Länder, zum größten Teil Zentralbanken, US-Staatsschuldverschreibungen? Diese Papiere sind eine Art risikofreie Anlage, die nicht nur im Inland gefragt ist, sondern auch von Marktteilnehmern im Ausland, die ihre Geldmittel sicher platzieren wollen. Die US-Staatsanleihen sind außerdem ein sicherer Hafen für spekulatives Kapital, das von den Märkten der Schwellenländer in die sicheren US-Staatsanleihen fließt.

Zugleich sind die Zinsen auf Staatsanleihen anderer Länder viel höher als in den USA. Mit dem Kauf von US-Staatsschuldtiteln finanzieren andere Länder die USA zu niedrigen Zinsen, während sie selbst Geldmittel zu höheren Zinsen leihen müssen. Es ist wirtschaftlich fragwürdig, wenn andere Staaten an die USA durch den Kauf von US-Staatsanleihen Kredite zu zwei Prozent vergeben können, aber gleichzeitig selbst Geldmittel zu zehn Prozent aufnehmen müssen (durch die Emission eigener Anleihen). Um US-Anleihen zu kaufen, müssen andere Länder jedoch reale Waren produzieren, sie auf dem internationalen Markt verkaufen und den Erlös für den Erhalt von US-Staatsanleihen ausgeben.

Bis vor Kurzem galten die US-Staatsanleihen als absolut zuverlässig. Der US-Kongress fungiert als Garant ihrer Sicherheit. Somit garantiert er die rechtzeitige Zahlung festgelegter Zinsen auf die Anleihen und die Rückzahlung deren Nominalwerte am Ende der Laufzeit. Andererseits wurde die Zuverlässigkeit der US-Staatsanleihen durch das Ausbleiben im Rückzahlungsverzug oder durch Zinszahlungsausfälle verstärkt. Demzufolge galten die US-Staatsanleihen als risikofreie Anlage mit konstanter Nachfrage. Der Rückgang der Rendite darauf bedeutet die Steigerung ihrer Nachfrage. Bis zum signifikanten Anstieg des

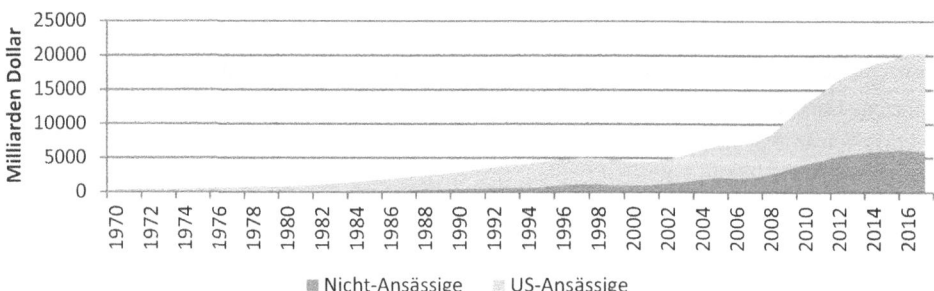

Abb. 5.5 Volumen der US-Staatspapiere bei US-Ansässigen und Nicht-Ansässigen in 1970–2017, Jahresmittelwerte, in Milliarden Dollar. (U.S. Staatsschulden bei U.S. Ansässige 1970–2017: Economic Research Federal Bank of St. Louis o.J.; U.S. Staatsschulden bei Nicht-Ansässigen 1970–1999: U.S. Department of the Treasury 2017; U.S. Staatsschulden bei Nicht-Ansässige 2000–2016: Department of the Treasury 2017; U.S. Staatsschulden bei Nicht-Ansässige 2017: Department of the Treasury 2017)

US-Haushaltsdefizits 2008 wurden alle neuen Ausgaben der Staatsanleihen vollständig von den Teilnehmern des Weltfinanzmarkts aufgenommen. Darüber hinaus hatte die US-Regierung keinen Bedarf an der Tilgung der früher ausgegebenen Staatsanleihen, weil die für ihre Inhaber ein zuverlässiges Instrument der langfristigen Geldmittelerhaltung waren, besonders für die Zentralbanken. Aus diesem Grund griffen die Vereinigten Staaten durch Neuemissionen zur Substitution der zu tilgenden Anleihen, die ihre Tilgungsfristen erreichten.

Nach der Krise 2008 musste die US-Regierung auf die Emission einer signifikanten Menge an Staatsanleihen zurückgreifen, die um ein Vielfaches die vorherigen Ausgaben überstieg. Dabei waren die Vereinigten Staaten von Amerika mit Problemen der Platzierung konfrontiert, weil die Bedürfnisse der Investoren an dieser Anlageart befriedigt waren. Die Instabilität des globalen Finanzmarktes und die Abwertung der Basisaktiva trugen zum Verkauf eines Teils neuer Staatsanleihen bei. Daher stieg die Nachfrage nach US-Staatsanleihen in den vergangenen Jahren leicht, vor allem während der globalen Finanzkrise 2008/2009. Um die restliche Menge der US-Wertpapiere zu platzieren, konnten sich die USA nicht auf die natürlichen Marktkräfte verlassen. In dieser Situation waren sie an der Abwertung der wichtigsten Konkurrenten der US-Staatsanleihen interessiert, die neben Staatswertpapieren als sichere Häfen in Zeiten von Turbulenzen gelten: Immobilien und Edelmetalle. Die Vereinigten Staaten mussten zu bestimmten Maßnahmen greifen und vom Modus Autopilot zum Modus Handsteuerung übergehen. Dies betraf insbesondere Zinssätze auf dem globalen Finanzmarkt und den Weltmarktpreis des Goldes. Der Rückgang der US-Immobilienpreise kam für die USA sehr günstig, weil die Nachfrage nach Staatsanleihen auf dem Binnenmarkt aufrechterhalten wurde. Bei der allgemeinen Erhöhung des Volumens von US-Treasury lag deren größtes Wachstum in den US-Haushalten. Die Hauptnachfrage nach US-Staatsanleihen kommt bekanntlich aus dem Ausland. Damit der internationale Markt neue Emissionen der US-Anleihen vollständig absorbieren konnte, griffen die USA auf die Organisation von Sondertreffen mit Regierungschefs zurück, deren Staaten die Hauptinhaber der US-Anleihen waren. Die USA versuchten, sie von der Zweckmäßigkeit und Wichtigkeit des Kaufs neuer US-Schuldverschreibungen zur Unterstützung der USA und damit des Dollars zu überzeugen. Bis heute gehören zu den großen ausländischen Inhabern China, Japan, Großbritannien, asiatische OPEC-Länder, Brasilien und Russland. Allerdings führt der massive Verkauf von US-Anleihen zwangsläufig zur Verringerung der Nachfrage und Liquidität. Dies verteuert die US-Schulden, setzt damit den Dollar unter Druck und hat insgesamt einen negativen Einfluss auf die US-Wirtschaft. Allerdings ist ein groß angelegter Verkauf von Staatspapieren auch für die ausländischen Inhaber von US-Anlagen nicht von Vorteil, weil dies die Abwertung eines beträchtlichen Teils ihrer Reserven zur Folge haben könnte sowie im schlimmsten Fall den Zusammenbruch des Weltwährungssystems und des Welthandels. Dazu ist ein starker Dollar für solche Exportländer wie China und Japan von Vorteil, weil sie wegen des Exports ihrer Waren Dollars erhalten, die sie gegen ihre eigenen Währungen tauschen, gegen den Yen und den Yuan. Je stärker, je teurer der Dollar ist, umso mehr Yen und Yuan erhalten sie. Um die Attraktivität der US-Staatsanleihen auf den ausländischen Märkten zu erhöhen, mussten die USA die Senkung des Weltgoldpreises erreichen.

Abb. 5.5 zeigt das Volumen der US-Staatspapiere bei US-Ansässigen und Nicht-Ansässigen. Von 1994–2001 blieb das Volumen der US-Staatsanleihen mehr oder weniger konstant. Seit 2001 kauften die Nicht-Ansässige US-Staatsanleihen in immer größeren Mengen, was die weitere deutliche Erhöhung des Gesamtvolumens vor allem im Ausland verursachte.

Theoretisch kann sich die Geldmenge in Krisenzeiten infolge massiver Währungsverkäufe und wegen der mangelnden Nachfrage maximal reduzieren, nämlich auf die Größe der Geldbasis. Unter solchen Umständen ist die Größe der Gesamtreserven des Staates von großer Bedeutung. Sie entscheiden über die Wirksamkeit der Maßnahmen, die gegen die massiven Verkäufe der Nationalwährung gerichtet sind. Die staatlichen Goldreserven machen einen Teil der staatlichen Reserven (der internationalen Liquidität) aus. Dabei werden zur Einschätzung des Volumens der internationalen Liquidität die offiziellen Angaben zu den Goldreserven betrachtet und nicht ihr Istzustand. Die offiziellen US-Goldreserven entsprechen nicht ihrem tatsächlichen Volumen. Das ist darauf erstens zurückzuführen, dass die Aufnahme der offiziellen US-Reserven in die Bilanzen und deren Umwandlung in das entsprechende Gewicht nicht zum Marktpreis durchgeführt wird, wie das der größte Teil der Welt tut, sondern zum alten, äußerst niedrigen Festpreis. Zweitens kann man die Diskrepanz zwischen der tatsächlichen und der offiziellen Goldreserve auch durch deren Einsatz bei Goldleasinggeschäften erklären.

Bei diesen Operationen wird die Angabe des Goldbestandes in den Bilanzen der Zentralbanken verzerrt und doppelt ausgewiesen, was die tatsächliche Bewegung von Gold aus einer Zentralbank in die andere nicht zeigt. Hier sind die Vereinigten Staaten keine Ausnahme. All dies erlaubte den USA als Eigentümer der weltweit größten nationalen Goldreserven, statistisch unbemerkt auf deren signifikante Marktverkäufe zurückzugreifen, um eine Verringerung des Weltgoldpreises zur Aufrechterhaltung des Dollars zu erreichen.

1970, vor dem Zusammenbruch des Bretton-Woods-Systems, wurde die Geldbasis der USA durch die internationale Liquidität des Landes nur zu 15 % gedeckt. In der Abb. 5.6 wird das Verhältnis von Staatsanleihen in ihren Reserven zur Geldbasis in den USA über den Zeitraum von 1984–2017 dargestellt. Nach dem Zusammenbruch des Systems des Goldstandards stieg dieser Indikator in den Vereinigten Staaten leicht und schwankte bis 2012 leicht im Bereich von 20–40 %. Danach geht der Wert noch deutlich weiter zurück. Dies deutet darauf hin, dass die USA nicht über die ausreichende Liquidität verfügen, die von den US-Währungsbehörden zur Beseitigung möglicher Spannungen auf dem Devisenmarkt und zur Unterstützung des Dollars eingesetzt werden könnte. Abb. 5.7 verdeutlicht, dass im Zeitraum von 1970–2014 die Geldmenge und die Geldbasis im Fall der Monetisierung der US-Staatsschulden durch die internationale Liquidität, über die die USA verfügte, nur zu 3–8 % hätten gedeckt werden können. Nach 2014 betrug dieser Wert weniger als ein Prozent. Abb. 5.8 zeigt zeigt sowohl den Monetisierungswert (M2/BIP) als auch die Umlaufgeschwindigkeit des Geldes (BIP/M2) in den USA in den Jahren von 1963–2016. Die Werte zeigen, dass das US-BIP nur zu 50 % durch die Geldmenge gedeckt war. Dabei hatte die Umlaufgeschwindigkeit des Geldes etwa den Wert zwei.

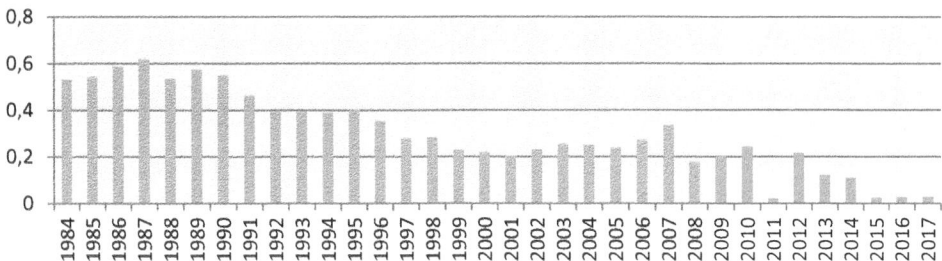

Abb. 5.6 Verhältnis von offiziellen Gesamtreserven zur Geldbasis in den USA 1984–2017. (Geldbasis: Economic Research Federal Reserve Bank of St. Louis o.J.; Reserven 1884–1992: IMF 1993, S. 55, 723; Reserven 1993: IMF 2000. S. 79, 987; Reserven 1994–2005: IMF 2006, S. 41, 608, 609; Reserven 2006–2014: IMF 2015, S. 840; Reserven 2015–2017: U.S. Department of the Treasury 2017; Goldpreis 2015–2017: Statista. The Statistics Portal o.J.)

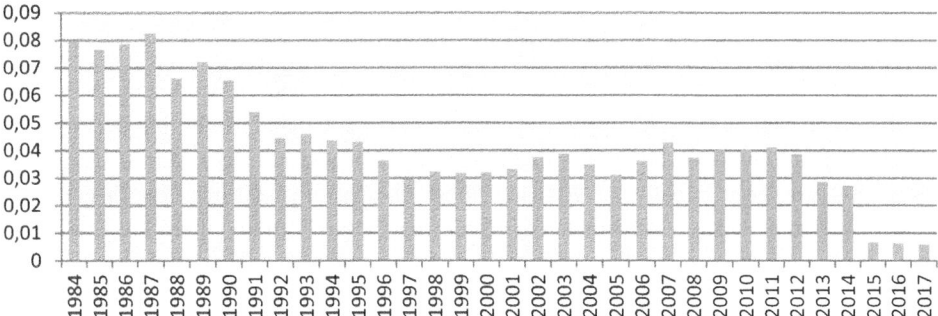

Abb. 5.7 Verhältnis von offiziellen Gesamtreserven zum „Schuldenüberhang" 1984–2017. (Geldbasis: Economic Research Federal Reserve Bank of St. Louis. Money. Banking & Finance o.J.; Reserven 1884–1992: IMF 1993, S. 55, 723; Reserven 1993: IMF 2000, S. 79, 987; Reserven 1994–2005: IMF 2006, S. 41, 608, 609; Reserven 2006–2014: IMF 2015, S. 840; Reserven 2015–2017: U.S. Department of the Treasury 2017; Goldpreis 2015–2017: Statista. The Statistics Portal o.J.; Staatsschulden bei der Fed 1984–2016: Economic Research Federal Reserve Bank of St. Louis o.J.: Staatsschulden bei den US-Ansässigen 1984–2016: Economic Research Federal Reserve Bank of St. Louis o.J.; U.S. Staatsschulden bei Nicht-Ansässigen 1970–1999: U.S. Department of the Treasury 2017; U.S. Staatsschulden bei Nicht-Ansässigen 2000–2016: Department of the Treasury 2017; U.S. Staatsschulden bei Nicht-Ansässigen 2017: Department of the Treasury 2017)

Abb. 5.8 zeigt sowohl Monetisierungswert als auch Umlaufgeschwindigkeit des Geldes in den USA in den Jahren von 1963–2016.

Große Anteile Dollaranlagen in den Währungsreserven eines Landes sind mit bestimmten Schwierigkeiten verbunden. China beispielsweise gibt zwar die Größe seiner offiziellen Devisenreserven nicht öffentlich preis, die Reserven wurden aber von US-Experten im Februar 2010 auf US$ 2,4 Bio. bewertet. Dabei entfiel der Hauptanteil auf Dollar und Euro in einem Verhältnis, das den Anteilen im SDR-Korb nahelag. Im Jahr 2010 wurde das Volumen der US-Staatsanleihen in den Reserven Chinas auf etwa US$ 800 Mrd. geschätzt. Damit ist China von den starken Schwankungen der beiden Währungen abhängig.

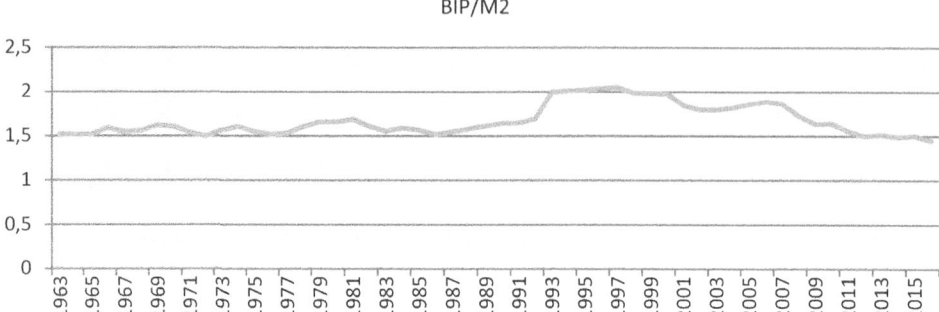

Abb. 5.8 Monetisierungswert und Umlaufgeschwindigkeit des Geldes in den USA 1963–2016. (1963–1992: IMF 1993, S. 724, 727; IMF 2006, S. 609; 2006–2012: IMF 2013, S. 777, 780; 2013–2014: IMF 2015, S. 840, 843; 1993, 2015–2014: Economic Research Federal Reserve Bank of St. Louis o.J.; International Monetary Fund o.J.)

China ist nicht in der Lage, die Situation grundsätzlich zu ändern, weil seine Möglichkeiten, große Mengen an US-Aktiva zu verkaufen, begrenzt sind. So erhöht der Verkauf des großen Volumens an Dollarverpflichtungen ihr Angebot auf dem Markt, sodass ihr Preis fällt, was zwangsläufig zu Verlusten führt. Gleichzeitig soll der Erwerb von Vermögenswerten in anderen Währungen die Nachfrage vergrößern und ihren Preis, was mit hohen Kosten verbunden ist. Aus diesem Grund kritisiert China gelegentlich das moderne Weltwährungssystem und ruft zu Reformen auf. Sowohl China als auch Russland haben in den vergangenen Jahren versucht den Anteil der Staatsanleihen in ihren Reserven und staatlichen Investmentfonds zu verringern. China veräußerte zuweilen große Mengen an Wertpapieren. 2009 beliefen sie sich auf die Summe von US\$ 34,2 Mrd. Darüber hinaus stockt China laut Experten seine Goldreserven massiv auf. Was werden die USA tun, wenn ihre Staatsanleihen nicht in vollem Umfang gekauft werden bzw. der Hauptgläubiger China ausbleibt? Unter diesen Umständen kann die Fed als Hauptgläubiger der US-Regierung auftreten, was bereits geschieht.

Ungeachtet nicht besonders guter fundamentaler Wirtschafts- und Finanzdaten in den USA gelang es dem Land zwischen 1941 und 2011, die höchste Bonität AAA der eigenen Staatsanleihen zu sichern, die von extrem hoher Zuverlässigkeit und Liquidität zeugen sollte. Im Jahr 2011 senkten die größten internationalen Ratingagenturen Fitch, S&P und Moody's das Rating um eine Stufe auf AA+ unter der Beibehaltung einer negativen Prognose. Damit hatten die USA ihre höchste und absolute Zuverlässigkeit als Emittent von Staatsschuldtiteln eingebüßt. Außerdem haben die USA keine einwandfreie Kreditgeschichte. Die USA kamen nicht immer ihren internationalen finanziellen Verpflichtungen nach – gerade in den 1960er- und 70er-Jahren während der Umwandlung vom Dollar zum Gold. Die USA mussten den Goldstandard einseitig beenden und konnten ihren übernommenen Verpflichtungen nicht weiter nachkommen. Dies war dem Default der USA gleichbedeutend. Vor allem viele Zentralbanken schafften es nicht, aus dem Dollar frühzeitig zu fliehen. Darüber hinaus verhängten die USA in Krisensituationen wiederholt Moratorien über Dollarkonten. 1940 zum Beispiel froren die Vereinigten Staaten die Dollarkonten europäischer Banken ein, darunter auch die ihrer Verbündeten im 2. Weltkrieg. Ähnliche Maßnahmen werden von den USA bis heute im Rahmen der Sanktionspolitik angewendet.

Seit Mitte der 1990er-Jahre wurden die Vereinigten Staaten zum größten Schuldner der Welt, was der steigende Passivüberhang im US-Auslandvermögen belegt. Das wird in Abb. 5.9 deutlich, die das Verhältnis von Aktiva und Passiva des US-Auslandsvermögens über den Zeitraum von 1980–2015 zeigt. In den vergangenen Jahren wurde der stetige Zufluss ausländischen Kapitals in großen Mengen zur Voraussetzung für wirtschaftliches Wachstum in den USA. Die US-Wirtschaft ist folglich vom stetigen Zufluss des ausländischen Kapitals in großem Umfang abhängig. Anderseits wollen Ansässige anderer Länder ihre Gelder sicher in Dollaraktiva anlegen.

In Zeiten eines fallenden Dollarwertes verbessert sich die US-Zahlungsbilanz durch die Verringerung des Wertes von US-Waren- und Dienstleistungsexporten auf ausländischen Märkten und als Folge der Steigerung der internationalen Nachfrage. Die USA sind also an einem schwachen Dollar interessiert, natürlich ohne ihn ganz entwerten zu wollen. Der Rückgang des Goldpreises, oder zumindest die Verlangsamung seines Anstieges, vergrößert die Attraktivität der Dollaraktiva als Investitionsanlage. Daher sind die USA auch an einem fallenden Goldpreis interessiert. Doch der schwache Dollar ist für die USA nicht der einzige Weg, ihre Handelsbilanz zu verbessern. Auch die Stärkung des Dollars ist für die USA von Vorteil. Diese ist allerdings nicht direkt aus den gesamtwirtschaftlichen Daten ablesbar und wird erst durch eine Kalkulation deutlich. Erst die Berechnung der Jahreswerte des US-Auslandvermögens erlaubt, sie mit den Jahreswerten des Finanzkontos der US-Leistungsbilanz zu vergleichen. In den USA war an manchen Jahren die Differenz zwischen diesen zwei Größen positiv. Es bedeutet, dass das US-Handelsbilanzdefizit finanziert wurde, indem vor allem amerikanische Banken und Fonds u. a. die Stärkung des Dollars nutzten und ihre ausländischen Aktiva mit Profit verkauften. An manchen Jahren war dieser Wert so groß, dass er die US-Handelsbilanzdefizit deutlich überstieg. Damit

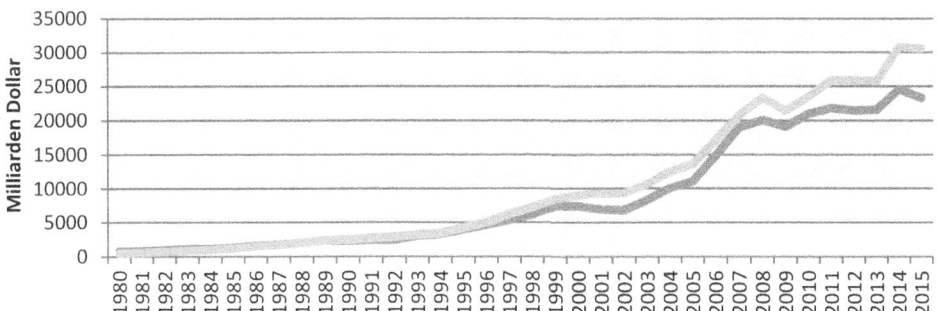

Abb. 5.9 Aktiva und Passiva des US-Auslandsvermögens (Ende des Jahres) 1980–2015, in Milliarden Dollar. (1980–1996: IMF 2000, S. 990, 991; 1994–2005: IMF 2006; 2006–2012: IMF 2013, S. 788; 2013–2015: IMF 2016)

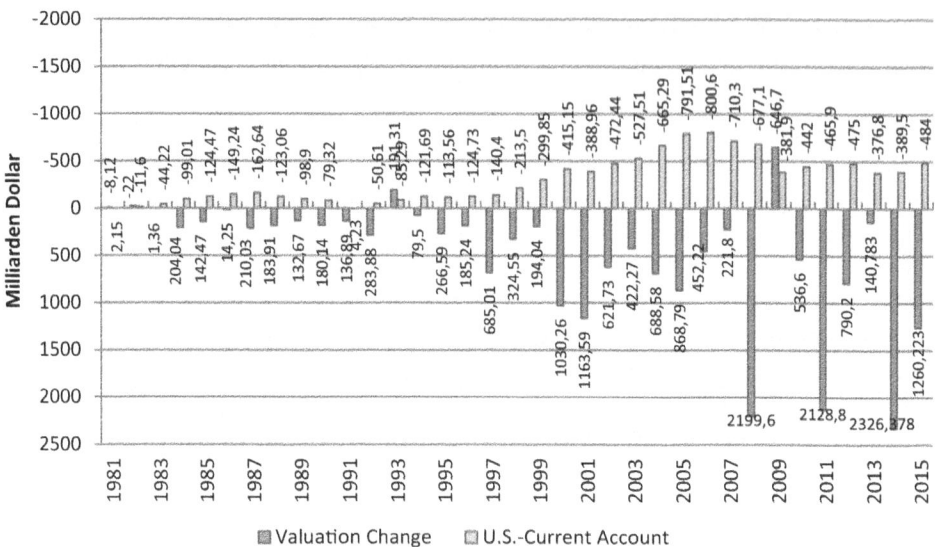

Abb. 5.10 US-Leistungsbilanz (Jahreswerte) und jährliche Gewinne vom im Ausland platzierten US-Kapital 1981–2014 (Basisjahr: 1981), in Milliarden Dollar. (1980–1996: IMF 2000, S. 990, 991; 1994–2005: IMF 2006; 2006–2012, IMF 2013, S. 778; 2013–2015, IMF 2016)

wurde die Handelsbilanz informell in den grünen Bereich gebracht. Dies wird noch einmal in Abb. 5.10 deutlich. Somit stellt das Handelsbilanzdefizit für die USA kein großes Problem dar, solange der Dollar seine Position als Hauptwährung der Welt bewahrt.

5.7 Gründe für die Instabilität des globalen Finanzmarktes

Das moderne globale Finanzsystem, dessen Grundlage der Weltfinanzmarkt ist, versucht alle verfügbaren Geldmittel zu Investitionen zu machen, einschließlich des Geldes, das für den Konsum bestimmt ist. Das wird durch die weltweite Verbreitung elektronischer Zahlungsarten, z. B. durch Nutzung von Bankkarten unterstützt. Zur gleichen Zeit werden diese Gelder von den Banken aktiv verwendet. Also arbeiten diese Geldmittel in den Finanz- und Wirtschaftssystemen, bis sie von ihren Besitzern abgerufen werden. Der Entwicklungsgrad des elektronischen Zahlungsverkehrs bestimmt, inwiefern private Einkommen in die Investitionsprozesse einbezogen werden. In höchstem Maße lässt sich das in entwickelten Ländern feststellen. Je stärker die privaten Gelder in den Investitionsprozess einbezogen und damit gebunden sind, desto stärker werden die beteiligten Finanzsysteme Liquiditätskrisen ausgesetzt. Unter instabilen Verhältnissen, bei denen eine Mobilisierung zusätzlicher Geldmittel dringend erforderlich ist, kommt es eher zu einem Mangel an Geldmitteln, weil das Geld ja angelegt ist.

Wie groß ist heute das Volumen des globalen Finanzmarktes? In den vergangenen Jahrzehnten war die Volumenzunahme des globalen und vor allem amerikanischen Finanzmarktes weitgehend auf die Entwicklung neuer Technologien im IT- und Kommunikationsbereich sowie in dem der Finanztechnologien zurückzuführen, in denen die USA der unbestrittene Weltmarktführer waren. Der amerikanische Finanzmarkt zeichnet sich durch ein hohes Maß an technologischer Entwicklung, Internationalisierung und Liberalisierung, durch ein breites Spektrum von Teilnehmern und eine Vielfalt der darauf verwendeten Finanzinstrumente aus. All dies ermöglicht ihm, alle zur Verfügung stehenden liquiden Mittel sowohl aus der nationalen Wirtschaft als auch aus dem Ausland maximal zu mobilisieren und sie durch eine Vielzahl von Finanzinstrumenten in Investitionen umzuwandeln. Darüber hinaus war das Wachstum des US-Finanzmarkts auf die Einbeziehung eines großen Teils der Landesbevölkerung zurückzuführen. Wenn 1980 nur 6 % der amerikanischen Haushalte am US-Finanzmarkt beteiligt waren, stieg dieser Anteil 2007 auf 51,1 % (U.S. Bureau of Census, Statistical Abstract of the United States 2010, Tab. 1174). Ein gleicher Trend wird in anderen Ländern, hauptsächlich in Europa beobachtet, aber in kleinerem Maßstab. Dies wird einerseits durch die wachsenden Einkommen begünstigt, andererseits durch den Wunsch der Menschen ihr Geld zu sparen.

In den vergangenen 100 Jahren wurde die wirtschaftliche Entwicklung der USA immer mehr von ihrem Finanzmarkt bestimmt. Dabei erfolgte das Wachstum des US-Finanzmarktes am intensivsten auf dem sogenannten Markt der Termingeschäfte, dem Markt der derivativen Finanzinstrumente. Finanzderivate zählen nicht zur Erfindung des 20. Jahrhunderts. Zum ersten Mal wurden Derivate (Terminkontrakte) in der wissenschaftlichen Literatur des 17. Jahrhunderts erwähnt: in der Arbeit von Joseph de la Vega, die den Geschäften an der Amsterdamer Börse gewidmet war. Moderne Derivate sind Finanzinstrumente in Form kurzfristiger Verträge über den Ver- bzw. Ankauf von Basisvermögenswerten, zu denen Aktien, Anleihen, Kredite, Devisen, Gold und Waren zählen (de la Vega 1688). Dabei soll die tatsächliche Lieferung nicht sofort, sondern bis zu einem Jahr in der Zukunft erfolgen. In der Tat schließen die Parteien eine Art Wette auf künftige Veränderungen allerlei Marktgrößen ab, z. B. auf den Preis eines Basisaktivs. Somit setzt ein Vertragspartner auf eine Preissteigerung und der andere auf dessen Senkung. Die künftige Lieferung des zugrunde liegenden Finanzvermögenswertes erfolgt nach dessen vorher festgelegtem Preis. Zwischen dem Abschluss eines solchen Geschäftes und seiner Umsetzung kommt es zur Veränderung des Marktpreises auf Vermögenswerte. Daher führt der Abschluss solcher Verträge immer zum Verlust für eine Seite und zum Gewinn für die andere. In der wissenschaftlichen und fachlichen Welt besteht bisher keine einheitliche Meinung darüber, zu welchem Zweck Derivate tatsächlich eingesetzt werden, ob zur Absicherung gegen Verluste oder für Spekulationen. Die Basisfinanzinstrumente, die den Termingeschäften zugrunde liegen, verbinden den globalen Markt für Derivate mit anderen Segmenten des globalen Finanzmarktes, insbesondere mit dem Währungsmarkt, mit dem Kapitalmarkt, mit dem Markt für Bankkredite und dem Aktienmarkt, die den realen Sektor der Weltwirtschaft direkt versorgen. Gerade diese Verbindung ermöglicht das Eindringen und die schnelle Ausbreitung der Destabilisierungserscheinungen des derivativen Marktes auf die Basisfinanzmärkte.

Die Finanzglobalisierung, Liberalisierung und Digitalisierung führen zur Bildung des einheitlichen globalen Finanzmarktes, zur Stärkung der Verflechtungen zwischen den einzelnen Segmenten, zur verstärkten supranationalen Finanzsteuerung, zum Einsatz und zur intensiven Entwicklung neuer Technologien im Finanzbereich. Andererseits verursacht all dies nicht nur die Erhöhung des Volumens der Transaktionen im internationalen Segment des globalen Finanzmarktes und die Erhöhung der Bedeutung ausländischer Ressourcen in Volkswirtschaften (Fedyakina 2005, S. 70–97, 556), sondern auch höhere Instabilität, die sich auf dem Finanzmarkt von dem nationalen in den internationalen Bereich ausbreitet. Deswegen wird heute die Stabilität der gegenwärtigen nationalen Wirtschafts- und Finanzsysteme dadurch bestimmt, inwiefern die Segmente des nationalen Finanzmarktes in den globalen Finanzmarkt integriert sind. Zugleich wurde Letzterer zur wichtigsten Finanzierungsquelle der Realwirtschaft und löste damit eine schwerwiegende Verzerrung der traditionellen Funktionen des Bankensystems aus (Chicherina 1985). Der Schwerpunkt der gegenwärtigen Tätigkeiten der Banken liegt immer weniger bei der Annahme von Depositen von Privatpersonen und Unternehmen oder deren Finanzierung durch Kreditvergabe, sondern liegt vielmehr bei der maximal vorteilhaften Anlage von Geldern in verschiedenen Sektoren des globalen Finanzmarktes, insbesondere seines derivativen Segments.

Die Derivate entstanden infolge des Verbriefungsprozesses. Ursprünglich wurde darunter die Transformation der Realwerte aus der physikalischen Form in Wertpapierform, z. B. die Aktienausgabe von Unternehmen verstanden. Der Verbriefungsprozess hat eine jahrhundertelange Geschichte. Die intensive Entwicklung erlebte er in den 80er-Jahren des 20. Jahrhunderts, was auf den intensiven Privatisierungsprozess, auf die Entwicklung der Finanzmärkte und die Computerisierung des Handels zurückzuführen war sowie auf die Einführung neuer Technologien im Finanzbereich. Fortschritte bei der Untersuchung und Modellierung von Risiken führten zum weitverbreiteten Einsatz derivativer Finanzinstrumente, die es möglich machten, erhebliche Einnahmen aus den Kursschwankungen der zugrunde liegenden Vermögenswerte zu erhalten, und das Risiko solcher Finanzgeschäfte zu reduzieren. All dies trug zum weitverbreiteten Einsatz der Derivative und zum Wachstum dieses Segments bei. Die Intensivierung des Verbriefungsprozesses im letzten Quartal des 20. Jahrhunderts änderte die Versicherungsmechanismen, vor allem gegen Kreditrisiken. Die Banken erstellten komplexere Finanzinstrumente, unter anderem sogenannte strukturelle Produkte, die aus einem mehrfachen Verbriefungsprozess entstanden. Während mit der ersten Verbriefung noch ein derivativer Vertrag an ein Basisaktivum, also eine Verbindung zum realen Sektor, verbunden ist, geht dieser Bezug im Verlauf der anschließenden Verbriefungen, bei denen nun kein Sachvermögen mehr zugrunde liegt, verloren. Es geht um die Lieferung eines Vertrages, der an einen weiteren Terminvertrag gekoppelt ist. Dabei basieren die Preise für Derivate und strukturierte Produkte auf den Erwartungen der Investoren und nicht auf fundamentalen Faktoren. Darüber hinaus trugen eine Zeit lang Lücken im US-Recht zur Überbewertung strukturierter Produkte bei, was deren Marktpreise und die Nachfrage erhöhte – je nach Länge der Verbriefungskette.

All dies hatte die wachsende Wertekluft zwischen den reellen Aktiven und den derivativen Finanzinstrumenten zur Folge. Daher kam es mit der Zeit zur Korrektur der Werteverzerrungen auf dem Markt der Derivate und strukturierten Produkte, also zum mehrfachen Preisfall des überbewerteten Marktes. Der Derivativmarkt fördert damit eine weitere Dichotomie zwischen dem Finanzsektor und der Realwirtschaft und führt unweigerlich zur Destabilisierung der nationalen und der globalen Finanz- und Wirtschaftssysteme. Sein zerstörerisches Potenzial sollte gerade angesichts immer häufigerer und größerer Finanzkrisen im 20. Jahrhundert nicht unterschätzt werden.

Bis heute gibt es keine vollständigen statistischen Berichte über das Volumen des globalen Derivativmarktes, über den tatsächlichen Umfang von Termingeschäften, was den Vergleich sowohl mit dem realen Sektor der Weltwirtschaft als auch mit den einzelnen Segmenten des globalen Finanzmarktes unmöglich macht. Einige Vergleiche können jedoch aufgrund der Statistiken der Bank für Internationalen Zahlungsausgleich (BIZ) vorgenommen werden. Nach Angaben der BIZ belief sich im Dezember 2015 das Volumen der offenen Positionen auf börsengehandelte Futures auf US$ 24,918 Bio. und auf börsengehandelte Optionen auf US$ 38,394 Bio. (Bank for International Settlements o.J.). Etwa 63 % bzw. 70 % der Futures- und Optionsgeschäfte wurden an den US-Börsen abgeschlossen, nur 28 % bzw. 30 % an den europäischen Börsen. Ein bedeutender Teil dieser Termingeschäfte entfiel auf die kurzfristigen Zinskontrakte: 99 % und 99,6 %. Somit entfielen 66,5 % des Volumens der Geschäfte mit Zinsderivaten auf Dollar und nur 18 % auf Euro. Im Großen und Ganzen betrug das jährliche Gesamtvolumen offener Positionen auf börsengehandelte Derivate US$ 63,31 Bio. Dabei belief sich ihr tägliches Volumen 2015 durchschnittlich auf US$ 5,844 Bio. (Bank for International Settlements o.J.). Nach den Berechnungen der BIZ betrug das Volumen alleine der halbjährlichen außerbörslichen Derivate (OTC) in der ersten Hälfte 2015 US$ 552,909 Bio. (Bank for International Settlements o.J.). Dabei lag ihr Bruttomarktwert nur bei US$ 15,521 Bio. Wie im Fall börsengehandelter Derivate entfielen 78,6 % der meisten OTC-Derivate auf Zinstermingeschäfte. Devisentermingeschäfte und Termingeschäfte mit der Teilnahme an den Gewinnen des Aktienmarktes nehmen eine gemäßigtere Position ein: ca. 13,5 und 1,4 %. So lässt sich mit diesen Daten das Volumen des globalen Derivativmarktes einschätzen, einschließlich der börsengehandelten als auch der OTC-Verträge, die 2015 mindestens den Wert von US$ 616 Bio. umfassen sollten.

Der größte Anteil des derivativen Sektors am globalen Finanzmarkt fällt auf Zinsderivate, d. h. auf Kreditderivate. Kreditderivate ermöglichen vor allem den Banken, sich gegen das Risiko der Kreditausfälle zu schützen oder deren vorzeitige Rückzahlung zu sichern. Zugleich erlaubten Kreditderivate, die von den Banken gewährten Kredite in Umlauf zu bringen. Somit wurden die Kreditverträge zwischen den Banken und ihren Kunden zum Gegenstand des Finanzmarkthandels. Das bedeutet, dass von nun an Kreditrisiken nicht primär von den Banken und Ratingagenturen eingeschätzt werden, sondern von Marktteilnehmern. Es sei darauf hingewiesen, dass die meisten derivativen Geschäfte der Welt außerhalb der Börsen durchgeführt werden, mit US$ 552,909 Bio. gegenüber US$ 63,312 Bio., auf dem Interbankenmarkt hauptsächlich mit wenigen Teilnehmern, darunter J.P. Morgan, Citibank, Goldman Sachs, Bank of America und die Deutsche Bank. Somit verkaufen die größten Banken der Welt Derivate untereinander, was auf die oligopolistische Struktur des Marktes hindeutet. Um das Volumen des derivativen Weltmarktes einzuschätzen, müssen einige Vergleiche angestellt werden. Während sich 2015 das Volumen des globalen Derivatemarktes auf ca. US$ 616 Bio. belief, betrug das weltweite BIP ca. US$ 74,55 Bio., also knapp ein Achtel. Im Vergleich zum US-BIP, das im Jahr 2015 US$ 18,04 Bio. betrug, ergibt sich sogar etwa das 34-Fache.

Wie hoch ist das Volumen anderer Sektoren des globalen Finanzmarktes im Einzelnen: des Devisen-, Aktien-, Kapital- und Goldmarktes? Das Volumen des Weltmarkts an Schuldtiteln ist schwierig einzuschätzen, vor allem in seinem nationalen Segment. Was das internationale Segment dieses Marktes angeht, belief sich im dritten Quartal 2015 dessen Volumen in Übereinstimmung mit der BIZ-Schätzung auf US$ 22,965 Bio., von denen US$ 6,6 Bio., fast 30 %, auf Schuldtitel von Banken entfielen, US$ 1,567 Bio. auf Schuldtitel von Regierungen und US$ 1,486 Bio. auf die Schulden internationaler Organisationen (Bank for International Settlements o.J.). Der Hauptanteil des internationalen Markts an Schuldverschreibungen entfällt mit 70 % auf die entwickelten Länder. Laut der Analysten-Agentur Bloomberg belief sich die Kapitalisierung des Weltaktienmarktes im Februar 2015 auf US$ 67,5 Bio. Dabei fällt etwa die Hälfte dieses Betrags auf die Aktienmärkte der USA, Großbritannien und Deutschland. Mit Hinblick auf den globalen Devisenmarkt betrug nach BIZ-Angaben im April 2013 das tägliche Volumen der Transaktionen, einschließlich der Derivate, durchschnittlich US$ 5,345 Bio., von denen auf aktuelle Transaktion, d. h. auf Spotgeschäfte US$ 2,046 Bio. entfielen und der Rest auf Derivate (Bank for International Settlements o.J.). Somit sollte das ungefähre Jahresvolumen des aktuellen Weltdevisenmarktes US$ 550,374 Bio. betragen. In diesem Fall entfielen 87 % in Höhe von US$ 4,652 Bio. von allen Transaktionen am globalen Devisenmarkt auf den US-Dollar (Bank for International Settlements o.J.). Allerdings wurden die meisten Operationen auf dem britischen Devisenmarkt durchgeführt (40,9 %) und auf dem Devisenmarkt der USA nur 18,9 % (Bank for International Settlements o.J.). Dabei wird etwa die Hälfte der Transaktionen von Banken, institutionellen Investoren und Hedgefonds nicht in den Bilanzen aufgeführt. Das Volumen des globalen Goldmarktes betrug im Jahr 2014 ca. $ 222 Mrd. Dabei fand 95 % des Goldhandels in Dollar statt.

Das bestätigt, dass der Markt für derivative Finanzinstrumente zu einem Hauptsegment des modernen globalen Finanzmarktes geworden ist. In dieser Hinsicht betreut der globale Finanzmarkt in immer geringerem Maße den realen Sektor der Weltwirtschaft und in einem größeren Maße sich selbst. Das Geld wird aus Geld gemacht, ohne dass es in die Produktion von Gütern und Dienstleistungen groß investiert wird. Mit all diesen Daten wird nicht nur das dynamische Wachstum des Finanzmarktes aufgezeigt, sondern auch die steigende Wertekluft, die Dichotomie, zwischen den realen und finanziellen Sektoren der Weltwirtschaft, deutlich. Und die Dominante des Finanzsektors über den anderen Sektoren der Weltwirtschaft wird immer eindrucksvoller, weil das Volumen des Finanzmarkts fast exponentiell wächst. Leider definiert dieser Trend den Vektor der zukünftigen Entwicklung der Weltwirtschaft.

5.8   Die Rückkehr des Goldes als Geld

Aufgrund des Wachstums des derivativen Segments wird sich die Instabilität des globalen Finanzmarkts in Zukunft eher erhöhen, was eine Kapitalflucht aus den Fremdwährungsbeständen, vor allem aus den Dollarbeständen, in reale Vermögenswerte, z. B. in Grund und Boden oder in Edelmetalle einschließlich Gold auslösen könnte. Im Hinblick auf die beschriebenen Probleme des Finanzmarktes wird gelegentlich eine Reform des Weltwährungssystems diskutiert. Zu den möglichen Reformszenarien gehört unter anderem die Rückkehr zum globalen Goldstandard, also fixierten Wechselkursen. Einen Einsatz von Gold für monetäre Zwecke weckt seit Langem das Interesse der Länder aus dem Nahen Osten und Südostasiens. Nach dem 2. Weltkrieg und in den 1970er-Jahren diskutierte man dort über die Schaffung einer einheitlichen Goldwährung als Zahlungsmittel im bilateralen Handel und Alternative zum US-Dollar. Doch waren diese Länder damals für die praktische Umsetzung dieser Idee politisch nicht selbstständig genug – angesichts ihrer großen Verschuldung gegenüber den entwickelten Ländern und der politischen, sozialen und wirtschaftlichen Unterschiede.

Die Asien-Pazifik-Finanzkrise zwischen 1997 und 1998 ließ einige Länder zur Idee der Goldwährung, des Golddinars, zurückkehren. Die erste Initiative kam aus Malaysia, das die Folgen der Finanzkrise für seine Wirtschaft fast unbeschadet überstanden hatte, was das Ansehen des Landes in der muslimischen Welt und in den APEC-Ländern erhöhte. Das sprach allerdings gegen die Interessen der Vereinigten Staaten. Erstens wurde dadurch das Prinzip der Jamaikaner Vereinbarungen von 1976 über den Rückzug von Gold aus dem internationalen Zahlungsverkehr verletzt und es den Ländern der islamischen Welt hypothetisch möglich gemacht, ihre wirtschaftliche und monetäre Unabhängigkeit zu erlangen. Zweitens konnte die Einführung des Golddinar in einer Reihe muslimischer Länder zum erheblichen Anstieg der Nachfrage nach Gold führen und als Folge zum Anstieg des Weltmarktpreises, was den Dollar als führende Weltwährung abschwächen konnte. Drittens wurde der Status des Dollars als weltweites Zahlungs- und Reservemittel mit der Verwendung des Goldes im Zahlungsverkehr der muslimischen Welt untergraben. Immerhin macht der muslimische Bevölkerungsanteil 23 % oder 1,7 Mrd. von aktuell 7,5 Mrd. Menschen aus.

Trotzdem gelang es den muslimischen Ländern, das Projekt Goldwährung zu verwirklichen. So gilt seit 2000 das internationale, elektronische Zahlungssystem E-Dinar, das es möglich macht, sich im Internet anzumelden, ein Konto zu erstellen, Währungen in Gold und umgekehrt umzuwandeln sowie mit dem Golddinar zu bezahlen. Dabei entspricht ein Golddinar 4,25 g reinem Gold (24 Karat). Die Kontoeröffnung ist für die Benutzer des Systems kostenlos. Die Kosten einer Transaktion entsprechen US$ 0,5 oder einem Prozent des Gesamtvolumens der Transaktionen, wenn sie US$ 50 nicht überschreiten. Die physische Lieferung des Goldes erfolgt nur dann, wenn die Zahlungssumme den Betrag von US$ 100.000 übersteigt. Weil Wucherzinsen durch die Scharia verboten sind, beschäftigt sich das Unternehmen E-Dinar nicht mit Kreditvergaben und Spareinlagen. Außerdem sind laut E-Dinar alle elektronischen Forderungen zu 100 % durch physisches

Gold gedeckt. Die Transaktionen werden nicht mit den Einlagen der Kunden, sondern nur mit eigenen physischen Goldreserven getätigt. Nach Angaben von E-Dinar befanden sich 2005 mehr als zehn Tonnen Gold in seinen physischen Goldbeständen, allerdings ist bei Zahlungssystemen wie E-Dinar und Ähnliche (E-Gold, Goldgeld, E-Bullion) nicht klar, ob ihre Transaktionen tatsächlich in vollem Umfang ihren physischen Goldreserven entsprechen.

Ein Jahr nach dem Einsatz des elektronischen Dinars im November 2001 wurde ein Golddinar mit einem Gewicht von 4,25 g in den Geldumlauf der Vereinigten Arabischen Emirate eingeführt. Nach und nach verbreitete sich diese Währung als Bargeld im Geldumlauf Malaysias, Bahrains, Katars, Kuwaits, Omans und Saudi-Arabiens. Fürsprecher des Bargeld-Dinars war das ehemalige Staatsoberhaupt Libyens, Muammar al-Gaddafi, der dazu aufforderte, den Dollar und den Euro im internationalen Zahlungsverkehr mit Bargoldmünzen zu ersetzen. Die Schaffung einer einheitlichen Währung auf der Basis des Golddinars sollte als Grundlage für die Vereinigung Afrikas in einer leistungsstarken Föderation mit einer Bevölkerung von 200 Mio. Menschen dienen. Diese Idee wurde von einer Reihe arabischer Staaten und vielen afrikanischen Staaten unterstützt. Damit sollte der Versuch General de Gaulles wiederholt werden, die Dollar- und Fiatgeldzone zu verlassen (Katasonov 2015). Mit dem Tod Gaddafis im Oktober 2011 während des Bürgerkriegs in Libyen konnte sich diese Idee nicht entfalten. Trotzdem hat der Islamische Staat 2015, unter dessen Kontrolle Libyen war, angekündigt, die Prägung von Goldmünzen aufzunehmen: mit einem Nominalwert von einem und 5 Dinar. Dabei sollte ein Golddinar US$ 139 kosten.

Initiativen, Gold als inländisches Zahlungsmittel zu verwenden, gab es noch bis vor Kurzem selbst in den USA. Eine breite Resonanz fand dabei das Gesetz über gedecktes Geld, das 2011 im Bundesstaat Utah verabschiedet wurde. Mit den im US-Münzamt geprägten Gold- und Silberinvestitionsmünzen können alle Waren und Dienstleistungen bezahlt werden, zum Marktwert des enthaltenen Edelmetalls. Zum Zeitpunkt des Inkrafttretens des Gesetzes betrug der Marktwert dieser Goldmünzen US$ 150 bis US$ 1500 und von Silbermünzen US$ 38. Aufgrund des hohen Preises der Goldmünzen sind sie heute eher unpraktisch. Das neue Gesetz legalisierte außerdem eine Reihe von Währungs- und Finanzinstrumenten auf der Basis physischen Goldes, z. B. Bankkonten in Gold, Zahlungs- und Kreditkarten sowie andere. Zweitens wurden durch dieses Gesetz die Kapitalertragssteuer und die Umsatzsteuer aufgehoben, die zuvor bei Geschäften mit diesen Münzen vom Bundesstaat erhoben wurden. In diesem Zusammenhang gilt Gold nicht mehr als Investmentvermögen, sondern de jure als gesetzliches Zahlungsmittel. Nach der Verabschiedung des Gesetzes im Bundesstaat Utah wurde ein Depositär für Gold und Silber geschaffen, der zur Aufbewahrung von Edelmetallmünzen der Bürger vorgesehen war: im Austausch für eine bequemere elektronische Karte, die in jedem Einzelfall einer bestimmten Menge an Edelmetallen im Tresor entsprach. Der Marktpreis des Metalls auf der Karte ändert sich täglich, je nach dem Weltmarktpreis fürs Gold in London. Nach dem Bundesstaat Utah verfolgten auch andere Bundesstaaten 2012 die Idee, Gold als Zahlungsmittel anzuerkennen: Missouri, South Carolina, Montana, Colorado, Idaho, Indiana, New Hampshire, Georgia, Washington, Minnesota, Tennessee und Virginia. Teilweise wurde die Verwendung ausländischer Goldinvestitionsmünzen als Zahlungsmittel zugelassen. Allerdings hat bislang nur ein Staat, Utah, Gold vollständig als Geld legalisiert. Daneben werden gelegentlich auch in der Privatwirtschaft Zahlungen in Gold getätigt. Beispielsweise bezahlte das Unternehmen APMEX, das auf den Verkauf von Edelmetallen spezialisiert ist, die Mietkaution für die Miete eines Stockwerks in einem Wolkenkratzer des Milliardärs und heutigen US-Präsidenten Donald Trump in Form von Goldbarren (McGee 2016).

Gold wurde schon immer bei illegalen Geschäften verwendet: für den Schmuggel von Waffen, im Drogenhandel etc. So verlangten und verlangen die Opiumhersteller in Birma und China ausschließlich Gold für die Lieferung ihrer Waren. Gold wird auch legal als internationales Zahlungsmittel im Außenhandel eingesetzt. Das betrifft z. B. Malaysia, das den Golddinar im System des gegenseitigen Clearings mit Ländern wie Saudi-Arabien, den Vereinigten Arabischen Emiraten, Kuwait, Katar, Bahrain, Oman und Iran einsetzt. Somit ist eine relativ kleine Menge an Gold in der Lage, den Gesamthandels-umsatz zwischen den Ländern zu unterstützen. Gold kann als effektives Instrument der internationalen Zahlungen der Länder eingesetzt werden, gegen die wirtschaftliche Sank-tionen verhängt wurden. So verwendete der Iran Gold im Zahlungsverkehr mit verschie-denen Ländern, was ihm half, die Folgen der Wirtschaftssanktionen zu überwinden, welche aufgrund des Atomprogramms verhängt wurden. Insbesondere wegen des Verbots der Ex-port-Import-Zahlungen musste der Iran Gold für die Bezahlung seiner Öl- und Gasexporte verlangen. So stockte der Iran seine Goldreserven auf. 2013 wurden seine offiziellen Gold-reserven auf 340 t geschätzt, deutlich zu niedrig, da ein großer Teil des Goldes illegal ins Land importiert wurde (Katasonov 2013). Nach realistischeren Schätzungen überschritten Anfang 2012 die Goldreserven Irans 900 t, was etwa dem jährlichen Importvolumen des Irans entsprach (Katasonov 2013). Ende Februar 2012 erklärte sich die Zentralbank offizi-ell bereit, Gold als Zahlungsmittel für Ölexporte entgegenzunehmen. Dabei war China der wichtigste Abnehmer iranischen Öls und verwendete das Gold höchstwahrscheinlich als Zahlungsmittel. Ein weiterer wichtiger Handelspartner des Irans ist die Türkei, die nicht nur Öl, sondern auch Erdgas importierte. Es ist bekannt, dass die Türkei während der Sanktionen gegen den Iran 20 % ihres Gases für Gold kaufte. Dies wurde vom türkischen Premierminister Ali Babacan bestätigt: „Der Übergang im Zahlungsverkehr zwischen den beiden Ländern auf Gold für Gaslieferungen ist eine Folge der US-Sanktionen, die mit harten Maßnahmen gegen die Drittländer drohen, welche den Dollar im Handel mit dem Iran nutzen." Auf diese Weise hat die Verwendung von Gold im Zahlungsverkehr mit dem Iran der Türkei die Möglichkeit gegeben, Washingtons Sanktionen zu umgehen. Gaskäufe mit Gold wurden nicht nur direkt, sondern auch über die Vereinigten Arabischen Emirate durchgeführt, auch über die Konten der türkischen Halkbank. Eines der Zahlungsmodelle: Die Türkei bezahlte ihre Gasimporte aus dem Iran mit türkischen Lira, und der Betrag wur-de dem Konto der türkischen Halkbank gutgeschrieben. Dann verwendete der Iran dieses Konto, um das Gold in der Türkei zu kaufen. Anschließend wurde das Gold illegal nach Dubai transportiert, wo es gegen die für den Iran notwendigen Devisen verkauft oder zur

Zentralbank des Irans transferiert wurde. Dies führte zum deutlichen Abfluss des Goldes aus den Reserven der Türkei. In den ersten neun Monaten des Jahres 2012 erreichte dieser Goldabfluss den Rekordwert von US$ 10,7 Mrd., wovon US$ 6,4 Mrd. in Gold in den Iran geliefert wurden. Nachdem diese Transaktionen der Öffentlichkeit bekannt wurden, erhöhte Washington den Druck auf Ankara. Zunächst wurde der Druck mit der Verhaftung des Generaldirektors auf die Halkbank verstärkt. Dann trat am 1. Juli 2013 das exterritoriale Gesetz der US-Regierung in Kraft, das den Goldhandel mit dem Iran verbot, also die Verwendung von Gold mit natürlichen und juristischen Personen. Transaktionen mit Gold sind jedoch schwierig zu verfolgen. Also war die US-Maßnahme keine wirksame. Ein Beweis dafür war der Anstieg der Goldexporte aus der Türkei 2013 in den Iran. Allein im ersten Quartal 2013 erhielt der Iran Gold in Höhe von US$ 1,3 Mrd. Nach den offiziellen Angaben beliefen sich im Jahr 2012 die türkischen Exporte auf fast US$ 10 Mrd. einschließlich der Exporte von Edelmetallen und Edelsteinen mit ca. US$ 7 Mrd. (Katasonov 2013).

Ein weiteres Zeichen für die Wiederherstellung der monetären Funktionen des Goldes ist der Rückführungsprozess der souveränen Goldreserven seitens der ausländischen Zentralbanken aus den Tresoren der Fed-Vertretung in New York. Längere Zeit lang wurde die Lagerung eigenen Goldes in den USA von den Zentralbanken anderer Länder als eine gute Möglichkeit betrachtet, schnell und prompt die Dollarliquidität (US-Dollar und US-Staatsanleihen) in die Reserven zu bekommen, z. B. durch den Verkauf, das Leasing oder die Verpfändung eigenen Goldes in den Vereinigten Staaten. Für lange Zeit lag der Anteil des ausländischen Staatsgoldes bei etwa 90 % der Edelmetallbestände, die bei der Federal Reserve Bank of New York gehalten wurden. Im Juli 2015 fiel dieses Goldvolumen auf das Rekordniveau von 5950 t. So wurden seit Anfang 2014 von den ausländischen Zentralbanken 246 t aus der Fed zurückgeholt, unter anderem von Deutschland, den Niederlanden und von Österreich. All dies deutet darauf hin, dass einige Staaten das Gold nicht mehr als Quelle der Dollarliquidität betrachteten, um ihre Devisenreserven aufzufüllen.

Literatur

Bank for International Settlements. (o.J.) Monetary and Economic Department (2013). Triennial Central Bank Survey. Foreign exchange turnover in April 2013: preliminary global results, September. http://www.bis.org/publ/rpfx13fx.pdf. Zugegriffen: 15. Dez. 2017.

Bank for International Settlements. Statistics. Debt Securities. Debt securities Statistics. http://www.bis.org/statistics/secstats.htm. Zugegriffen: 15. Dezember 2017.

Bank for International Settlements. Statistics. Exchange-traded futures and options, by location of exchange. BIS. Statistics. http://www.bis.org/statistics/d1.pdf. Zugegriffen: 15. Dezember 2017.

Bank for International Settlements. Statistics. Global OTC derivatives market. http://www.bis.org/statistics/d5_1.pdf. Zugegriffen: 15. Dezember 2017.

Bernstein, P. L. (2012). *The power of gold: the history of an obsession* (S. 292, 294, 314, 316, 329, 334, 336, 340, 341, 356, 357). New York: John Wiley & Sons.

Federal Reserve statistical release (2010). Flow of funds accounts of the United States. Washington: Federal Reserve Statistical Release (S. 89).

Bonar, J. (1923). Ricardo's ingot plan: a centenary tribute. *The Economic Journal, 33*(131), 281–304.

Bortnik, M. J. (1969). Bank mejdunarodnich raschetov [Bank of International Settlements]. In *Bolshaja sovetskaya enziklopedia [Great Sovjet Encyclopedia]* Bd. 51. Moscow: Sovetskaja enziklopedia.

Boyle, A. (1967). *Montagu Norman: a biography* (S. 264). London: Cassell.

Bureau of Economic Analysis. U.S. Department of commerce (o. J.) National. National economic accounts. https://www.bea.gov/national/index.htm#gdp;Sta. Zugegriffen: 15. Dezember 2017.

Bureau of the fiscal service (2017). U.S. Treasury. Monthly statement of the public debt of the United States. https://www.treasurydirect.gov/govt/reports/pd/mspd/2017/opds042017.pdf. Zugegriffen: 15.2017.

Chicherina, N. G. (1985). *Mezhdunarodnye kontserny: sotsial'naya politika, propaganda [International concerns: social policy, propaganda].* Moscow: Nauka.

Coombs, C. A. (1976). *The arena of international finance.* p, Bd. 3 (S. 62–68). New York: John Wiley & Sons.

Crowley, L. T. (1947). Lend-Lease. In *Yust W. 10 Eventful Years.* Chicago: Encyclopaedia Britannica. 1:520, 2:858–860.

Department of the Treasury (2017). Federal reserve board. Major foreign holders of treasury securities. http://ticdata.treasury.gov/Publish/mfhhis01.txt. Zugegriffen: 15. Dez. 2017.

Department of the Treasury (2017). Federal reserve board. Major foreign holders of treasury securities. http://ticdata.treasury.gov/Publish/mfh.txt. Zugegriffen: 15. Dez. 2017.

Dines, J. (1977). *The invisible crash: what it is, why it happened, how to protect yourself against it* (S. 47). New York: Random House.

Economic Research Federal Reserve Bank of St. Louis (o. J.) National Accounts. National Income and Product accounts. GDP/GNP https://fred.stlouisfed.org/series/GDP. Zugegriffen: 15. Dezember 2017.

Economic Research Federal Reserve Bank of St. Louis (o. J.). National Accounts. Federal Government Debt. Federal Debt held by Federal Reserve Banks. https://fred.stlouisfed.org/series/FDHBFRBN. Zugegriffen: 15. Dezember 2017.

Economic Research Federal Reserve Bank of St. Louis. Economic Data. https://fred.stlouisfed.org. Zugegriffen: 15. Dezember 2017.

Economic Research Federal Reserve Bank of St. Louis. Money. Banking & Finance. Monetary Data. Monetary Base. St. Louis adjusted Monetary Base. https://fred.stlouisfed.org/series/BASE. Zugegriffen: 15. Dezember 2017.

Economic Research Federal Reserve Bank of St. Louis. National Accounts. National Income and Product accounts. Federal Government Debt. Federal Debt Held by Public. https://fred.stlouisfed.org/series/FYGFDPUN. Zugegriffen: 15. Dezember 2017.

European Central Bank (2006). Accumulation of Foreign Reserves. Occasional Paper 43, February, Frankfurt am Main, p. 19. http://www.ecb.europa.eu/pub/pdf/scpops/ecbocp43.pdf. Zugegriffen: 15. Dez. 2017.

Fedyakina, L. N. (2005). *Mejdunarodnie financi [International Finance]* (S. 70–97, 556). St. Petersburg: Piter.

Graham, F. D., & Whittlesey, C. R. (1939). *Golden avalanche* (S. 9, 20, 23). Princeton: Princeton University Press.

Green, T. (1978). *Silver and gold report*

Green, T. (1984). *The new world of gold: the inside story of the mines, the markets, the politics, the investors.* New York: Walker.

Hawtrey, R. (1947). *The Gold Standard. Theory and Practice* (S. 188). London: Longmans, Green & Co. Appendix

Higham, C. (1983). *Trading with the enemy: an exposé of the Nazi–American money plot, 1933–1949* (S. 1–2, 5–7, 16–18). New York: Delacorte Press.

Hoover, H. (1952). *Memoirs Herbert Hoover: The great depression, 1929–1941*. Bd. 3 (S. 390–395). New York: Macmillan.

Hoppe, D. J. (1972). *How to invest in gold stocks* (S. 47). New York: Arlington House.

IMF (1993). *International financial statistics*. Yearbook 1993. (S. 55, 723, 724, 727).

IMF (2000). *Annual Report 2000, Appendix* (S. 111).

IMF (2000). *International financial statistics*. Yearbook 2000. (S. 79, 987, 990–991).

IMF (2006). *International financial statistics*. Yearbook 2006. (S. 41, 608, 609).

IMF (2013). *International financial statistics*. Yearbook 2013. (S. 777, 780, 778).

IMF (2014). *Annual Report 2014, Appendix* (S. 4).

IMF (2015). *Annual Report 2015*. Appendix 1. Washington: IMF. https://www.imf.org/external/pubs/ft/ar/2015/eng/pdf/AR15_AppI.pdf. Zugegriffen: 15. Dezember 2017

IMF (2015). *International financial statistics*. Yearbook 2015. (S. 840, 843).

IMF (2016). *Annual Report 2016*.

International Monetary Fund (o. J.) Access to Macroeconomic & Financial Data. http://data.imf.org/?sk=388DFA60-1D26-4ADE-B505-A05A558D9A42&ss=1479331931186. Zugegriffen: 15. Dezember 2017.

International Monetary Fund (2017). Review of the Special Drawing Right (SDR). Currency Basket, Oktober 13, Washington. https://www.imf.org/About/Factsheets/Sheets/2016/08/02/19/35/Review-of-the-Special-Drawing-Right-SDR-Currency-Basket?pdf=1. Zugegriffen: 15. Dez. 2017.

Jastram, R. W. (1977). *The golden constant: the English and American experience, 1560–1976* (S. 32, 146). New York: John Wiley & Sons.

Katasonov, V. J. (2013). Amiricanskie sankzie protiv Irana ili palka o dvuh konzah. [US Sanctions against Iran or contradictions]. Fond srategicheskoi kulturi. [Strategic culture fund]. http://www.fondsk.ru/pview/2013/11/20/amerikanskie-sankcii-protiv-irana-ili-palka-o-dvuh-koncah-24100.html. Zugegriffen: 15. Dez. 2017.

Katasonov, V. J. (2015). Interview. Bretton Woods 2. http://zavtra.ru/content/view/dollar-i-zoloto/. Zugegriffen: 15. Dez. 2017.

Katasonov, V. Y. (2014). Zolotoj obman Bretton-Vudsa [The golden illusion of Bretton Woods]. Interview. Institute of high communitarianism. / Society. http://communitarian.ru/publikacii/interviu/vkatasonov_zolotoy_obman_bretton-vudsa_11072014/. Zugegriffen: 15. Dez. 2017.

Kindleberger, C. P. (1986). *The world in depression, 1929–1939. History of the world economy in the twentieth century*. Bd. 4 (S. 128). Berkeley: University of California Press.

Kindleberger, C. P. (1993). *A financial history of Western Europe* (S. 370–371). New York: Oxford University Press.

Krotov, N. (2007). Gonka na zolotich telzach [Race on the Golden Calfs]. Jurnal Neprikosnovenij Zapas [Iinviolable stock Journal] 2(52). http://magazines.russ.ru/nz/2007/2/kro13.html

Lips, F. (2007). *Die Gold-Verschwörung* (S. 70, 76, 80, 89, 91, 93). Rottenburg: Kopp.

Machlup, F. (1927). *Die neuen Währungen in Europa*. Finanz- und volkswirtschaftliche Zeitfragen, Heft 92. (S. 24, 26, 34). Stuttgart: Verlag von Ferdinand Enke.

McGee, S. (2016). The Guardian, 5 May. Money. Investors and Donald Trump are loving gold. How long will the rush last? https://www.theguardian.com/money/us-money-blog/2016/may/05/gold-market-investment-donald-trump. Zugegriffen: 15. Dez. 2017.

von Mises, L. (1949). *Human action* (S. 478). New Haven: Yale University Press.

Officer, L. H. (1996). *Between the dollar-sterling gold points: exchange rates, parity, and market behavior*. Cambridge: Cambridge University Press.

Rueff, J. (1972). *The monetary sin of the west* (S. 75). New York: Mac Millan.

Sauder School of Business, The University of British Columbia, & Pacific Exchange Rate Service (2016). Special drawing rights. The SDR fact sheet. Werner Antweiler, Vancouver. http://fx.sauder.ubc.ca/SDR.html. Zugegriffen: 15. Dez. 2017.

Schweizer, P. (1994). *Victory: The Reagan administration's secret strategy that hastened the collapse of the Soviet Union* (S. 63). New York: The Atlantic Monthly Press.

Statista. The Statistics Portal (o. J.) Chemicals & Resources. Mining, Metals & Minerals. Average gold price from 1900 to 2016. https://www.statista.com/statistics/268027/change-in-gold-price-since-1990/. Zugegriffen: 15. Dezember 2017.

U. S. Treasury Department (1982). *Report to congress on the role of gold in the domestic and international monetary system* (S. 84, 199, 205).

Triffin, R. (1960). *Gold and the dollar crisis* (S. 5). New Haven: Yale University Press. Table 2

U.S. Bureau of the Census (2010). *Statistical Abstract of the United States 2010*. Washington: U.S. Bureau of the Census. Table 1174

U.S. Department of the Treasury (o. J.) Reports. Monthly Statement of the Public Debt and Downloadable Files. Current year and Historical Information. https://www.treasurydirect.gov/govt/reports/pd/mspd/mspd.htm. Zugegriffen: 15. Dezember 2017.

U.S. Department of the Treasury (2017). Resource center. Data and charts center. Treasury international capital system. Securities (B): portfolio holdings of U.S. and foreign securities. https://www.treasury.gov/resource-center/data-chart-center/tic/Pages/ticsec2.aspx. Zugegriffen: 15. Dez. 2017.

U.S. Department of the Treasury (2017). Resource center. Data and charts center. U.S. International reserve position. https://www.treasury.gov/resource-center/data-chart-center/IR-Position/Pages/default.aspx. Zugegriffen: 15. Dez. 2017.

U.S. Government research site (2017). U.S budget 2016. U.S. Government data. http://federal-budget.insidegov.com/. Zugegriffen: 19. Dez. 2017.

United States News and World Report (1979). *U.S. News Publishing Corporation*. Bd. 86 (S. 1–8, 8, 28).

de la Vega, J. P. (1688). *Confusión de confusiones*. Amsterdam. https://babel.hathitrust.org/cgi/pt?id=uc1.32106019504239;view=1up;seq=7. Zugegriffen: 11. Juli 2018

World Bank. Economy & Growth. Featured Indicators. http://data.worldbank.org/indicator. Zugegriffen: 15. Dezember 2017.

Schlussfolgerung 6

Aufgrund ihrer besonderen Eigenschaften übernahmen Metalle, insbesondere Gold, Silber und Kupfer für mehrere Jahrtausende die Funktionen des Geldes. Allerdings hatte die Verwendung von Edelmetallen im Geldumlauf, besonders von Gold, fast immer zugleich ihre Verknappung zur Folge. Die meisten Länder der Welt konnten den Bedarf an Edelmetallen für die Herstellung von Münzen nicht durch einen konstanten Zustrom von Edelmetallen decken. Der Mangel an Gold und die auf seinem hohen Wert beruhenden Kosten bestimmten seinen stets nur begrenzten Einsatz in der monetären Sphäre, nämlich vor allem als internationales Zahlungsmittel und als Mittel zur Akkumulation von Reichtum. Und so diente in der Hauptsache das andere verbreitete Edelmetall, Silber, als inländisches Geldmittel.

Gegen das Defizit an Münzen gingen die verschiedenen Länder hauptsächlich mit einer regelmäßigen Abwertung der Münzen vor, was allerdings die Münzen zu rein formalen Wertzeichen degradierte und regelmäßig Inflationen herbeiführte. Seit dem 14. Jahrhundert verschlechterte sich die Situation weiter, weil der Münzmangel immer häufiger durch private Schuldverschreibungen kompensiert wurde. Die Geldmenge im Umlauf wurde somit nicht nur von der Menge an Metall abhängig, sondern auch von dem gesamten Kreditvolumen.

Die größten Kreditnehmer waren die europäischen Monarchen, welche damit in erster Linie ihre geopolitischen Ambitionen finanzieren wollten. In der Renaissance wurden Privatbanken zu ihren Hauptkreditgebern. Die sich mit der steigenden Kreditnachfrage ebenfalls erhöhenden Risiken der Kreditvergabe an Monarchen und das begrenzte Angebot an Gold- und Silbermünzen trieben die Zinssätze in allen europäischen Ländern und damit deren Verschuldung nach oben. Zur gleichen Zeit versuchten die Banken mit Hilfe von Kreditvergaben die Kontrolle über die wichtigsten Wirtschaftsbereiche zu erhalten. Auf der anderen Seite wollten sie die Erträge (aus diesen Geschäften) nicht in den realen Sektor der Wirtschaft reinvestieren. Der Mangel an inländischen Finanzierungsquellen für die Wirtschaft und das Wachstum der Verschuldung führten dann ab dem 14. Jahrhundert immer wieder in Phasen wirtschaftlicher Stagnation nicht nur in Europa, sondern auch

© Springer Fachmedien Wiesbaden GmbH, ein Teil von Springer Nature 2018
O. Kaskaldo, *Gold: Geld, Kredit, Ware*, https://doi.org/10.1007/978-3-658-21728-0_6

weit über seine Grenzen hinaus. Auf der anderen Seite machte das Edelmetalldefizit eine rechtzeitige Rückzahlung der riesigen Kredite unmöglich und trieb die großen Banken immer wieder in den Konkurs mit weiteren Folgen auch für die Wirtschaft.

Unter diesen Umständen benötigten die Banken Rückzahlungsgarantien, vor allem von den häufig säumigen Monarchen. Solche Garantien wurden ihnen im Jahre 1694 in England durch die Änderung des Staatsfinanzierungssystems zugesprochen, das nun eine Trennung der Staats- von den privaten Schulden des Monarchen vorsah. Dabei wurde die Rückzahlung der Letzteren durch kontinuierliche Steuereinnahmen garantiert. Darüber hinaus wurde die „Bank of England" gegründet, die später zur ersten permanent funktionierenden Zentralbank wurde. Sie erstellte Schuldscheine, welche nur zum Teil mit staatlichen Metallbeständen gedeckt waren. Allerdings hatte das eine Inflation und eine weitere Staatsverschuldung zur Folge, die angesichts der sinkenden Qualität der Silbermünzen die Nachfrage nach Gold nur erhöhte. So ging England zum goldenen, sogenannten Monometallismus über. In der Realität hatte dieser „Goldstandard" eine Reihe von Nachteilen. Teilweise war jetzt das in Umlauf befindliche Geld nicht durch Gold gedeckt. Die regulatorische Funktion des Goldes wurde von der Zentralbank durch den Einsatz ihres Diskontsatzes begrenzt. Der Diskontsatz der Zentralbank war jedoch nicht in der Lage, den Teil des Geldes zu regulieren, welcher von den Geschäftsbanken generiert wurde, sodass eine Inflation erneut unvermeidlich war.

Das Wachstum der weltweiten Goldproduktion in der zweiten Hälfte des 19. Jahrhunderts konnte die Goldreserven der Banken deutlich abwerten und die Nachfrage nach Gold reduzieren, was die Aufrechterhaltung des Goldstandards in Großbritannien bedrohte. Weil die industrielle Nachfrage nach Gold weltweit noch unbedeutend war, konnte dem nur durch einen Anstieg des monetären Anteils der weltweiten Goldnachfrage begegnet werden. Dies wurde jedoch durch die dominante Stellung des Silbers in den meisten Währungssystemen erschwert.

Die weltweite Ausbreitung des Goldstandards setzte sich in Deutschland fort. Auf der einen Seite hatte Deutschland von den Banken Kredite in Gold für den Deutsch-Französischen Krieg erhalten. Auf der anderen Seite bekam es von Frankreich nach dem Krieg Reparationen, die in Gold bezahlt wurden, das Frankreich wiederum bei den Banken leihen musste. Dies störte das Verhältnis zwischen Gold und Silber auch in anderen Ländern und führte dort zu einem Abfluss von Silber, der nun einen Übergang der Geldsysteme vieler Länder zum Goldmonometallismus begünstigte.

Der Übergang der nationalen Währungssysteme der meisten Länder zum Ende des 19. Jahrhunderts zum System des „Goldstandard" bedeutete zugleich ihre Vereinigung zu einem einheitlichen, auf Gold basierenden Weltwährungssystem, d. h. zum globalen Goldstandard. Von nun an wurde Gold zum allgemeinen, universellen, globalen Geld. Die Nachfrage nach Gold entstand nicht nur im Vereinigten Königreich, sondern fast überall auf der Welt. Allerdings schaffte es das Gold nicht rechtzeitig, die Geldmenge, die Preise, die Währungskurse und die Zahlungsbilanzen der Länder zu regulieren. Der Goldfluss von einem Land zum anderen wurde nicht nur durch Preisänderungen, sondern auch durch die Differenz der Zinssätze und des BIP bestimmt.

Beim „Goldstandard" waren die Länder auf die zwischen den Ländern ungleich ver-
teilten Goldreserven angewiesen. Defizite an Bargeld wurden durch Goldkredite bei
Privat- oder Zentralbanken überbrückt. Das führte für einige Länder zu einer sehr starken
Abhängigkeit mit allen sich daraus ergebenden Konsequenzen. Doch trotz einiger Mängel
verfügte das System des goldenen Monometallismus im Gegensatz zum gegenwärtigen
Weltwährungssystem im Bezug auf Banknotenemission über die sogenannte „goldene
Bremse", was die Inflation verlangsamte.

Der Krieg mit Napoleon sowie der 1. und der 2. Weltkrieg führten zur Aussetzung des
Goldstandards. Nach diesen Episoden wurde der Goldstandard zwar jeweils wieder hergestellt, doch die offiziell zulässigen Grenzen für ungedeckte Emission wurden immer mehr
erhöht. Dies brachte das Weltwährungssystem des „Goldstandards" ins Ungleichgewicht.
Zur gleichen Zeit verließ das Gold allmählich den nationalen als auch den internationalen
Geldverkehr. Die fortschreitende „Dollarisierung" in den unterschiedlichsten Regionen
der Welt, die nach dem 2. Weltkrieg einsetzte, verkettete das globale Finanzsystem de facto mit dem US-Dollar. Der anschließende Zusammenbruch des Bretton-Woods-Systems
führte schließlich zur endgültigen Abkopplung der Geldemission nicht nur vom Gold, sondern auch von jeder Art realer Deckung. Dollars konnten nun unter anderem geschaffen
werden, indem die Fed, die US-amerikanische Zentralbank, bei den Banken des Landes
US-Staatsanleihen kaufte. Zur gleichen Zeit mussten die Zentralbanken anderer Länder
eigenes Geld durch den Kauf von Devisen, vor allem Dollar, schöpfen. Dies machte den
weltweiten Reproduktionsprozess von der US-Fiat-Währung abhängig, da die Residenten
anderer Länder Dollar vor allem nur durch den Verkauf von eigenen Waren/Gütern auf
den internationalen Märkten erwerben konnten. Daher wurde die US-Politik in den letzten Jahrzehnten dahingehend ausgerichtet, die Stellung der USA als weltweit wichtigster
Importeur von Kapital und den Status des Dollars als Weltwährung beizubehalten.

Heute finden in dem Weltwährungssystem qualitative Veränderungen im Bezug auf
die Rolle des Goldes und seine Funktionen statt, die man mit dem Begriff Remonetisie-
rung zusammenfassen kann. Darauf weisen einerseits die Rückführungsprogramme der
offiziellen Goldreserven der europäischen Zentralbanken, die derzeit noch größtenteils
bei der Fed angesiedelt sind, sowie andererseits die vermehrte Verwendung von Gold als
Zahlungsmittel und Verrechnungseinheit im Binnen- und Außenhandel hin. Diese neuen
Entwicklungen begleiten eine wachsende Instabilität des globalen Finanzsystems, insbesondere des globalen Finanzmarkts und fundamentale Probleme der US-Wirtschaft.
Die Finanzgeschichte zeigt, dass der Übergang zu einem globalen „Goldstandard"-Sys-
tem stets auf Initiative der Finanz- und Politikelite vorgenommen wurde. Daher wird
vermutlich auch in Zukunft eine Entscheidung über die Notwendigkeit einer offiziellen
Wiederaufnahme des globalen „Goldstandards" von jenen Banken und Ländern getroffen,
die über erhebliche Reserven an physischem Metall verfügen. Es ist nicht auszuschlie-
ßen, dass als Hauptargument für die Notwendigkeit einer solchen Rückkehr zum Gold die
Instabilität des globalen Finanzsektors angeführt werden wird.

Gibt es andere alternative Szenarien für das Weltwährungssystem? Eines davon ist das
multipolare Währungssystem. Laut einigen Experten erfolgte der erste Schritt in diese

Richtung durch die offizielle Aufnahme des chinesischen Renminbi Anfang 2016 in den Währungskorb des IWF als fünfte Währung, neben dem US-Dollar, dem Euro, dem englischen Pfund und dem japanischen Yen. Somit verliehen der IWF und die USA dem chinesischen Renminbi formell den Status einer Reservewährung. Doch um tatsächlich zu einer globalen Währung zu werden, wird China, wie die Erfahrung zeigt, den mühsamen Weg einschlagen müssen, den Großbritannien und die USA bereits gegangen sind. Großbritannien musste dazu zunächst zu einer führenden Kolonialmacht der Welt werden, die Vereinigten Staaten mussten zur leistungsstärksten Industrienation aufsteigen und in den Verlauf zweier verheerender Weltkriege verwickelt werden. Neben der USA und Großbritannien hat auch Japan versucht, für seine Yen den Status der Weltwährung zu erlangen, was in den 1980er-Jahren dank seines fulminanten Wirtschaftswachstums und der Unterstützung der Vereinigten Staaten, die Japan als fernöstliches Gegengewicht zur Sowjetunion betrachteten, auch gelang. Das funktionierte jedoch nicht lange, weil Japan 1985 auf Drängen der USA (Plaza-Abkommen) den Yen gegenüber dem US-Dollar stark aufwerten musste. Das hatte negative Auswirkungen auf die japanische Wirtschaft und der Yen begann seine starke Position zu verlieren.

Man sollte sich auch im Klaren sein, dass die Einführung nationaler Währungen in den internationalen Zahlungsverkehr eine negative Zahlungsbilanz vorsieht, d. h. eine Verschuldung gegenüber dem Ausland für alle laufenden wirtschaftlichen Transaktionen. Wenn China sich entscheidet, die Nationalwährung zur globalen Währung zu machen, wird dieser Weg dorthin steinig und mit entsprechenden Konsequenzen verbunden. Selbst wenn es irgendwann gelingen sollte, wird es dennoch die fundamentalen Probleme des modernen Weltwährungssystems mit seinen flexiblen Wechselkursen und seine Instabilität nicht lösen können.

Die Rückkehr zum System fester Wechselkurse und die Deckung der Geldemission durch Edelmetalle einschließlich Gold könnte durchaus einige Probleme, insbesondere die inhärente Instabilität des modernen Finanzsystems lösen. Allerdings kann so eine Rückbesinnung nicht das Hauptproblem des Kapitalismus, einen permanenten und wachsenden Überschuss der Geldmenge über das Güterangebot in der Größe der auflaufenden Zinsen bereitzustellen, lösen.

In seiner Anfangszeit dienten Zins und Kredit als Katalysator für die Entstehung und die Entwicklung des Kapitalismus. Der spätere Übergang zu einer völlig von Metallen losgelösten Geldemission gab einen neuen Impuls für seine Entwicklung und reanimierte ihn damit. Durch die Liberalisierung der Märkte und die Deregulierung der Marktpreise in den 80er-Jahren des 20. Jahrhunderts wurde ein weiterer Zusammenbruch dieser Wirtschaftsordnung durch große Geldüberschüsse und eine dadurch verursachte Hyperinflation verhindert. Dies hatte einen Anstieg der Transaktionen auf allen Märkten zur Folge. Dabei überstieg die Finanzmarktwachstumsrate die des realen Sektors der Weltwirtschaft um ein Vielfaches und führte bis heute zu einer enormen Dichotomie: Auf der einen Seite hat die Bildung des globalen Finanzmarktes den schnellen grenzüberschreitenden Kapitalverkehr ermöglicht. Auf der anderen Seite macht dies die meisten Länder der Welt anfällig für Kapitalflucht. Dieses Problem kann nur durch die Einführung nationaler

Richtlinien zur Begrenzung der grenzüberschreitenden Kapitalströme gelöst werden, also durch Verletzung geltender internationaler Vereinbarungen. Gleichzeitig setzt der Kapitalismus ein stetiges Wirtschaftswachstum voraus, das nun nicht mehr möglich ist, weil die Globalisierung an ihre natürlichen Grenzen stößt. Die meisten Märkte sind bereits besetzt und übersättigt. Zur gleichen Zeit ist es nicht mehr möglich, die Produktionskosten zu senken und völlig neue Produkte anzubieten. Selbst China, das in den letzten Jahrzehnten zur Schmiede der Weltproduktion und der Arbeitskräfte geworden ist, ist nun nicht mehr in der Lage, das Wachstum seiner Exporte zu gewährleisten. Generell hat heute die Weltwirtschaft mit einem Überproduktionsproblem zu kämpfen. Demzufolge ist das derzeitige kapitalistische Modell als sozioökonomisches System eine Einbahnstraße, die ins Nichts führt. Die aktuelle Situation erschafft die objektive Grundlage für grundlegende Veränderungen im wirtschaftlichen und finanziellen Bereich, die vor allem durch ein neues und sozial gerechtes Geldsystem zu erreichen wären, das dann zum Kern des Postkapitalismus würde.

The manufacturer's authorised representative in the EU is Springer
Nature Customer Service Centre GmbH, Europaplatz 3, 69115 Heidelberg,
Germany. If you have any concerns regarding our products, please
contact ProductSafety@springernature.com

Printed and bound by CPI Group (UK) Ltd, Croydon, CR0 4YY
24/04/2026
02096311-0020